みんなが欲しかった！

FP の問題集

滝澤ななみ

チャレンジ！

3級

TAC出版
TAC PUBLISHING Group

本書は、科目別問題編（教科書CHAPTER01〜06対応）と
総合問題編（2024年1月試験）の
2部構成になっています。

本冊

抜き取り

科目別問題編

- ●ライフプランニングと
  資金計画
- ●リスクマネジメント
- ●金融資産運用
- ●タックスプランニング
- ●不動産
- ●相続・事業承継

別冊

総合問題編

- ●学科試験
- ●実技試験**1**
  【金財】個人資産相談業務
- ●実技試験**2**
  【金財】保険顧客資産相談業務
- ●実技試験**3**
  【日本FP協会】資産設計提案業務

目次 contents

第1部 科目別問題編

みんなが欲しかった！FPシリーズで
合格しよう！

この「みんなが欲しかった！FPシリーズ」には『教科書（別売り）』と『問題集（本書）』があります。ここでは、「みんなが欲しかった！FPシリーズ」を使った効果的な学習方法（主に問題集の使い方）を説明します。

step1 『教科書』を読み込もう！

まずは教科書（別売り）を最低でも2回は読みましょう。1回目は全体像を把握するためにどんどん読み進め、2回目は、わからないところを潰していくように丁寧に読むとよいでしょう。

教科書には学習内容ごとに例題があります。例題は平易な本試験問題または本試験問題を簡単にしたものを載せているので、解きながら教科書を読み進めてください。

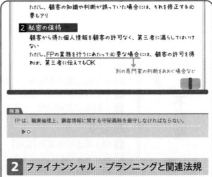

step2 『問題集』の科目別問題編で学科の問題を解こう！

学科 SEC 01 FPと倫理

問題 FPの基本

1 ファイナンシャル・プランナーは、職業倫理上、顧客情報に関する守秘義務を遵守しなければならない。○✕　　　　　　　　　[2019年9月試験]

問題 ファイナンシャル・プランニングと関連法規

2 税理士資格を有しないファイナンシャル・プランナーが、顧客のために反復継続して確定申告書を作成しても、その行為が無償であれば税理士法に抵触しない。○✕　　　　　　　　　[2020年9月試験]

教科書の1セクションを読んだら問題集で対応する「学科」の問題を解くようにしましょう。教科書を1周読み終えてから問題集に取り組むよりも、教科書を読み進めながら問題集に取り組むほうがより効果的です。

解答は赤シートで隠れるようになっています。また、解説のうち、おぼえておきたい用語や数値も赤シートで消えるようにしているので、赤シートで隠しながら解説を確認しましょう。

解説には必要に応じてまとめをつけています。まとめを読んで知識を整理しておきましょう。

step3 実技問題を解こう!

学科の問題が終わったら、各CHAPTER末に収載されている実技試験の問題にもチャレンジしましょう。

1 個人資産相談業務、**2** 保険顧客資産相談業務、**3** 資産設計提案業務の3つのうち、受検する科目の問題を解いてください。

総合問題編

ファイナンシャル・プランニング技能検定
(2024年1月本試験問題)

3級学科試験

試験時間:90分

※ 2024年4月からCBT化され、学科・実技ともにペーパー
　試験は終了しています。
※ 解答用紙は実技問題のあとに掲載しています。

総合問題編(別冊)には、本試験問題を1回分掲載しています。

本番を意識して、時間を計って問題を解いてください。採点をすることで自分の到達度や得意・不得意な科目を把握し、不得意な科目は本試験までに克服しましょう。また、できなかった問題については、かならず教科書に戻って復習をしましょう。

総合問題編を解いたあとは「模擬試験プログラム」にもチャレンジし、実際の試験環境を体験しておきましょう。

本書は、2024年4月1日現在の施行法令に基づいて作成しております。
また、2024年6月から2025年5月までの試験の法令基準日は2024年4月1日です。

復興特別所得税の本書における取扱い

東日本大震災の復興財源を確保するため、「復興財源確保法」が公布・施行されました。これにより、所得税においては、2013年から「復興特別所得税」として「所得税額(基準所得税額)×2.1%」が課されています。

FP試験では、復興特別所得税を考慮した税率で出題されることも、復興特別所得税を考慮しない税率で出題されることもあるので、本書では原則として所得税と復興特別所得税を分けて記載しています。

なお、本試験では問題文の指示にしたがって解答するようにしてください。

模擬試験プログラムでCBT方式を体験しよう!

本書には、CBT方式を体験できるWebアプリ「模擬試験プログラム」が付属しており、学科試験と実技試験※1のどちらも体験することができます。本番そっくりの環境を体験できるので、ひと通りの操作に慣れるためにも、本試験前に一度は挑戦しておきましょう。

※1 本プログラムは学科試験と実技試験（金財「個人資産相談業務」「保険顧客資産相談業務」、FP協会「資産設計提案業務」）に対応しています。
※2 本特典の提供期間は、改訂版刊行月末日までです。
※3 この模擬試験プログラムは TAC 出版が独自に製作したものです。実際の画面とは異なる場合がございますので、ご了承ください。

書籍連動のアプリを使い倒そう!

本書を使った学習をより効果的なものにするために、場所を選ばず学習できるスマートフォンアプリを活用しましょう。いつでも、どこでもスマホがあれば学習、復習、問題演習ができる…手軽さが便利です。

フラッシュカードを使おう!

重要数字をまとめた**フラッシュカード**。1項目を数秒でパパッと確認できます。
※どなたでも、無料でご利用いただけます。

その他の機能（有料）

- ■**教科書縦読み機能**※
  横にページをめくるのではなく、スクロールで「教科書」が読める機能
- ■**問題集のアプリ化**※
  本書の問題がアプリで解けます。
- ■**スケジュール機能**
  学習スケジュールを管理する機能
※一部無料でお試しいただくことができます!

アプリの詳細はこちら

https://tatesuta.jp/tacfp/

※配信は 7 月上旬を予定しております。

FP3級の試験概要

　3級の試験はCBT方式によって、通年(年末年始、3月の1カ月間、5月下旬の休止期間を除く)で実施されています。また、2024年6月から2025年5月までの試験の法令基準日は2024年4月1日です。その他の概要は以下のとおりです。受検の申込みや詳細については、下記の各試験実施機関にお問い合わせください。

 試験実施機関

一般社団法人金融財政事情研究会(金財)
URL https://www.kinzai.or.jp/　　TEL 03-3358-0771

NPO法人日本ファイナンシャル・プランナーズ協会(日本FP協会)
URL https://www.jafp.or.jp/　　TEL 03-5403-9890

 出題内容・合格基準

　3級FP技能士を取得するためには、学科試験と実技試験の両方に合格する必要があります。

学 科 試 験

出題形式	多肢選択式　○×式30問・三答択一式30問　計60問
試験時間	90分
合格基準	60点満点で36点以上

＊学科試験は金財、日本FP協会ともに共通の内容です。

実 技 試 験

	金 財	日本FP協会
出題形式	事例形式 5題 三答択一式	小問形式　20問 三答択一式
出題科目	個人資産相談業務・保険顧客資産相談業務のうちから1つ選択	資産設計提案業務
試験時間	60分	60分
合格基準	50点満点で30点以上	100点満点で60点以上

 受検資格

　特になし

科目別問題編

第1部

ライフプランニングと資金計画

「教科書」CHAPTER01 ライフプランニングと資金計画に対応する学科問題と実技問題のうち、よく出題される問題を確認しておきましょう。

学科 試験ではこの科目から〇×問題が5題、三択問題が5題出題されます。
本書の取扱いは次のとおりです。

OX … 〇×問題です。
正しいものには〇を、誤っているものには×をつけてください。
三択 … 三択問題です。
（　）内にあてはまる最も適切なものを選んでください。

実技 実技問題です。

**特におさえて
おきたい内容**

学科

1 FPと倫理 「教科書」CH.01 SEC.01	■**ファイナンシャル・プランニングと関連法規** ・FP業務と弁護士法　・FP業務と税理士法 ・FP業務と金融商品取引法 ・FP業務と保険業法
2 ライフプランニングの手法 「教科書」CH.01 SEC.02	■**ライフプランニングの手法** ・ライフイベント表　・キャッシュフロー表 ・個人バランスシート ■**資金計画を立てるさいの6つの係数** ・終価係数　　　・現価係数　　　・年金終価係数 ・減債基金係数　・資本回収係数　・年金現価係数
3 ライフプラン策定上の資金計画 「教科書」CH.01 SEC.03	■**教育ローンと奨学金制度** ■**住宅ローンの金利と返済方法** ・固定金利型　　・変動金利型　　・固定金利選択型 ・元利均等返済と元金均等返済 ■**フラット35** ■**住宅ローンの繰上げ返済** ・返済期間短縮型　・返済額軽減型

4 社会保険 「教科書」CH.01 SEC.04	■健康保険 ■国民健康保険 ■後期高齢者医療制度 ■公的介護保険 ■労災保険 ■雇用保険 ・基本手当 ・雇用継続給付 ・育児休業給付	
5 公的年金の 全体像 「教科書」CH.01 SEC.05	■国民年金の被保険者 ■保険料の納付、免除と猶予	
6 公的年金の 給付 「教科書」CH.01 SEC.06	■老齢基礎年金 ・繰上げ受給と繰下げ受給 ・付加年金 ■老齢厚生年金 ・受給要件 ・加給年金 ・振替加算 ・在職老齢年金 ■障害給付（障害基礎年金と障害厚生年金） ■遺族給付（遺族基礎年金と遺族厚生年金）	
7 企業年金等 「教科書」CH.01 SEC.07	■確定拠出年金（企業型・個人型） ■自営業者のための年金制度 ・付加年金 ・国民年金基金 ・小規模企業共済	
8 年金と税金 「教科書」CH.01 SEC.08	※あまり出題されていません	
9 カード 「教科書」CH.01 SEC.09	※あまり出題されていません	

問題 FP の基本

1 ファイナンシャル・プランナーは、職業倫理上、顧客情報に関する守秘義務を遵守しなければならない。**○✕**

[2019年9月試験]

問題 ファイナンシャル・プランニングと関連法規

2 税理士資格を有しないファイナンシャル・プランナーが、顧客のために反復継続して確定申告書を作成しても、その行為が無償であれば税理士法に抵触しない。**○✕**

[2020年9月試験]

3 生命保険募集人の登録を受けていないファイナンシャル・プランナーが、ライフプランの相談に来た顧客に対し、生命保険商品の一般的な商品性について説明することは、保険業法において禁止されている。**○✕**

[2023年1月試験]

4 ファイナンシャル・プランナーが顧客と投資顧問契約を締結し、当該契約に基づき金融商品取引法で定める投資助言・代理業を行うためには、内閣総理大臣の登録を受けなければならない。**○✕**

[2022年5月試験]

5 弁護士資格を有しないファイナンシャル・プランナーが、顧客に対して、法定相続分や遺留分について民法の条文を基に一般的な説明を行う行為は、弁護士法に抵触する。**○✕**

[2022年1月試験]

6 ファイナンシャル・プランナーは、顧客の依頼を受けたとしても、公正証書遺言の作成時に証人となることはできない。**○✕**

[2020年1月試験]

解答解説

1 答 ◯　FPは、顧客から得た個人情報を、許可なく第三者に漏らしてはいけません。ただし、FPの業務を行うにあたって必要な場合には、顧客の許可を得れば、第三者に伝えることができます。

解答解説

2 答 ✕　無償であっても、税理士資格を有しないFPは、顧客のために確定申告書を作成することはできません。

3 答 ✕　生命保険商品の一般的な商品性の説明は、生命保険募集人の登録を受けていないFPでも行うことができます。

4 答 ◯　金融商品取引法で定める投資助言・代理業を行うためには、**内閣総理大臣**の登録を受けなければなりません。

5 答 ✕　弁護士資格を有しないFPは、個別具体的な法律判断や法律事務を行うことはできませんが、民法の条文などをもとに一般的な説明を行うことはできます。

6 答 ✕　公正証書遺言の証人になるために特別な資格は不要なので、FPでも公正証書遺言の証人となることはできます。ただし、被相続人となる人の推定相続人等は証人になることはできません。

ファイナンシャル・プランニングと関連法規	
FP業務と 弁護士法	弁護士資格を持たないFPは、具体的な法律判断や法律事務を行ってはならない
FP業務と 税理士法	税理士資格を持たないFPは、具体的な税務相談や税務書類の作成を行ってはならない
FP業務と 金融商品取引法	金融商品取引業の登録をしていないFPは、投資判断の助言や代理業を行ってはならない
FP業務と 保険業法	保険募集人の資格を持たないFPは、保険の募集や勧誘を行ってはならない

問題 ライフプランニングの手法

1 ファイナンシャル・プランナーが顧客に対してライフプランニングを行う場合には、まず、顧客の希望や目的、資産状況などについて（　①　）を行い、ライフプラン上の経済的な目標・目的の明確化を行う。次に、（　②　）を行うことによって問題点を洗い出し、その問題点を解決するため、金融商品、保険等の知識を活用して、（　③　）を行う。さらに、プランを現実のものにするため実行を援助し、プラン実行後は（　④　）を行う。 **三択**

(1)　①情報収集　　　②対策の立案　　　　③顧客の現状分析
　　　④定期的なフォロー
(2)　①情報収集　　　②顧客の現状分析　　③対策の立案
　　　④定期的なフォロー
(3)　①対策の立案　　②定期的なフォロー　③顧客の現状分析
　　　④情報収集

[2010年5月試験]

2 ファイナンシャル・プランナーがライフプランニングにあたって個人顧客のバランスシートを作成する場合、バランスシートに計上する有価証券の価額については時価、生命保険については作成時点の解約返戻金相当額を使用する。 **OX** [2017年5月試験]

3 個人のライフプランニングにおいて、キャッシュフロー表に記載する金額は、物価変動等が予測されるものについては、通常、その変動等を加味した将来価値で計上する。 **OX** [2019年5月試験]

4 Aさんの2024年分の可処分所得の金額は、下記の〈資料〉によれば、（　　）である。 **三択**

〈資料〉2024年分のAさんの収入等

給与収入 ： 700万円（給与所得：520万円）	(1)　360万円
所得税・住民税 ： 60万円	(2)　530万円
社会保険料 ： 100万円	(3)　540万円
生命保険料 ： 10万円	[2021年9月試験 改]

解答解説

1 ▶ **答** (2)　①…ライフプランニングを行う場合、まずは顧客の希望や目的、資産状況などの**情報収集**をします。
②…次に、**顧客の現状分析**を行い、問題点を洗い出します。
③…②の問題点を解決するため、**対策の立案**をします。
④…プラン実行を援助し、**定期的なフォロー**をします。

2 ▶ **答** ○　個人バランスシートを作成するさい、有価証券の価額については**時価**、生命保険については作成時の**解約返戻金**相当額を使用します。

3 ▶ **答** ○　キャッシュフロー表に記載する金額は、物価変動等が予測されるものについては、変動率を用いて、その変動を加味した将来価値で計上します。

4 ▶ **答** (3)　可処分所得は「**年収ー（所得税＋住民税＋社会保険料）**」で計算します。

　　　可処分所得：700万円ー（60万円＋100万円）＝540万円

5 一定の利率で複利運用しながら一定期間経過後に目標とする額を得るために必要な毎年の積立額を試算する際、目標とする額に乗じる係数は、（　　　）である。**三択**

(1) 減債基金係数　　(2) 年金現価係数　　(3) 資本回収係数

［2022年9月試験］

---

6 毎年一定金額を積み立てながら、一定の利率で複利運用した場合の一定期間経過後の元利合計額を試算する際、毎年の積立額に乗じる係数は、（　　　）である。**三択**

(1) 減債基金係数　　(2) 資本回収係数　　(3) 年金終価係数

［2022年5月試験］

---

7 一定の利率で複利運用しながら一定期間、毎年一定金額を受け取るために必要な元本を試算する際、毎年受け取る一定金額に乗じる係数は、（　　　）である。**三択**

(1) 減債基金係数　　(2) 年金現価係数　　(3) 資本回収係数

［2023年5月試験］

---

8 元金2,000万円を、利率（年率）1％で複利運用しながら10年にわたって毎年均等に取り崩して受け取る場合、毎年の受取金額は、下記〈資料〉の係数を使用して算出すると（　　　）となる。**三択**

〈資料〉利率（年率）1％・期間10年の各種係数

終価係数	減債基金係数	資本回収係数
1.1046	0.0956	0.1056

(1) 2,000,000円

(2) 2,112,000円

(3) 2,209,200円

［2018年5月試験］

解答解説

5 ▶ **答** (1)　一定期間後に一定金額を用意するための、毎年の積立額を計算するための係数は、**減債基金係数**です。

6 ▶ **答** (3)　毎年一定金額を積み立てた場合の、一定期間後の元利合計額を求めるための係数は、**年金終価係数**です。

7 ▶ **答** (2)　将来の一定期間にわたって一定金額を受け取るために必要な元本を計算するための係数は**年金現価係数**です。

8 ▶ **答** (2)　現在の一定金額を一定期間で取り崩した場合の、毎年の受取金額を計算するための係数は**資本回収係数**です。

　　　毎年の受取金額：20,000,000円×0.1056＝2,112,000円

問題 資金計画を立てるさいの6つの係数

9 元金を一定期間、一定の利率で複利運用して目標とする額を得るために、運用開始時点で必要な元金の額を試算する際、目標とする額に乗じる係数は、（　　）である。**三択**

(1)　現価係数　　　(2)　減債基金係数　　　(3)　資本回収係数

[2023年1月試験]

10 900万円を準備するために、15年間、毎年均等に積み立て、利率（年率）1%で複利運用する場合、必要となる毎年の積立金額は、下記の〈資料〉の係数を使用して算出すると（　　）である。**三択**

〈資料〉利率（年率）1%・期間15年の各種係数

現価係数	資本回収係数	減債基金係数
0.8613	0.0721	0.0621

(1)　516,780円

(2)　558,900円

(3)　600,000円

[2020年9月試験]

解答解説

9 答 (1)　一定期間後に一定金額に達するために必要な元本を求めるための係数は、**現価係数**です。

10 答 (2)　一定期間後に一定金額を用意するための、毎年の積立額を計算するための係数は**減債基金係数**です。

毎年の積立額：9,000,000円×0.0621＝558,900円

資金計画を立てるさいの6つの係数	
終価係数	現在の金額を複利で運用した場合の、一定期間後の金額を求める場合に用いる係数
	例 100万円を年利2％で運用した場合の5年後の金額は？
現価係数	一定期間後に一定金額に達するために必要な元本を求める場合に用いる係数
	例 年利2％で5年後に100万円を用意するために必要な元本は？
年金終価係数	毎年一定金額を積み立てた場合の、一定期間後の元利合計を求める場合に用いる係数
	例 年利2％で毎年20万円を5年間積み立てた場合の5年後の金額は？
減債基金係数	一定期間後に一定金額を用意するための、毎年の積立額を計算するための係数
	例 年利2％、5年後に100万円を用意するための毎年の積立額は？
資本回収係数	現在の一定金額を一定期間で取り崩した場合の、毎年の受取額を計算するための係数
	例 100万円を年利2％で運用しながら5年間で取り崩した場合の毎年の受取額は？
年金現価係数	将来の一定期間にわたって一定金額を受け取るために必要な元本を計算するための係数
	例 年利2％で運用しながら5年間にわたって20万円を受け取る場合の必要な元本は？

問題 教育ローンと奨学金制度

1 日本政策金融公庫の教育一般貸付（国の教育ローン）の使途は、入学金や授業料などの学校納付金に限られ、受験費用や在学のために必要となる住居費用などに利用することはできない。**○✕**　　　　　　　　［2023年5月試験］

2 日本政策金融公庫の「教育一般貸付（国の教育ローン）」の融資金利は（　①　）であり、返済期間は（　②　）以内となっている。**三択**

(1)　①固定金利　　②18年
(2)　①変動金利　　②18年
(3)　①固定金利　　②20年　　　　　　　　　　　　　［2018年1月試験 **改**]

3 日本学生支援機構の奨学金（貸与型）のうち、第一種奨学金は利子が付かない。**○✕**　　　　　　　　　　　　　　　　　　　　　　　　［2021年5月試験］

4 日本学生支援機構が取り扱う奨学金には、（　①　）第一種奨学金と（　②　）第二種奨学金がある。**三択**

(1)　①利息付（在学中は無利息）の　　②利息付（在学中も有利息）の
(2)　①無利息の　　　　　　　　　　②利息付（在学中は無利息）の
(3)　①返済義務のない　　　　　　　②無利息の
　　　　　　　　　　　　　　　　　　　　　　　　　　［2020年1月試験］

解答解説

1 ▶ 答 ✕　　国の教育ローンの使途は、入学金や授業料といった学校に直接支払うものに限らず、受験費用や定期券代、在学のためのアパート代、パソコン購入費など、幅広い用途に対応しています。

2 ▶ 答 (1)　　国の教育ローンの融資金利は**固定金利**で、返済期間は**18**年以内となっています。

教育一般貸付（国の教育ローン）のポイント	
融資限度額	学生1人につき最高 350 万円（一定の場合は 450 万円）
金利	固定 金利
返済期間	最長 18 年

3 ▶ 答 ◯　　日本学生支援機構の奨学金（貸与型）のうち、第一種奨学金は**無利息**です。

4 ▶ 答 (2)　　第一種奨学金は**無利息**、第二種奨学金は利息**付**です。

奨学金制度
★日本学生支援機構（独立行政法人）が行う奨学金制度には、無利息の第 一 種奨学金と利息付（在学中は無利息）の第 二 種奨学金がある
★利用要件に親の所得基準がある

問題 住宅ローンの金利と返済方法

5 借入当初から一定期間までが固定金利である「固定金利選択型」の住宅ローンでは、他の条件が同一であれば、固定期間が長期のものほど、固定期間が短期のものに比べ、当初に適用される金利水準は低くなる傾向がある。**○✕**

[2011年5月試験]

6 民間の金融機関から借り入れている変動金利型の住宅ローンでは、通常、返済金利は（　　）ごとに、返済額は5年ごとに見直しされる。**三択**

(1) 半年　　(2) 2年　　(3) 3年

[2013年9月試験]

7 住宅ローンの総返済額は、借入額、金利、借入期間等の条件が同一であれば、通常、元金均等返済よりも元利均等返済のほうが多くなる。**○✕**

[2021年9月試験]

8 住宅ローンの返済方法のうち、元利均等返済は、毎月の返済額が一定で、返済期間の経過とともに毎月の元金部分の返済額が（　①　）返済方法であり、総返済金額は、他の条件が同一である場合、通常、元金均等返済よりも（　②　）。**三択**

(1) ①減少する　　②多い
(2) ①増加する　　②多い
(3) ①増加する　　②少ない

[2023年1月試験]

問題 フラット35

9 住宅金融支援機構と民間金融機関が提携した住宅ローンであるフラット35の融資金利は固定金利であり、その利率は取扱金融機関がそれぞれ独自に決定している。**○✕**

[2022年9月試験]

解答解説

5 答 ✕　「固定金利選択型」は、返済期間のはじめのうちは固定金利で、固定金利期間が終了したあと、固定金利型か変動金利型かを選択できるタイプの住宅ローンです。固定金利選択型は、一般的に固定期間が長期のものほど、当初に適用される金利水準は**高く**なります。

6 答 (1)　民間の金融機関から借り入れている変動金利型の住宅ローンでは、通常、返済金利は**半年**ごとに、返済額は5年ごとに見直しされています。

7 答 ○　返済期間や金利などの他の条件が同一であれば、**元利均等**返済のほうが総返済額は多くなります。

8 答 (2)　元利均等返済方式は、毎回の返済額が一定となる返済方法で、返済期間が経過すると、元金部分の返済額が**増加**していきます。総返済金額は、元金均等返済方式よりも、元利均等返済方式のほうが**多く**なります。

住宅ローンの返済方法	
元利均等返済	毎回の返済額（元金と利息の合計額）が一定となる返済方法
元金均等返済	毎回の返済額のうち元金部分が一定となる返済方法

解答解説

9 答 ○　フラット35の融資金利は**固定**金利で、利率は取扱金融機関によって異なります。

10 長期固定金利住宅ローンのフラット35（買取型）の借入金利は、（　　　）時点の金利が適用される。三択

(1) 借入申込　　(2) 融資実行　　(3) 居住開始　　　　　[2015年1月試験]

----

11 住宅金融支援機構と民間金融機関が提携した住宅ローンであるフラット35（買取型）の融資額は、土地取得費を含めた住宅建設費用または住宅購入価額以内で、最高（　①　）であり、融資金利は（　②　）である。三択

(1) ①8,000万円　　②固定金利
(2) ①1億円　　　②固定金利
(3) ①1億円　　　②変動金利　　　　　[2023年9月試験]

問題 **住宅ローンの繰上げ返済**

12 住宅ローンの一部繰上げ返済を行う際に「期間短縮型」を選択した場合、一般に、繰上げ返済後の毎回の返済額は増額となるが、残りの返済期間は短くなる。○✕　　　　　[2015年5月試験]

----

13 住宅ローンの一部繰上げ返済では、返済期間を変更せずに毎月の返済額を減額する返済額軽減型よりも、毎月の返済額を変更せずに返済期間を短くする期間短縮型のほうが、他の条件が同一である場合、通常、総返済額は少なくなる。○✕　　　　　[2023年9月試験]

解答解説

10 答 (2)　フラット35の借入金利は、**融資実行時点**の金利が適用されます。

11 答 (1)　フラット35の融資額は最高**8,000**万円、融資金利は**固定金利**です。

解答解説

12 答 ✕　「期間短縮型」は、毎回の返済額を変えずに、返済期間を短縮する方法です。

13 答 ○　返済期間短縮型は、毎回の返済額を変えずに、返済期間を短縮する方法です。返済額軽減型は、返済期間を変えずに毎回の返済額を減らす方法です。返済期間短縮型のほうが、返済期間が短縮されて利息の軽減効果が大きくなるため、返済額軽減型よりも、通常、総返済額は少なくなります。

住宅ローンの繰上げ返済	
返済期間短縮型	毎回の返済額を変えずに、返済期間を短縮する方法
返済額軽減型	返済期間を変えずに、毎回の返済額を減らす方法

1 全国健康保険協会管掌健康保険の被保険者である会社員が、退職後に任意継続被保険者となるためには、資格喪失日から14日以内に任意継続被保険者となるための申出をしなければならない。**○✕** 　　[2020年9月試験]

2 全国健康保険協会管掌健康保険に任意継続被保険者として加入することができる期間は、任意継続被保険者となった日から最長で（　　）である。**三択**

(1) 　1年間　　(2) 　2年間　　(3) 　5年間 　　　　[2021年9月試験]

3 健康保険の被保険者が同一月内に同一の医療機関等で支払った医療費の一部負担金等の額が、その者に係る自己負担限度額を超えた場合、その支払った一部負担金等の全額が、高額療養費として支給される。**○✕**

[2021年1月試験]

4 全国健康保険協会管掌健康保険の被保険者が、産科医療補償制度に加入する病院で出産した場合の出産育児一時金の額は、1児につき50万円である。**○✕** 　　　　[2020年9月試験 改]

解答解説

1 答 × 　任意継続被保険者の申出は、資格喪失日（退職日の翌日）から **20** 日以内に行わなければなりません。

2 答 (2) 　健康保険に任意継続被保険者として加入できる期間は、最長で **2** 年間です。

健康保険の任意継続被保険者	
要　件	★健康保険の被保険者期間が継続して **2カ月** 以上 ★退職日の翌日（＝資格喪失日）から **20日** 以内に申請する
加入期間	最長 **2年** 間
保険料	全額自己負担

3 答 × 　月間の医療費の自己負担額が、その者の自己負担限度額を超えた場合、支払った一部負担金等の「全額」ではなく、「その**超過額**」が高額療養費として支給されます。

4 答 ○ 　健康保険の被保険者が、産科医療補償制度に加入する病院で出産した場合の出産育児一時金の額は、2023年4月1日以降、1児につき **50** 万円です。

問題 健康保険

5 全国健康保険協会管掌健康保険の被保険者に支給される傷病手当金の額は、原則として、1日につき、傷病手当金の支給を始める日の属する月以前の直近の継続した（ ① ）の各月の標準報酬月額の平均額を30で除した額に、（ ② ）を乗じた額である。**三択**

(1) ①6カ月間　　②3分の2
(2) ①12カ月間　②3分の2
(3) ①12カ月間　②4分の3

［2023年9月試験］

問題 国民健康保険

6 国民健康保険の被保険者は、原則として、70歳に達した時にその資格を喪失し、後期高齢者医療制度の被保険者となる。**○✕**　［2019年5月試験］

問題 後期高齢者医療制度

7 後期高齢者医療制度の被保険者は、後期高齢者医療広域連合の区域内に住所を有する（ ① ）以上の者、または（ ② ）の者であって一定の障害の状態にある旨の認定を受けたものである。**三択**

(1) ①65歳　　②40歳以上65歳未満
(2) ①70歳　　②60歳以上70歳未満
(3) ①75歳　　②65歳以上75歳未満

［2023年5月試験］

問題 公的介護保険

8 公的介護保険の第2号被保険者は、要介護状態または要支援状態となった原因を問わず、保険給付を受けることができる。**○✕**　［2021年5月試験］

解答解説

5 **答** (2)　傷病手当金の額は、支給開始日以前**12**カ月間の各月の標準報酬月額を平均した額を**30**で除した額の**3**分の**2**です。

解答解説

6 **答** ✕　国民健康保険の被保険者は、原則として**75**歳に達した時に、その資格を喪失し、後期高齢者医療制度の被保険者となります。

解答解説

7 **答** (3)　後期高齢者医療制度は、**75**歳以上の人、または**65**歳以上**75**歳未満の人で、一定の障害状態にある旨の認定を受けた人が対象です。

解答解説

8 **答** ✕　公的介護保険の第**2**号被保険者が介護保険の保険給付を受けることができるのは、**老化**に起因するもの(**特定疾病**)によって要介護者、要支援者になった場合のみです。

9 公的介護保険の保険給付の対象となるサービスを利用したときの被保険者(一定所得以下の者)の自己負担割合は、原則として、そのサービスにかかった費用(食費、居住費等を除く)の3割である。 **○X**

［2017年9月試験 改］

---

10 公的介護保険の第（ ① ）被保険者は、市町村または特別区の区域内に住所を有する（ ② ）以上65歳未満の医療保険加入者である。 **三択**

(1) ①1号　　②40歳
(2) ①2号　　②40歳
(3) ①2号　　②60歳

［2022年5月試験］

---

11 公的介護保険の保険給付は、保険者である（　　）から要介護状態または要支援状態と認定された被保険者に対して行われる。 **三択**

(1) 国　　(2) 都道府県　　(3) 市町村または特別区　　［2011年5月試験］

解答解説

9 **答** ✕ 公的介護保険の介護給付または予防給付のサービスを受けた場合の自己負担額は、原則として**1**割（食費、居住費等を除く）です。なお、第**1**号被保険者については、一定以上の所得の人は**2**割負担、特に所得の高い人は**3**割負担です。

10 **答** ② 公的介護保険の第**2**号被保険者は、**40**歳以上**65**歳未満の医療保険加入者です。

公的介護保険のポイント

	第1号被保険者	第2号被保険者
対象者	65歳以上の人	40歳以上65歳未満の人
受給者	要介護者、要支援者	特定疾病（初老期認知症、脳血管疾患、末期がんなど）によって要介護者、要支援者になった場合
自己負担	原則1割（支給限度額を超えた場合、超過分は全額自己負担）※第1号被保険者のうち、一定以上の所得がある人は2割負担。特に所得が高い人は3割負担	

11 **答** ③ 公的介護保険の保険給付は、保険者である**市区町村**から要介護状態または要支援状態と認定された被保険者に対して行われます。

12 労働者災害補償保険の適用を受ける労働者には、1週間の所定労働時間が20時間未満のアルバイトやパートタイマーは含まれない。**○✕**

[2022年9月試験]

---

13 労働者災害補償保険の休業補償給付は、労働者が業務上の負傷または疾病による療養のため労働することができないために賃金を受けない日の（　①　）から支給され、その額は、原則として1日につき給付基礎日額の（　②　）に相当する額である。**三択**

(1)　①第3日目　　②100分の40
(2)　①第4日目　　②100分の60
(3)　①第5日目　　②100分の80

[2010年9月試験]

---

14 正当な理由がなく自己の都合により離職した者に対する雇用保険の基本手当は、待期期間の満了後4カ月間は支給されない。**○✕** [2021年9月試験]

---

15 雇用保険の基本手当を受給するためには、倒産、解雇、雇止めなどの場合を除き、原則として、離職の日以前（　①　）に被保険者期間が通算して（　②　）以上あることなどの要件を満たす必要がある。**三択**

(1)　①1年間　　②6カ月
(2)　①2年間　　②6カ月
(3)　①2年間　　②12カ月

[2023年9月試験]

解答解説

12 答 ✕　労災保険の適用を受ける対象者は、すべての労働者です。アルバイト、パートタイマーも適用を受けます。

13 答 (2)　労災保険の休業補償給付は、労働者が業務上の負傷または疾病による療養のため労働することができないために賃金を受けない日の**4**日目から支給され、支給額は、原則として1日につき給付基礎日額の**60**％に相当する額です。

労災保険の休業補償給付	
要　件	業務上の病気やケガなどで休業し、給料が支払われない場合、休業**4**日目から支給される
支給額	給付基礎日額の**60**％

解答解説

14 答 ✕　自己都合退職の場合の雇用保険の基本手当の給付制限期間は、7日間の待期期間終了後、原則として**2**カ月間です。

15 答 (3)　雇用保険の基本手当の原則的な受給要件は、離職の日以前**2**年間に、被保険者期間が通算して**12**カ月以上あることです。

16 20年以上勤務した会社を60歳到達月の末日で定年退職し、雇用保険の基本手当の受給資格者となった者が受給することができる基本手当の日数は、最大（　　）である。 **三択**

(1) 100日　　(2) 150日　　(3) 200日　　　　　　［2022年1月試験］

---

17 雇用保険の高年齢雇用継続基本給付金は、原則として60歳到達時点に比べて、賃金額が（　　）未満に低下した状態で就労している60歳以上65歳未満の雇用保険の一般被保険者で、一定の要件を満たす者に対して支給される。 **三択**

(1) 75%　　(2) 80%　　(3) 85%　　　　　　［2014年1月試験］

---

18 雇用保険の育児休業給付金の額は、育児休業を開始した日から育児休業給付金の支給に係る休業日数が通算して180日に達するまでの間は、1支給単位期間当たり、原則として休業開始時賃金日額に支給日数を乗じて得た額の（　　）相当額となる。 **三択**

(1) 33%　　(2) 67%　　(3) 75%　　　　　　［2018年9月試験］

解答解説

16 答 (2)　　自己都合退職や定年退職の場合で、被保険者期間が20年以上ある場合の雇用保険の基本手当の日数は、**150日**です。

17 答 (1)　　雇用保険の高年齢雇用継続基本給付金は、60歳到達時点に比べて、賃金額が**75**％未満に低下した状態で就労している60歳以上65歳未満の雇用保険の一般被保険者で、一定の要件を満たす者に対して支給されます。

高年齢雇用継続基本給付金	
対象者	★被保険者期間が**5**年以上ある**60**歳以上**65**歳未満の雇用保険の被保険者 ★60歳到達時点の賃金月額に比べ、**75**％未満に低下した賃金月額であること
支給額	各月の賃金額の最大**15**％相当額

18 答 (2)　　雇用保険の育児休業給付金の額は、育児休業開始から180日(6ヵ月)までの間は、原則として休業前賃金の**67**％相当額となります。

育児休業給付金	
対象者	満1歳未満（一定の場合は1歳6カ月または2歳未満）の子を養育するための育児休業を取得した人
支給額	休業前賃金の**67**％相当額（育児休業開始から6カ月経過後は**50**％相当額）

問題　国民年金の被保険者

1 国民年金の第1号被保険者の収入により生計を維持する配偶者で、20歳以上60歳未満の者は、国民年金の第3号被保険者となることができる。

◯✕　　　　　　　　　　　　　　　　　　　　　　　　　　　　［2021年5月試験］

- -

2 国民年金の第1号被保険者は、日本国内に住所を有する20歳以上60歳未満の自営業者や学生などのうち、日本国籍を有する者のみが該当する。

◯✕　　　　　　　　　　　　　　　　　　　　　　　　　　　　［2023年9月試験］

問題　保険料の納付、免除と猶予

3 国民年金の保険料免除期間に係る保険料のうち、追納することができる保険料は、追納に係る厚生労働大臣の承認を受けた日の属する月前（　　　）以内の期間に係るものに限られる。三択

(1)　2年　　(2)　5年　　(3)　10年　　　　　　　　　　　　［2023年1月試験］

解答解説

1 答 ✕　　国民年金の第3号被保険者は、第2号被保険者の収入により生計を維持する配偶者で、20歳以上60歳未満の者です。第1号被保険者の収入により生計を維持する配偶者は、第1号被保険者となります。

国民年金の被保険者	
第1号被保険者	自営業者、学生、無職など 年齢：**20**歳以上**60**歳未満
第2号被保険者	会社員や公務員 年齢：要件なし（ただし、老齢年金の受給権者となった場合は第2号被保険者の資格を失う）
第3号被保険者	国内に住所があり、第2号被保険者に扶養されている配偶者 年齢：**20**歳以上**60**歳未満

2 答 ✕　　国民年金の第1号被保険者には、国籍要件はありません。日本国内に住所がある**20**歳以上**60**歳未満の自営業者や学生などは、国籍を問わず、すべて国民年金第1号被保険者となります。

解答解説

3 答 (3)　　国民年金の保険料の免除や猶予を受けた期間については、**10**年以内なら追納することができます。

問題 老齢給付① 老齢基礎年金

1 国民年金の被保険者が学生納付特例制度の適用を受けた期間は、その期間に係る保険料を追納しない場合、老齢基礎年金の受給資格期間（　①　）、老齢基礎年金の年金額（　②　）。 **三択**

(1)　①に算入され　　　　　　②にも反映される
(2)　①に算入されず　　　　　②にも反映されない
(3)　①には算入されるが　　　②には反映されない　　　　[2021年5月試験]

---

2 2009年4月以後の国民年金の保険料全額免除期間（学生納付特例制度等の適用を受けた期間を除く）は、その（　　　）に相当する月数が老齢基礎年金の年金額に反映される。 **三択**

(1)　2分の1　　(2)　3分の1　　(3)　4分の1　　　　[2021年9月試験]

---

3 65歳到達時に老齢基礎年金の受給資格期間を満たしている者が、67歳6カ月で老齢基礎年金の繰下げ支給の申出をし、30カ月支給を繰り下げた場合、老齢基礎年金の増額率は、（　　　）となる。 **三択**

(1)　12%　　(2)　15%　　(3)　21%　　　　[2023年1月試験]

---

4 国民年金の付加保険料納付済期間を有する者が、老齢基礎年金の繰下げ支給の申出をした場合、付加年金は、老齢基礎年金と同様の増額率によって増額される。 **○X**　　　　[2022年1月試験]

解答解説

1 答 **(3)** 　学生納付特例制度の適用を受けた期間は、老齢基礎年金の受給資格期間（10年）には**算入されます**が、追納しなければ、老齢基礎年金の年金額には**反映されません**。

2 答 **(1)** 　2009年4月以後の国民年金の保険料全額免除期間については、老齢基礎年金の年金額の計算のさいは、**2分の1**が年金額に反映されます。

3 答 **(3)** 　繰下げ受給の場合、年金額は繰下げ1カ月あたり**0.7**％増額します。65歳から67歳6カ月まで30カ月繰り下げた場合の繰下げ増額率は21％です。

繰下げ増額率：0.7％×30カ月＝21％

繰上げ受給と繰下げ受給
★繰上げ受給（60歳から65歳までの間に受給開始）したときは、繰上げ1カ月あたり**0.4**％が減額される
★繰下げ受給（66歳から75歳までの間に受給開始）したときは、繰下げ1カ月あたり**0.7**％が増額される

4 答 **○** 　付加年金を受給することができる人（付加保険料納付済期間を有する者）が老齢基礎年金の繰下げ支給の申出をした場合、付加年金についても、老齢基礎年金と同様の増額率で増額されます。

5 国民年金の第1号被保険者が、国民年金の定額保険料に加えて月額（　①　）の付加保険料を納付し、65歳から老齢基礎年金を受け取る場合、（　②　）に付加保険料納付済期間の月数を乗じて得た額が付加年金として支給される。**三択**

(1)　①400円　　②200円
(2)　①400円　　②300円
(3)　①200円　　②400円

[2023年5月試験]

問題 **老齢給付②　老齢厚生年金**

6 特別支給の老齢厚生年金(報酬比例部分)は、原則として、1960年(昭和35年)4月2日以後に生まれた男性および1965年(昭和40年)4月2日以後に生まれた女性には支給されない。**○✕**　　[2020年1月試験]

7 老齢厚生年金の繰下げ支給の申出は、老齢基礎年金の繰下げ支給の申出と同時に行わなければならない。**○✕**　　[2022年5月試験]

8 厚生年金保険の被保険者期間が原則として（　①　）以上ある者が、老齢厚生年金の受給権を取得した当時、当該受給権者と生計維持関係にある（　②　）未満の配偶者が所定の要件を満たしている場合、当該受給権者が受給する老齢厚生年金に加給年金額が加算される。**三択**

(1)　①10年　　②60歳
(2)　①20年　　②65歳
(3)　①25年　　②70歳

[2021年1月試験]

解答解説

5 **答** (1)　国民年金の第1号被保険者が、月額**400円**の付加保険料を納付し、65歳から老齢基礎年金を受け取る場合、「**200円×付加保険料を納付した月数**」の額が付加年金として支給されます。

解答解説

6 **答** ✕　特別支給の老齢厚生年金は、原則として、**1961**年(昭和36年)４月２日以後に生まれた男性および**1966**年(昭和41年)４月２日以後に生まれた女性には支給されません。

7 **答** ✕　老齢厚生年金の繰下げは、老齢基礎年金の繰下げと別々に行うことができます。

> **老齢厚生年金の繰上げ受給と繰下げ受給**
>
> ★老齢厚生年金の繰上げは老齢基礎年金の繰上げと 同時に 行わなければならない
>
> ★老齢厚生年金の繰下げは老齢基礎年金の繰下げと 別々に 行うことができる

8 **答** (2)　厚生年金保険の加入期間が**20年**以上の人に配偶者(**65歳未満**)または子(18歳到達年度末日までの子または20歳未満で障害等級１級・２級の子)がある場合に、老齢厚生年金に加給年金額が加算されます。

問題 老齢給付② 老齢厚生年金

9 夫が受給している老齢厚生年金の加給年金対象者である妻が（ ① ）歳になり、老齢基礎年金の受給権を取得し、当該妻に支給される老齢基礎年金に振替加算の額が加算される場合、その振替加算の額は、（ ② ）の生年月日に応じた額となる。三択

(1) ①60 ②妻 (2) ①65 ②妻 (3) ①65 ②夫

［2019年5月試験］

---

10 60歳以上65歳未満の厚生年金保険の被保険者に支給される老齢厚生年金は、その者の総報酬月額相当額と基本月額の合計額が50万円（2024年度の支給停止調整額）を超える場合、年金額の一部または全部が支給停止となる。○✕

［2019年5月試験 改］

問題 障害給付

11 障害基礎年金の保険料納付要件は、原則として、初診日の前日において、初診日の属する月の前々月までの国民年金の被保険者期間のうち、保険料納付済期間（保険料免除期間を含む）が（ ）以上あることである。三択

(1) 3分の1 (2) 2分の1 (3) 3分の2

［2019年9月試験］

---

12 障害基礎年金の受給権者が、生計維持関係にある65歳未満の配偶者を有する場合、その受給権者に支給される障害基礎年金には、配偶者に係る加算額が加算される。○✕

［2023年5月試験］

解答解説

9 答 (2)　加給年金額は、加算対象である配偶者が**65**歳に到達すると支給停止されます。その代わりに、**配偶者**の生年月日に応じた金額が、振替加算として配偶者の老齢基礎年金に加算されます(ただし、配偶者が1966年4月1日以前生まれの場合に限ります)。本肢の場合は、振替加算が加算される妻の生年月日に応じた額が加算されます。

10 答 ○　在職老齢年金による支給停止は、**50**万円が基準額です。

解答解説

11 答 (3)　障害基礎年金は、原則として、初診日の前日において、初診日の属する月の前々月までの国民年金の被保険者期間のうち、保険料納付済期間や保険料免除期間が**3分の2**以上なければ受給できません。なお、この保険料納付要件は障害厚生年金の場合も同様です。

> **障害基礎年金(障害厚生年金)の保険料納付要件**
> ❶原則として、「保険料納付済期間＋保険料免除期間」が全被保険者期間の**3分の2**以上あること
> ❷❶を満たさない人は、直近**1**年間に保険料の滞納がないこと

12 答 ×　障害基礎年金には、配偶者に係る加算額の加算はありませんが、子(18歳到達年度末日までの子または20歳未満で一定の障害状態にある子)がいる場合には子の加算があります。配偶者にかかる加算額は、**2級以上**の障害厚生年金に加算されます。

13 遺族基礎年金を受給することができる遺族は、国民年金の被保険者等の死亡の当時、その者によって生計を維持され、かつ、所定の要件を満たす「子のある配偶者」または「子」である。**OX**　　　[2022年5月試験]

14 遺族厚生年金を受給することができる遺族の範囲は、厚生年金保険の被保険者等の死亡の当時、その者によって生計を維持し、かつ、所定の要件を満たす配偶者、子、父母、孫、祖父母である。**OX**　　　[2023年5月試験]

15 遺族厚生年金の額（中高齢寡婦加算額および経過的寡婦加算額を除く）は、原則として、死亡した者の厚生年金保険の被保険者記録を基礎として計算した老齢厚生年金の報酬比例部分の額の（　　）に相当する額である。**三択**

(1) 2分の1　　(2) 3分の2　　(3) 4分の3　　　[2022年1月試験]

16 厚生年金保険の被保険者である夫が死亡し、子のない45歳の妻が遺族厚生年金の受給権を取得した場合、妻が75歳に達するまでの間、妻に支給される遺族厚生年金に中高齢寡婦加算額が加算される。**OX**

[2023年1月試験]

解答解説

13 答 ◯　遺族基礎年金を受給することができる遺族は、死亡した被保険者に生計を維持されていた子または子のある配偶者(妻、夫)です。なお、子の要件は18歳到達年度の末日までの子(または20歳未満で障害等級1級・2級に該当する子)です。

遺族基礎年金	
受給できる 遺族の範囲	死亡した人に生計を維持されていた **子** または **子のある配偶者** ※子…18歳到達年度末日までの子、または20歳未満で 　障害等級1級・2級に該当する子
そ の 他	子の加算額は第1子と第2子は同額(第3子以降は少なくなる)

14 答 ◯　遺族厚生年金を受給することができる遺族の範囲は、**配偶者、子、父母、孫、祖父母**です。

15 答 (3)　遺族厚生年金の額は、老齢厚生年金の報酬比例部分の額の**4分の3**相当額です。

遺族厚生年金	
受給できる 遺族の範囲	死亡した人に生計を維持されていた❶妻・夫※・ 子、❷父母※、❸孫、❹祖父母※ ※夫、父母、祖父母が受給権者となる場合、55歳以上であ 　ることが要件。年金を受け取れるのは60歳から
年 金 額	老齢厚生年金の報酬比例部分の **4分の3** 相当額

16 答 ✕　夫の死亡当時40歳以上65歳未満の子のない妻、または子があっても40歳以上65歳未満で遺族基礎年金を受け取ることができない妻に対して、遺族厚生年金に**中高齢寡婦加算額**が加算されますが、中高齢寡婦加算額は、**65**歳になると支給が打ち切られます。

問題　確定拠出年金

1 国民年金の第3号被保険者は、確定拠出年金の個人型年金の加入者となることはできない。**○✕**

［2019年9月試験］

---

2 確定拠出年金の個人型年金の加入者が国民年金の第1号被保険者である場合、原則として、掛金の拠出限度額は年額816,000円である。**○✕**

［2022年1月試験］

---

3 確定拠出年金の個人型年金の老齢給付金を60歳から受給するためには、60歳到達時の通算加入者等期間が（　　　）以上なければならない。**三択**

(1) 10年　　(2) 15年　　(3) 20年

［2022年9月試験］

問題　自営業者のための年金制度

4 国民年金基金の加入員は、所定の事由により加入員資格を喪失する場合を除き、加入している国民年金基金から自己都合で任意に脱退することはできない。**○✕**

［2023年9月試験］

解答解説

1 答 **✕**　確定拠出年金の個人型の加入対象者は、自営業者等、厚生年金保険の被保険者、専業主婦等（国民年金の第3号被保険者）、国民年金の任意加入被保険者です。

- -

2 答 **◯**　国民年金の第1号被保険者の場合、確定拠出年金の個人型年金における掛金の拠出限度額は年額**816,000**円です。

- -

3 答 **(1)**　確定拠出年金の個人型年金の老齢給付金を60歳から受給するためには、通算の加入者等期間が**10**年以上必要です。

> **確定拠出年金のポイント**
>
> ★通算の加入期間が **10** 年以上ある人は **60** 歳以降、老齢給付金を受給できる。ただし、 **75** 歳までに受給開始しなければならない
>
> ★加入者が拠出した掛金は、 **全額** 、 **小規模企業共済等掛金** 控除の対象となる

解答解説

4 答 **◯**　国民年金基金は、国民年金第1号被保険者が国民年金の上乗せ給付を受け取るために加入するものです。一度加入すると、加入員資格がなくならない限りは任意に脱退することはできません。

問題 年金と税金

Ⅰ 確定拠出年金の個人型年金の老齢給付金を一時金で受け取った場合、当該老齢給付金は、一時所得として所得税の課税対象となる。○×

[2021年1月試験]

問題 総量規制

Ⅰ 貸金業法の総量規制により、個人が貸金業者による個人向け貸付を利用する場合の借入合計額は、原則として、年収の（　　）以内でなければならない。三択

(1)　2分の1　　(2)　3分の1　　(3)　4分の1　　　　[2022年9月試験]

| 答 | × | 確定拠出年金の個人型年金の老齢給付金を一時金で受け取った場合は、**退職**所得として所得税の課税対象となります。 |

| 答 | (2) | 貸金業法における融資額の総量規制により、個人が貸金業者による個人向け貸付を利用する場合、借入額は原則として年収の**3**分の**1**までとなっています。 |

個人 1 次の設例に基づいて、下記の各問に答えなさい。 ［2023年1月試験 第1問 改］

━━━━━━━━━━━━━━ 《設 例》 ━━━━━━━━━━━━━━

　Aさん(48歳)は、小売店を営む個人事業主である。大学卒業後に10年勤めた会社を退職し、その後に小売店を開業した。

　Aさんは、できる限り小売店を続けていきたいと思っているが、老後のことも考え、自分の公的年金がどのくらい支給されるのか、老後の収入を増やすために何かよい方法はないか知りたいと思うようになった。

　そこで、Aさんは、ファイナンシャル・プランナーのMさんに相談することにした。

〈Aさんに関する資料〉
(1)　生年月日　　　　　：1976年8月11日
(2)　公的年金の加入歴：下図のとおり(60歳までの見込みを含む)

20歳	22歳	32歳	60歳
国民年金 保険料未納期間 32月	厚生年金保険 被保険者期間 120月	国民年金 保険料納付済期間 328月	

※Aさんは、現在および将来においても、公的年金制度における障害等級に該当する障害の状態にないものとする。
※上記以外の条件は考慮せず、各問に従うこと。

問1　はじめに、Mさんは、《設例》の〈Aさんに関する資料〉に基づき、Aさんが老齢基礎年金の受給を65歳から開始した場合の年金額を試算した。Mさんが試算した老齢基礎年金の年金額の計算式として、次のうち最も適切なものはどれか。なお、老齢基礎年金の年金額は、2024年度価額に基づいて計算するものとする。

(1)　$816,000 円 \times \dfrac{328 月}{480 月}$

(2)　$816,000 円 \times \dfrac{448 月}{480 月}$

(3)　$816,000 円 \times \dfrac{448 月 + 32 月 \times \dfrac{1}{3}}{480 月}$

問2　次に、Mさんは、国民年金基金について説明した。Mさんが、Aさんに対して説明した以下の文章の空欄①～③に入る語句の組合せとして、次のうち最も適切なものはどれか。

> 「国民年金基金は、国民年金の第1号被保険者を対象とした、老齢基礎年金に上乗せする年金を支給する任意加入の年金制度です。加入は口数制となっており、1口目は2種類の（　①　）年金（A型・B型）のうち、いずれかを選択します。掛金の額は、選択した給付の型や口数、加入時の年齢等によって決まり、掛金の拠出限度額は、月額（　②　）です。また、支払った掛金は、所得税において（　③　）の対象となります」

(1)　①確定　　②68,000円　　③小規模企業共済等掛金控除

(2)　①終身　　②30,000円　　③小規模企業共済等掛金控除

(3)　①終身　　②68,000円　　③社会保険料控除

問3　最後に、Mさんは、老後の年金収入を増やすことができる各種制度について説明した。MさんのAさんに対する説明として、次のうち最も不適切なものはどれか。

(1)　「国民年金の付加年金は、月額200円の付加保険料を納付することにより、老齢基礎年金と併せて受給することができる年金です」

(2)　「確定拠出年金の個人型年金は、加入者自身が掛金の運用方法を選択し、資産を形成する年金制度です。将来受け取ることができる年金額は、運用実績により増減します」

(3)　「小規模企業共済制度は、個人事業主が廃業等した場合に必要となる資金を準備しておくための制度です。毎月の掛金は、1,000円から70,000円の範囲内（500円単位）で選択することができます」

問1 答 (2)

　　20歳から22歳までの間の国民年金保険料未納期間(32月)は、保険料納付済期間には含めません。

　　保険料納付済期間：120月＋328月＝448月

　　老齢基礎年金の年金額：$816,000円 \times \dfrac{448月}{480月}$

問2 答 (3)

　　国民年金基金の加入は、口数制で、1口目は2種類の**終身**年金から1つを選択します。掛金の拠出限度額は月額**68,000**円で、掛金は所得税において全額**社会保険料控除**の対象となります。

問3 答 (1)

(1)…付加保険料は月額**400**円です。なお、付加年金の額は**「200円×付加保険料納付期間の月数」**で計算します。

個人**2** 次の設例に基づいて、下記の各問に答えなさい。 ［2023年9月試験 第1問 �］

《設 例》

会社員のAさん（36歳）は、妻Bさん（35歳）、長男Cさん（3歳）および二男Dさん（0歳）との4人暮らしである。Aさんは、今年4月に二男Dさんが誕生したことを機に、今後の資金計画を改めて検討したいと考えている。Aさんは、その前提として、病気やケガで入院等した場合の健康保険の保険給付や自分が死亡した場合の公的年金制度からの遺族給付の支給など、社会保険制度の概要について理解しておきたいと思っている。

そこで、Aさんは、ファイナンシャル・プランナーのMさんに相談することにした。

〈Aさんの家族構成〉
　Aさん　　：1987年12月3日生まれ
　　　　　　会社員（厚生年金保険・全国健康保険協会管掌健康保険に加入している）
　妻Bさん　：1989年5月14日生まれ
　　　　　　国民年金に第3号被保険者として加入している。
　長男Cさん：2021年8月20日生まれ
　二男Dさん：2024年4月1日生まれ

〈公的年金加入歴（2024年8月分まで）〉

20歳	22歳		36歳
Aさん	国民年金保険料納付済期間（28月）	厚生年金保険被保険者期間（173月）	

20歳	22歳	Aさんと結婚	35歳
妻Bさん	国民年金保険料納付済期間（35月）	厚生年金保険被保険者期間（101月）	国民年金第3号被保険者期間（48月）

※妻Bさん、長男Cさんおよび二男Dさんは、現在および将来においても、Aさんと同居し、Aさんと生計維持関係にあるものとする。
※家族全員、現在および将来においても、公的年金制度における障害等級に該当する障害の状態にないものとする。
※上記以外の条件は考慮せず、各問に従うこと。

45

問 1　現時点（2024 年 9 月 10 日）において A さんが死亡した場合、妻 B さんに支給される遺族基礎年金の年金額（2024 年度価額）は、次のうちどれか。

(1)　816,000 円 + 234,800 円 = 1,050,800 円

(2)　816,000 円 + 234,800 円 + 78,300 円 = 1,129,100 円

(3)　816,000 円 + 234,800 円 + 234,800 円 = 1,285,600 円

問 2　M さんは、現時点（2024 年 9 月 10 日）において A さんが死亡した場合に妻 B さんに支給される遺族厚生年金について説明した。M さんが、A さんに対して説明した以下の文章の空欄①～③に入る語句の組合せとして、次のうち最も適切なものはどれか。

　「遺族厚生年金の額は、原則として、死亡した者の厚生年金保険の被保険者記録を基礎として計算した老齢厚生年金の報酬比例部分の額の（　①　）に相当する額になります。ただし、A さんの場合、その計算の基礎となる被保険者期間の月数が（　②　）に満たないため、（　②　）とみなして年金額が計算されます。

　また、二男 D さんの 18 歳到達年度の末日が終了し、妻 B さんの有する遺族基礎年金の受給権が消滅したときは、妻 B さんが（　③　）に達するまでの間、妻 B さんに支給される遺族厚生年金の額に中高齢寡婦加算が加算されます」

---

(1)　①3 分の 2　　②240 月　　③65 歳

(2)　①4 分の 3　　②240 月　　③60 歳

(3)　①4 分の 3　　②300 月　　③65 歳

問3 Mさんは、健康保険の保険給付について説明した。MさんのAさんに対する説明として、次のうち最も適切なものはどれか。

(1) 「Aさんが業務外の事由による病気やケガの療養のために、連続して3日間休業し、4日目以降の休業した日について事業主から賃金が支払われなかった場合は、所定の手続により、傷病手当金が支給されます」

(2) 「Aさんに係る医療費の一部負担金の割合は、原則として、入院・外来を問わず、実際にかかった費用の1割です」

(3) 「医療機関等に支払った医療費の一部負担金の額が自己負担限度額を超えた場合、所定の手続により、自己負担限度額を超えた額が高額療養費として支給されます。この一部負担金には、差額ベッド代や入院時の食事代も含まれます」

個人2 解答解説

問1 答 (3)

　遺族基礎年金は、死亡した人に生計を維持されていた **子** または子のある **配偶者** に支給されます(子は18歳到達年度末日までの子、または20歳未満で障害等級1級・2級に該当する子をいいます)。Aさんが死亡した場合、妻Bさんには816,000円に子の加算額(子が2人までは1人につき234,800円)を加えた金額が、遺族基礎年金として支給されます。

- -

問2 答 (3)

　②…厚生年金保険の被保険者が死亡した場合、その死亡した人の被保険者期間の月数が **300** 月に満たないときは、被保険者期間を **300** 月とみなして遺族厚生年金の年金額が計算されます。

- -

問3 答 (1)

　(2)…Aさんの医療費の一部負担金の割合は、原則として、実際にかかった費用の **3** 割です。

　(3)…支払った医療費が高額になり、支払った一部負担金が自己負担限度額を超えた場合、その超えた部分が高額療養費として支給されます。ただし、差額ベッド代や入院時の食事代は対象になりません。

個人3 次の設例に基づいて、下記の各問に答えなさい。　　[2022年5月試験　第1問 ㊾]

《設　例》

　X株式会社(以下、「X社」という)に勤務するAさん(49歳)は、妻Bさん(47歳)との2人暮らしである。Aさんは、大学卒業後から現在に至るまでX社に勤務しており、60歳の定年後も継続雇用制度を利用して、65歳まで勤務する予定である。先日、同世代の友人が確定拠出年金の個人型年金に加入していることを知り、老後の生活を見据え、公的年金制度から支給される老齢給付や確定拠出年金の個人型年金について理解を深めたいと思うようになった。

　そこで、Aさんは、ファイナンシャル・プランナーのMさんに相談することにした。

〈Aさんとその家族に関する資料〉
(1)　Aさん(1975年11月15日生まれ・49歳・会社員)
　　・公的年金加入歴：下図のとおり(65歳までの見込みを含む)
　　・全国健康保険協会管掌健康保険、雇用保険に加入している。
　　・X社が実施する確定給付企業年金の加入者である。
　　　なお、X社が実施する企業年金は、確定給付企業年金のみである。

20歳　　　　　　　22歳		65歳
国民年金 保険料未納期間 (29月)	厚生年金保険 被保険者期間 (511月)	

(2)　妻Bさん(1977年7月4日生まれ・47歳・専業主婦)
　　・公的年金加入歴：18歳からAさんと結婚するまでの12年間(144月)は厚
　　　　　　　　　　　生年金保険に加入。結婚後は、国民年金に第3号被
　　　　　　　　　　　保険者として加入している。
　　・全国健康保険協会管掌健康保険の被扶養者である。

※妻Bさんは、現在および将来においても、Aさんと同居し、Aさんと生計維持関係にあるものとする。
※Aさんおよび妻Bさんは、現在および将来においても、公的年金制度における障害等級に該当する障害の状態にないものとする。

※上記以外の条件は考慮せず、各問に従うこと。

48

問1　はじめに、Mさんは、Aさんが老齢基礎年金の受給を65歳から開始した場合の年金額を試算した。Mさんが試算した老齢基礎年金の年金額の計算式として、次のうち最も適切なものはどれか。なお、老齢基礎年金の年金額は、2024年度価額に基づいて計算するものとする。

(1)　$816{,}000\text{円} \times \dfrac{451\text{月}}{480\text{月}}$

(2)　$816{,}000\text{円} \times \dfrac{480\text{月}}{480\text{月}}$

(3)　$816{,}000\text{円} \times \dfrac{540\text{月}}{480\text{月}}$

問2　次に、Mさんは、老齢厚生年金について説明した。MさんのAさんに対する説明として、次のうち最も不適切なものはどれか。

(1)　「Aさんおよび妻Bさんには、特別支給の老齢厚生年金は支給されません。原則として、65歳から老齢厚生年金を受給することになります」

(2)　「Aさんが65歳から受給することができる老齢厚生年金の額には、妻Bさんが65歳になるまでの間、配偶者の加給年金額が加算されます」

(3)　「Aさんが老齢厚生年金の繰下げ支給の申出をする場合、老齢基礎年金の繰下げ支給の申出も同時に行わなければなりません」

問3　最後に、Mさんは、確定拠出年金の個人型年金について説明した。MさんのAさんに対する説明として、次のうち最も不適切なものはどれか。

(1)　「Aさんが確定拠出年金の個人型年金に加入し、60歳到達時に通算加入者等期間が10年以上となる場合、60歳から老齢給付金を受給することができます」

(2)　「国民年金の第3号被保険者である妻Bさんは、確定拠出年金の個人型年金に加入することができます」

(3)　「Aさんが確定拠出年金の個人型年金の掛金を支払った場合、所得税において、その支払った掛金の2分の1に相当する額を、小規模企業共済等掛金控除として総所得金額等から控除することができます」

問1 答 (1)

老齢基礎年金の年金額の計算式で算入する保険料納付済期間は、20歳以上60歳未満の期間の被保険者期間で計算します。厚生年金保険に加入している60歳から65歳までの5年間(5年×12カ月＝60カ月)は、老齢基礎年金の年金額の計算には含めません。

老齢基礎年金の年金額：$816,000円 \times \dfrac{511月 - 60月}{480月}$

問2 答 (3)

(1)…特別支給の老齢厚生年金は、1961年4月2日以降生まれの男性および1966年4月2日以降生まれの女性には支給されません。

(2)…加給年金額は、厚生年金保険の加入期間が **20**年以上の人に、**配偶者**(65歳未満)または**子**(18歳到達年度末日までの子、または20歳未満で障害等級1級・2級に該当する子)がある場合に、65歳以降の老齢厚生年金の年金額に上乗せされて支給されます。

(3)…老齢厚生年金の繰下げ支給の申出は、老齢基礎年金の繰下げ支給の申出と同時に行う必要はありません。それぞれ別々に繰下げ支給の申出をすることができます。

問3 答 (3)

(2)…国民年金の第3号被保険者(専業主婦等)も、確定拠出年金の個人型年金に加入することができます。

(3)…確定拠出年金の個人型年金の掛金は、所得税において、その支払った掛金の**全額**を小規模企業共済等掛金控除として総所得金額等から控除することができます。

2 保険顧客資産相談業務【金財】

保険 1 次の設例に基づいて、下記の各問に答えなさい。　[2023年1月試験　第1問 ㊹]

《設 例》

X株式会社(以下、「X社」という)に勤務するAさん(59歳)は、妻Bさん(56歳)との2人暮らしである。Aさんは、大学を卒業後、X社に入社し、現在に至るまで同社に勤務している。Aさんは、2025年3月に定年を迎える予定であるが、X社の継続雇用制度を利用して65歳まで働く予定である。Aさんは、定年を迎えるにあたり、60歳以後の社会保険制度について理解を深めたいと思っている。

そこで、Aさんは、ファイナンシャル・プランナーのMさんに相談することにした。

〈X社の継続雇用制度の雇用条件〉
・1年契約の嘱託雇用、1日8時間(週40時間)勤務
・厚生年金保険、全国健康保険協会管掌健康保険、雇用保険に加入
・賃金月額は60歳到達時の60%(月額27万円)で賞与はなし
〈Aさん夫妻に関する資料〉
(1)　Aさん(1965年3月25日生まれ・会社員)
　　・公的年金加入歴：下図のとおり(65歳までの見込みを含む)
　　　　　　　　　20歳から大学生であった期間(25月)は国民年金に任意加入していない。
　　・全国健康保険協会管掌健康保険、雇用保険に加入中

20歳	22歳		65歳
国民年金 未加入期間 (25月)	厚 生 年 金 保 険 192月		323月
	2003年3月以前の 平均標準報酬月額30万円	2003年4月以後の 平均標準報酬額40万円	

(2)　妻Bさん(1968年10月10日生まれ・専業主婦)
　　・公的年金加入歴：18歳でX社に就職してからAさんと結婚するまでの11年間(132月)、厚生年金保険に加入。結婚後は、国民年金に第3号被保険者として加入している。
　　・Aさんが加入する全国健康保険協会管掌健康保険の被扶養者である。

※妻Bさんは、現在および将来においても、Aさんと同居し、Aさんと生計維持関係にあるものとする。

※Aさんおよび妻Bさんは、現在および将来においても、公的年金制度における障害等級に該当する障害の状態にないものとする。

※上記以外の条件は考慮せず、各問に従うこと。

問1 はじめに、Mさんは、《設例》の〈Aさん夫妻に関する資料〉に基づき、Aさんが老齢基礎年金の受給を65歳から開始した場合の年金額（2024年度価額）を試算した。Mさんが試算した老齢基礎年金の年金額の計算式として、次のうち最も適切なものはどれか。

(1) $816,000 円 \times \dfrac{455 月}{480 月}$

(2) $816,000 円 \times \dfrac{480 月}{480 月}$

(3) $816,000 円 \times \dfrac{515 月}{480 月}$

問2 次に、Mさんは、Aさんが受給することができる公的年金制度からの老齢給付について説明した。MさんのAさんに対する説明として、次のうち最も不適切なものはどれか。

(1) 「1965年3月生まれのAさんは、原則として、64歳から報酬比例部分のみの特別支給の老齢厚生年金を受給することができます」

(2) 「Aさんが65歳になるまで厚生年金保険の被保険者としてX社に勤務した場合、65歳から支給される老齢厚生年金は、65歳到達時における厚生年金保険の被保険者記録を基に計算されます」

(3) 「Aさんが65歳から受給することができる老齢厚生年金には、妻Bさんが65歳になるまでの間、加給年金額が加算されます」

問3　最後に、Mさんは、X社の継続雇用制度利用後の社会保険に関する各種取扱いについて説明した。MさんのAさんに対する説明として、次のうち最も不適切なものはどれか。

(1)　「Aさんの60歳以後の各月に支払われる賃金額が、60歳到達時の賃金月額の75％相当額を下回った場合、Aさんは、原則として、雇用保険の高年齢雇用継続基本給付金を受給することができます」

(2)　「Aさんが雇用保険の高年齢雇用継続基本給付金を受給する場合、Aさんは、当該給付金を最長で2年間受給することができます」

(3)　「Aさんが60歳以後も全国健康保険協会管掌健康保険の被保険者となる場合、引き続き、妻BさんをAさんが加入する健康保険の被扶養者とすることができます」

問1 答(1)

20歳から22歳までの間の国民年金未加入期間は、保険料納付済期間には含めません。また、国民年金の保険料納付済期間は20歳以上60歳未満の期間で計算するので、60歳から65歳までの期間(5年×12カ月＝60月)も、保険料納付済期間には含めません。

保険料納付済期間：192月＋323月－60月＝455月

老齢基礎年金の年金額：$816{,}000円×\dfrac{455月}{480月}$

問2 答(1)

(1)…1961年4月2日以後生まれの男性には、特別支給の老齢厚生年金は支給されません。

(2)…65歳から支給される老齢厚生年金は、65歳到達時における厚生年金保険の被保険者記録をもとに計算されます。

問3 答(2)

(2)…高年齢雇用継続基本給付金の支給期間は、**60**歳から**65**歳までの最長5年間です。

保険2 次の設例に基づいて、下記の各問に答えなさい。　[2022年9月試験　第1問 ㊹]

─────────────────────《設　例》─────────────────────

　個人事業主であるAさん（47歳）は、公的年金制度からの老齢給付について理解を深めるとともに、老後の収入を増やす各種制度を活用したいと考えている。

　そこで、Aさんは、ファイナンシャル・プランナーのMさんに相談することにした。

〈Aさんに関する資料〉

・1976年10月22日生まれ

　公的年金の加入歴は下記のとおりである（60歳までの見込みを含む）。

20歳　　　　　　　　　　　　　　　　　　　　47歳　　　　　　　60歳

国 民 年 金		
保険料 未納期間	保険料納付済期間	保険料納付 予定期間
30月	305月	145月

※Aさんは、現在および将来においても、公的年金制度における障害等級に該当する障害の状態にないものとする。

※上記以外の条件は考慮せず、各問に従うこと。

───

問1 はじめに、Mさんは、老齢基礎年金について説明した。Mさんが、Aさんに対して説明した以下の文章の空欄①～③に入る語句または数値の組合せとして、次のうち最も適切なものはどれか。

> 「老齢基礎年金を受給するためには、原則として、国民年金の保険料納付済期間と保険料免除期間を合算した期間が（ ① ）年必要です。Aさんは、（ ① ）年の受給資格期間を満たしていますので、原則として65歳から老齢基礎年金を受給することができます。
> 　Aさんが希望すれば、60歳以上65歳未満の間に老齢基礎年金の繰上げ支給を請求することができます。ただし、老齢基礎年金の繰上げ支給を請求した場合は、（ ② ）減額された年金が支給されることになります。仮に、Aさんが60歳0カ月で老齢基礎年金の繰上げ支給を請求した場合の減額率は（ ③ ）％となります」

(1) ① 10　　② 生涯　　　　③ 24
(2) ① 10　　② 75歳まで　　③ 30
(3) ① 25　　② 生涯　　　　③ 30

問2 次に、Mさんは、国民年金の付加保険料について説明した。MさんのAさんに対する説明として、次のうち最も不適切なものはどれか。

(1) 「仮に、Aさんが付加保険料を145月納付し、65歳から老齢基礎年金を受け取る場合、老齢基礎年金の額に付加年金として年額29,000円が上乗せされます」

(2) 「老齢基礎年金の繰上げ支給を請求した場合でも、付加年金の年金額は減額されません」

(3) 「国民年金の第1号被保険者は、国民年金基金に加入することができますが、国民年金基金に加入した場合は、付加保険料を納付することができません」

問3　最後に、Mさんは、小規模企業共済制度について説明した。Mさんが、Aさんに対して説明した以下の文章の空欄①～③に入る語句または数値の組合せとして、次のうち最も適切なものはどれか。

> 「小規模企業共済制度は、個人事業主が廃業等した場合に必要となる資金を準備しておくための制度です。毎月の掛金は、1,000円から（　①　）円までの範囲内（500円単位）で選択でき、支払った掛金は（　②　）の対象となります。共済金（死亡事由以外）の受取方法には『一括受取り』『分割受取り』『一括受取りと分割受取りの併用』がありますが、このうち、『一括受取り』の共済金（死亡事由以外）は、（　③　）として所得税の課税対象となります」

(1)　①　70,000　　②　税額控除　　③　一時所得

(2)　①　68,000　　②　税額控除　　③　退職所得

(3)　①　70,000　　②　所得控除　　③　退職所得

問1 答 (1)

①……老齢基礎年金を受給するためには、国民年金の保険料納付済期間と保険料免除期間を合算した期間が**10年**以上必要です。

②③…老齢基礎年金の繰上げ支給を請求した場合、**生涯**減額された年金が支給されることになります。なお、減額率は、**「繰り上げた月数×0.4%」**で計算します。60歳0カ月で繰上げ支給を請求した場合、5年間(60カ月)の繰上げとなるので、減額率は60月×0.4%＝24%となります。

問2 答 (2)

(1)…付加年金の額は**「200円×付加保険料納付月数」**で計算します。
　　　　付加年金の額：200円×145月＝29,000円

(2)…老齢基礎年金の繰上げ支給を請求した場合、付加年金も繰上げによる減額の対象となり、老齢基礎年金の繰上げと同じ減額率により減額されます。

(3)…国民年金基金と付加保険料の納付は同時に行うことができず、どちらか1つを選択します。

問3 答 (3)

①…小規模企業共済制度の掛金は、1,000円から**70,000**円までの範囲内で、500円単位で選択することができます。

②…支払った掛金は全額が**小規模企業共済等掛金控除**として**所得控除**の対象となります。

③…共済金の受取りのさい、一括受取りを選択した場合は**退職所得**として所得税の課税対象となります。なお、分割で受け取った場合には**雑**所得として所得税の課税対象となります。

保険3 次の設例に基づいて、下記の各問に答えなさい。　　［2023年5月試験　第1問 ㊪］

―――――――《設 例》―――――――

　会社員のAさん(54歳)は、妻Bさん(50歳)および長男Cさん(19歳)との3人暮らしである。Aさんは、大学卒業後、X株式会社に入社し、現在に至るまで同社に勤務している。Aさんは、今後の資金計画を検討するにあたり、公的年金制度から支給される老齢給付について理解を深めたいと思っている。また、今年20歳になる長男Cさんの国民年金保険料について、学生納付特例制度の利用を検討している。

　そこで、Aさんは、ファイナンシャル・プランナーのMさんに相談することにした。

〈Aさんとその家族に関する資料〉

(1)　Aさん(1970年11月28日生まれ・会社員)
　　　・公的年金加入歴：下図のとおり(65歳までの見込みを含む)
　　　　　　　　　　　　　20歳から大学生であった期間(29月)は国民年金に任意加入していない。
　　　・全国健康保険協会管掌健康保険、雇用保険に加入中

20歳　　　　　22歳	65歳
国民年金 未加入期間 (29月)	厚生年金保険 被保険者期間 (511月)

(2)　妻Bさん(1974年5月10日生まれ・パートタイマー)
　　　・公的年金加入歴：18歳からAさんと結婚するまでの9年間(108月)は、厚生年金保険に加入。結婚後は、国民年金に第3号被保険者として加入している。
　　　・全国健康保険協会管掌健康保険の被扶養者である。
(3)　長男Cさん(2005年8月19日生まれ・大学生)
　　　・全国健康保険協会管掌健康保険の被扶養者である。

※妻Bさんおよび長男Cさんは、現在および将来においても、Aさんと同居し、Aさんと生計維持関係にあるものとする。
※家族全員、現在および将来においても、公的年金制度における障害等級に該当する障害の状態にないものとする。
※上記以外の条件は考慮せず、各問に従うこと。

問1 はじめに、Mさんは、《設例》の〈Aさんとその家族に関する資料〉に基づき、Aさんが老齢基礎年金の受給を65歳から開始した場合の年金額(2024年度価額)を試算した。Mさんが試算した老齢基礎年金の年金額の計算式として、次のうち最も適切なものはどれか。

(1) $816,000円 \times \dfrac{451月}{480月}$

(2) $816,000円 \times \dfrac{480月}{480月}$

(3) $816,000円 \times \dfrac{511月}{480月}$

問2 次に、Mさんは、Aさんおよび妻Bさんが受給することができる公的年金制度からの老齢給付について説明した。MさんのAさんに対する説明として、次のうち最も不適切なものはどれか。

(1) 「Aさんおよび妻Bさんには、特別支給の老齢厚生年金の支給はありません。原則として、65歳から老齢基礎年金および老齢厚生年金を受給することになります」

(2) 「Aさんが65歳から受給することができる老齢厚生年金の額には、妻Bさんが65歳になるまでの間、配偶者の加給年金額が加算されます」

(3) 「Aさんが60歳0カ月で老齢基礎年金および老齢厚生年金の繰上げ支給を請求した場合、年金の減額率は30%となります」

問3 最後に、Mさんは、国民年金の学生納付特例制度(以下、「本制度」という)について説明した。Mさんが、Aさんに対して説明した以下の文章の空欄①~③に入る語句または数値の組合せとして、次のうち最も適切なものはどれか。

「本制度は、国民年金の第1号被保険者で大学等の所定の学校に在籍する学生について、(①)の前年所得が一定額以下の場合、所定の申請に基づき、国民年金保険料の納付を猶予する制度です。なお、本制度の適用を受けた期間は、老齢基礎年金の(②)されます。

本制度の適用を受けた期間の保険料は、(③)年以内であれば、追納することができます。ただし、本制度の承認を受けた期間の翌年度から起算して、3年度目以降に保険料を追納する場合には、承認を受けた当時の保険料額に経過期間に応じた加算額が上乗せされます」

---

(1) ①世帯主　　　②受給資格期間に算入　　③5
(2) ①学生本人　　②受給資格期間に算入　　③10
(3) ①世帯主　　　②年金額に反映　　　　　③10

保険3 解答解説

問1 答 (1)

　　国民年金の未加入期間(29月)は年金額に反映されません。また、老齢基礎年金の年金額に算入する保険料納付済期間は、20歳以上60歳未満の被保険者期間で計算します。厚生年金保険に加入している60歳から65歳までの5年間(5年×12カ月=60カ月)は、老齢基礎年金の年金額には含めません。

　　保険料納付済期間：511月－60月＝451月

　　老齢基礎年金の年金額：816,000円×$\dfrac{451月}{480月}$

問2 答 (3)

(3)…60歳0カ月で繰上げ支給の請求をした場合、5年間(5年×12カ月=60カ月)の繰上げとなります。繰上げ1カ月あたりの減額率は**0.4**%なので、繰上げ減額率は次のようになります。

　　　繰上げ減額率：0.4%×60カ月＝24%

問3 答 (2)

①…学生納付特例制度は、**学生本人**の前年所得が一定額以下の場合、申請により国民年金保険料の納付が猶予される制度です。世帯主や配偶者の所得は影響しません。

②…学生納付特例期間は、受給資格期間には算入されますが、老齢基礎年金の年金額の計算上は算入されません。

③…学生納付特例制度の適用を受けた期間の保険料は、**10年**以内であれば追納することができます。

資産 1 ファイナンシャル・プランニング業務を行うに当たっては、関連業法を順守することが重要である。ファイナンシャル・プランナー（以下「FP」という）の行為に関する次の記述のうち、最も不適切なものはどれか。

(1) 弁護士資格を有していないFPが、離婚後の生活設計について相談された顧客の依頼により、その顧客の代理人として相手方との離婚時の財産分与について話し合いを行い、報酬を得た。

(2) 社会保険労務士資格を有していないFPが、顧客の「ねんきん定期便」等の資料を参考に、公的年金を繰下げ受給した場合の見込み額を試算した。

(3) 税理士資格を有していないFPが、参加費有料のセミナーにおいて、仮定の事例に基づき、一般的な税額計算の手順を解説した。

[2023年1月試験 第1問 問1]

資産 1 解答解説

答 (1)

(1)…弁護士資格を有していないFPは、個別具体的な法律判断や法律事務を行うことはできません。

(2)…社会保険労務士資格を有していないFPは、公的年金の請求書の提出代行を有償で行うことはできませんが、顧客の公的年金の見込み額を試算するなど、一般的な制度の説明をすることはできます。

(3)…税理士資格を有していないFPは、個別具体的な税務相談や税務書類の作成（確定申告書の作成など）を行うことはできませんが、セミナー等で一般的な税法の解説を行うことはできます。

資産2 下記は、最上家のキャッシュフロー表(一部抜粋)である。このキャッシュフロー表の空欄(ア)、(イ)にあてはまる数値の組み合わせとして、正しいものはどれか。なお、計算過程においては端数処理をせず計算し、計算結果については万円未満を四捨五入すること。

〈最上家のキャッシュフロー表〉　　　　　　　　　　　　　　　　（単位：万円）

経過年数			基準年	1年	2年	3年	4年
西暦　（年）			2024	2025	2026	2027	2028
家族・年齢	最上　信也	本人	33歳	34歳	35歳	36歳	37歳
	南美	妻	32歳	33歳	34歳	35歳	36歳
	勇斗	長男	5歳	6歳	7歳	8歳	9歳
	彩華	長女	2歳	3歳	4歳	5歳	6歳
ライフイベント				自動車買換え	勇斗小学校入学		住宅購入
		変動率					
収入	給与収入（夫）	2％	400				（　ア　）
	給与収入（妻）	—	80	80	80	80	80
	収入合計	—	480				
支出	基本生活費	2％	186	190			
	住宅関連費	—	96	96	96	96	132
	教育費	—	20	20	40	30	30
	保険料	—	25	25	25	25	25
	一時的支出	—		250			850
	その他支出	—	24	36	36	36	36
	支出合計	—	351	617			
年間収支			129	▲129		120	
金融資産残高		1％	849		840	（　イ　）	

※年齢および金融資産残高は各年12月31日現在のものとし、2024年を基準年とする。

※給与収入は可処分所得で記載している。

※記載されている数値は正しいものとする。

※問題作成の都合上、一部を空欄にしてある。

(1)　（ア）432　　（イ）970

(2)　（ア）433　　（イ）968

(3)　（ア）433　　（イ）960

　　　　　　　　　　　　　　　　[2022年1月試験　第1問　問2 改]

答 ⑵

(ア)…4年後の給与収入(夫)：400万円×(1＋0.02)⁴≒433万円

(イ)…3年後の金融資産残高：840万円×(1＋0.01)＋120万円≒968万円

資産3 下記の各問について解答しなさい。　　[2023年1月試験　第7問　問15、問16 改]

〈設　例〉
木内智洋さんは株式会社QAに勤める会社員である。智洋さんは、今後の生活設計についてFPで税理士でもある近藤さんに相談をした。なお、下記のデータはいずれも2025年1月1日現在のものである。

[家族構成(同居家族)]

氏名	続柄	生年月日	年齢	備考
木内　智洋	本人	1970年12月24日	54歳	会社員
美奈子	妻	1974年3月3日	50歳	会社員
昇太	長男	2005年8月10日	19歳	大学生

[保有財産(時価)]　　　　　(単位:万円)

金融資産	
普通預金	240
定期預金	400
投資信託	350
上場株式	210
生命保険（解約返戻金相当額）	50
不動産（自宅マンション）	3,700

[負債残高]
住宅ローン(自宅マンション):800万円(債務者は智洋さん、団体信用生命保険付き)

[その他]
上記以外については、各設問において特に指定のない限り一切考慮しないものとする。

問1 FPの近藤さんは、木内家のバランスシートを作成した。下表の空欄(ア)にあてはまる金額として、正しいものはどれか。なお、〈設例〉に記載のあるデータに基づいて解答することとする。

〈木内家のバランスシート〉 (単位:万円)

[資産]	×××	[負債]	×××
		負債合計	×××
		[純資産]	**(ア)**
資産合計	×××	負債・純資産合計	×××

(1) 1,250(万円)

(2) 4,100(万円)

(3) 4,150(万円)

問2 智洋さんは、60歳で定年を迎えた後、公的年金の支給が始まる65歳までの5年間の生活資金に退職一時金の一部を充てようと考えている。仮に、退職一時金のうち500万円を年利2.0%で複利運用しながら5年間で均等に取り崩すこととした場合、年間で取り崩すことができる最大金額として、正しいものはどれか。なお、下記〈資料〉の3つの係数の中から最も適切な係数を選択して計算し、円単位で解答すること。また、税金や記載のない事項については一切考慮しないこととする。

〈資料:係数早見表(年利2.0%)〉

	減債基金係数	現価係数	資本回収係数
5年	0.19216	0.9057	0.21216

※記載されている数値は正しいものとする。

(1) 1,060,800円

(2) 960,800円

(3) 905,700円

問1 答 (3)

資料より、木内家のバランスシートは次のようになります。

〈木内家のバランスシート〉　　　　　　　　　　　　　　　（単位：万円）

[資産]		[負債]	
金融資産		住宅ローン	800
普通預金	240		
定期預金	400		
投資信託	350	負債合計	800
上場株式	210		
生命保険（解約返戻金相当額）	50	[純資産]	（ア　4,150）
不動産（自宅マンション）	3,700		
資産合計	4,950	負債・純資産合計	4,950

　　純資産：4,950万円－800万円＝4,150万円

問2 答 (1)

　　現在の一定金額を複利運用しながら、一定期間にわたって取り崩す場合の、毎年の取崩額を計算するには、**資本回収**係数を用います。

　　毎年の取崩額：5,000,000円×0.21216＝1,060,800円

資産4 明さんと加奈さんは、今後10年間で積立貯蓄をして、長男の直人さんの教育資金として250万円を準備したいと考えている。積立期間中に年利1.0％で複利運用できるものとした場合、250万円を準備するために必要な毎年の積立金額として、正しいものはどれか。なお、下記〈資料〉の3つの係数の中から最も適切な係数を選択して計算し、解答に当たっては千円未満を切り上げること。また、税金や記載のない事項については一切考慮しないこととする。

〈資料：係数早見表（年利1.0％）〉

	現価係数	資本回収係数	減債基金係数
10年	0.9053	0.10558	0.09558

※記載されている数値は正しいものとする。

(1) 227,000円

(2) 239,000円

(3) 264,000円

[2022年5月試験　第7問　問17]

資産4 解答解説

答 (2)

　一定期間後に一定金額を用意するための、毎年の積立額は**減債基金**係数を用いて計算します。

　　毎年の積立額：250万円×0.09558＝238,950円

　　　　　　　　　　　　　　→239,000円（千円未満切り上げ）

資産5 航平さんは、長女あかりさんの進路が決定したのちに、住宅ローンの繰上げ返済を検討しており、FPの成田さんに質問をした。住宅ローンの繰上げ返済に関する成田さんの次の説明のうち、最も不適切なものはどれか。

(1)「繰上げ返済は、通常の返済とは別に、現在返済しているローンの利息部分を返済するものです。」

(2)「繰上げ返済は、教育費や老後資金の準備など、他の資金使途とのやりくりを十分考慮したうえで、早期に行うほど、利息軽減効果は高くなります。」

(3)「毎月の返済額を変えずに、返済期間を短縮する方法を『期間短縮型』といいます。」

[2022年1月試験 第7問 問18]

資産5 解答解説

答 (1)

(1)…繰上げ返済は、通常の返済とは別に、現在返済しているローンの「利息部分」ではなく、「**元本部分**」を返済するものです。

(3)…期間短縮型は、毎月の返済額を変えず、返済期間を短縮する方法です。

資産6 将大さんは、病気やケガで働けなくなった場合、健康保険からどのような給付が受けられるのか、FPの福岡さんに質問をした。福岡さんが行った健康保険(全国健康保険協会管掌健康保険)の傷病手当金に関する次の回答の空欄(ア)、(イ)にあてはまる数値の組み合わせとして、正しいものはどれか。

〈福岡さんの回答〉
「傷病手当金は病気やケガの療養のため、会社を休んだ日が（　ア　）日間続いた後（　イ　）日目以降休業して賃金が受けられない日について、休業1日につき、支給開始日以前の継続した12ヵ月間の各月の標準報酬月額の平均額を30で除した額の3分の2相当額が支給されます。」

(1) （ア）2 　　（イ）3
(2) （ア）3 　　（イ）4
(3) （ア）4 　　（イ）5

[2021年1月試験　第7問　問19 改]

資産6 解答解説

答 (2)

　傷病手当金は、病気やケガを理由に会社を**3**日以上続けて休み、給料が支給されない場合に、休業**4**日目から支給されます。

資産7 恭平さんは、会社の定期健康診断で異常を指摘され、2024年10月に3週間ほど入院をして治療を受けた。その際病院への支払いが高額であったため、恭平さんは健康保険の高額療養費制度によって払い戻しを受けたいと考え、FPの青山さんに相談をした。恭平さんの2024年10月の保険診療に係る総医療費が80万円であった場合、高額療養費制度により払い戻しを受けることができる金額として、正しいものはどれか。なお、恭平さんは全国健康保険協会管掌健康保険(協会けんぽ)の被保険者で、標準報酬月額は「38万円」である。また、恭平さんは限度額適用認定証を病院に提出していないものとする。

〈70歳未満の者:医療費の自己負担額(1ヵ月当たり)〉

標準報酬月額	医療費の自己負担限度額
83万円以上	252,600円+(総医療費−842,000円)×1%
53万〜79万円	167,400円+(総医療費−558,000円)×1%
28万〜50万円	80,100円+(総医療費−267,000円)×1%
26万円以下	57,600円
市区町村民税非課税者	35,400円

※高額療養費の多数該当および世帯合算については考慮しないものとする。

(1) 85,430円

(2) 154,570円

(3) 714,570円

[2023年5月試験 第7問 問18 改]

資産7 解答解説

答 (2)

医療費の自己負担割合は原則3割なので、恭平さんが窓口で支払った金額は240,000円(800,000円×3割)です。このうち、1カ月の自己負担額が限度額を超えた部分については、高額療養費制度によって払い戻しがあります。

自己負担限度額:80,100円+(800,000円−267,000円)×1%=85,430円

払い戻される金額:240,000円−85,430円=154,570円

資産8 大地さんは、今後高齢の親の介護が必要になった場合を考え、公的介護保険制度について、FPの唐沢さんに質問をした。唐沢さんが行った介護保険に関する次の説明の空欄(ア)～(ウ)にあてはまる数値または語句の組み合わせとして、正しいものはどれか。

「介護保険では、（ ア ）歳以上の者を第1号被保険者、40歳以上（ ア ）歳未満の者を第2号被保険者としています。第1号被保険者の介護保険料は、公的年金の受給額が年額（ イ ）万円以上の場合にはその年金から天引きされます。

介護保険の給付を受けるためには、（ ウ ）の認定を受ける必要があり、認定審査の判定結果は、『要介護1～5』『要支援1・2』『非該当』と区分されます。要介護と認定されると居宅サービス、施設サービスのどちらも利用できます。」

---

(1) （ア）60　　（イ）12　　（ウ）市町村または特別区
(2) （ア）65　　（イ）12　　（ウ）都道府県
(3) （ア）65　　（イ）18　　（ウ）市町村または特別区

[2021年9月試験　第7問　問20 改]

資産8 解答解説

答 (3)

(ア)…介護保険では、**65**歳以上の者を第1号被保険者、**40**歳以上**65**歳未満の者を第2号被保険者としています。

(イ)…第1号被保険者の介護保険料は、公的年金の受給額が年額**18**万円以上の場合には年金から天引きされます（特別徴収）。

(ウ)…介護保険の給付を受けるためには、**市区町村**の認定を受ける必要があります。

資産9 智洋さんは、将来親の介護が必要になり仕事を休んだ場合、雇用保険からどのような給付が受けられるのか、FPの近藤さんに質問をした。近藤さんが行った雇用保険の介護休業給付金に関する次の説明の空欄（ア）～（ウ）にあてはまる数値の組み合わせとして、最も適切なものはどれか。

> 「介護休業給付金は、雇用保険の一般被保険者または高年齢被保険者が対象家族の介護をするために休業をした場合に支給されます。支給日数1日当たりの支給額は、休業中に賃金が支払われない場合、休業開始時賃金日額の（　ア　）％相当額で、同一の対象家族について通算（　イ　）日（（　ウ　）回まで分割可能）を限度に支給されます。」

(1)　（ア）67　　（イ）90　　（ウ）2

(2)　（ア）68　　（イ）93　　（ウ）3

(3)　（ア）67　　（イ）93　　（ウ）3

[2023年1月試験　第7問　問18]

資産9 解答解説

答(3)

　　介護休業給付金は、家族を介護するために休業した期間について、支給対象家族1人につき**93**日を限度に、**3**回までに限り、休業前の賃金日額の**67**％相当額が支給されるものです。

資産⑩ 三上恵子さんは会社員であるが、出産を間近に控えており、現在産前産後休業を取得中である。産前産後休業期間中の社会保険料の取扱いに関する次の記述のうち、最も適切なものはどれか。なお、恵子さんは、全国健康保険協会管掌健康保険（協会けんぽ）の被保険者であり、かつ厚生年金保険の被保険者である。

(1) 事業主が申出を行った場合、被保険者負担分のみ免除される。

(2) 事業主が申出を行った場合、事業主負担分のみ免除される。

(3) 事業主が申出を行った場合、被保険者負担分および事業主負担分が免除される。

［2021年5月試験　第7問　問20 ㊷］

資産⑩ 解答解説

答 (3)

　産前産後休業中の社会保険料（健康保険料、厚生年金保険料）については、事業主の申出により、被保険者負担分、事業主負担分の **両方** が免除となります。

資産11 健吾さんは、通常65歳から支給される老齢基礎年金および老齢厚生年金を繰り下げて受給できることを知り、FPの馬場さんに質問をした。老齢基礎年金および老齢厚生年金の繰下げ受給に関する次の記述のうち、最も不適切なものはどれか。なお、老齢基礎年金および老齢厚生年金の受給要件は満たしているものとする。

(1) 老齢基礎年金および老齢厚生年金を繰り下げて受給した場合の年金額は、繰下げ年数1年当たり7％の割合で増額された額となる。

(2) 老齢基礎年金と老齢厚生年金は、どちらか一方のみを繰り下げて受給することができる。

(3) 老齢基礎年金および老齢厚生年金を繰り下げて受給した場合には、一生涯増額された年金を受給することになる。

[2022年9月試験 第7問 問18]

資産11 解答解説

答 (1)

(1)…繰下げ受給による増額率は、**「繰り下げた月数×0.7％」**で計算します。1年繰下げした場合の増額率は、0.7％×12カ月＝8.4％です。

(2)…繰下げは、老齢基礎年金と老齢厚生年金を同時に行う必要はありません。

(3)…老齢基礎年金および老齢厚生年金を繰下げ受給した場合、年金額の増額は一生涯続きます。

資産12 柴田大地さんは株式会社KEに勤める会社員で、家族構成と年金加入歴は以下のとおりである(データはいずれも2024年9月1日現在のものである)。

[家族構成(同居家族)]

氏名	続柄	生年月日	年齢	職業
柴田　大地	本人	1971年10月10日	52歳	会社員
智子	妻	1971年8月18日	53歳	専業主婦
誠	長男	2004年3月7日	20歳	大学生

[年金加入歴]

仮に、大地さんが現時点(52歳)で死亡した場合、大地さんの死亡時点において妻の智子さんに支給される公的年金の遺族給付に関する次の記述のうち、最も適切なものはどれか。なお、大地さんは、入社時(22歳)から死亡時まで厚生年金保険に加入しているものとし、遺族給付における生計維持要件は満たされているものとする。

(1) 死亡一時金と遺族厚生年金が支給される。
(2) 遺族厚生年金が支給され、中高齢寡婦加算額が加算される。
(3) 遺族基礎年金と遺族厚生年金が支給される。

[2021年9月試験　第7問　問19 改]

資産 12 解答解説

答 (2)

　遺族厚生年金は、厚生年金保険の被保険者が死亡した場合で、死亡した人に生計を維持されていた妻などに支給されます。大地さんは厚生年金保険に加入しているので、妻の智子さんには遺族厚生年金が支給されます。また、長男の誠さんは20歳に到達しているので、遺族基礎年金は支給されません。

　遺族基礎年金が支給されない妻には、中高齢寡婦加算額が加算されます。中高齢寡婦加算は、夫の死亡当時 40 歳以上65歳未満の子（18歳到達年度末までの子、または20歳未満で障害等級１級・２級に該当する子）のない妻（または子があっても、遺族基礎年金を受け取ることができない妻）に対して、妻が65歳になるまで加算されます。

　以上より、妻の智子さんには、遺族厚生年金が支給され、中高齢寡婦加算額が加算されます。

資産13 貴博さんと明子さんは、個人型確定拠出年金（以下「iDeCo」という）について、FPの浅見さんに質問をした。iDeCoに関する浅見さんの次の説明のうち、最も不適切なものはどれか。

(1) 「iDeCoに加入した場合、拠出した掛金全額は、小規模企業共済等掛金控除として税額控除の対象となり、所得税や住民税の負担が軽減されます。」

(2) 「老齢給付金は年金として受け取ることができるほか、一時金として受け取ることもできます。」

(3) 「国民年金の第3号被保険者である明子さんは、iDeCoに加入することができます。」

[2023年9月試験　第7問　問20]

資産13 解答解説

答 (1)

(1)…iDeCoの掛金は、その全額が小規模企業共済等掛金控除として、「税額控除」ではなく、「**所得控除**」の対象となります。

(2)…iDeCoの老齢給付金は、年金で受け取るほか、一時金で受け取ることもできます。

(3)…国民年金の第3号被保険者は、iDeCoの加入対象者となります。

リスクマネジメント

「教科書」CHAPTER02 リスクマネジメントに対応する学科問題と実技問題のうち、よく出題される問題を確認しておきましょう。

学科 試験ではこの科目から〇×問題が5題、三択問題が5題出題されます。
本書の取扱いは次のとおりです。

OX … 〇×問題です。
正しいものには〇を、誤っているものには×をつけてください。

三択 … 三択問題です。
（　　）内にあてはまる最も適切なものを選んでください。

実技 実技問題です。

特におさえて
おきたい内容

学科

1 保険の基本 「教科書」CH.02 SEC.01	**■保険の原則** ・大数の法則　・収支相等の原則 **■契約者等の保護** ・保険契約者保護機構　・少額短期保険業者 ・クーリングオフ制度　・ソルベンシー・マージン比率
2 生命保険 「教科書」CH.02 SEC.02	**■保険料のしくみ** ・予定死亡率　・予定利率　・予定事業費率 **■契約の手続き** ・告知義務　・契約の責任開始日 **■保険料の払込み** ・猶予期間　・契約の失効と復活 **■必要保障額の計算** **■主な生命保険** ・定期保険　・終身保険　・養老保険 ・定期保険特約付終身保険　・こども保険 **■個人年金保険と変額個人年金保険** ・保証期間付終身年金　・有期年金　・確定年金 **■主な特約** ・特定疾病保障保険特約 ・リビング・ニーズ特約　・先進医療特約

問題 保険の原則

1 生命保険の保険料は、（　　）や収支相等の原則に基づき、主として３つの予定基礎率を用いて算出されている。**三択**

(1) 大数の法則　　(2) 適合性の原則　　(3) 利得禁止の原則

[2015年1月試験]

問題 保険契約者保護機構

2 国内銀行の窓口で加入した生命保険契約については、生命保険契約者保護機構による補償の対象とならない。**○✕**　　　　　[2018年5月試験]

3 国内で事業を行う少額短期保険業者と締結した保険契約は、生命保険契約者保護機構および損害保険契約者保護機構による補償の対象とならない。**○✕**　　　　　[2021年1月試験]

4 国内で事業を行う生命保険会社が破綻した場合、生命保険契約者保護機構による補償の対象となる保険契約については、高予定利率契約を除き、（　①　）の（　②　）まで補償される。**三択**

(1) ①既払込保険料相当額　　②70％
(2) ①死亡保険金額　　　　　②80％
(3) ①責任準備金等　　　　　②90％

[2022年9月試験]

問題 少額短期保険業者

5 少額短期保険業者による取扱商品は「少額・短期・掛捨て」に限定され、１人の被保険者から引き受ける保険金額の総額は、原則として（　　）が上限となっている。**三択**

(1) 1,000万円　　(2) 1,200万円　　(3) 1,500万円　　[2019年9月試験]

解答解説

1 **答** ⑴　生命保険の保険料は、**大数の法則**や収支相等の原則にもとづいて、主として３つの予定基礎率（予定死亡率、予定利率、予定事業費率）を用いて算出されています。

解答解説

2 **答** ✕　銀行の窓口で加入した生命保険契約についても、生命保険契約者保護機構の補償の対象となります。

3 **答** ○　少額短期保険業者や共済は、生命保険契約者保護機構および損害保険契約者保護機構の加入対象外なので、これらによる補償の対象となりません。

4 **答** ⑶　生命保険契約者保護機構は、生命保険会社が破綻した場合、破綻時点における**責任準備金等**の**90**％（高予定利率契約を除く）まで補償します。

保険契約者保護機構の保護内容

保険の種類		補償割合
生命保険		破綻時点の**責任準備金**の**90**％
損害保険	自賠責保険、地震保険	保険金の**100**％
	自動車保険、火災保険等	破綻後３カ月間は保険金の**100**％ それ以降は保険金の**80**％

解答解説

5 **答** ⑴　少額短期保険業者が１人の被保険者から引き受ける保険金額の総額は、原則として**1,000**万円が上限となっています。

6 生命保険契約を申し込んだ者がその撤回を希望する場合、保険業法上、原則として、契約の申込日または契約の申込みの撤回等に関する事項を記載した書面の交付日のいずれか遅い日を含めて（　①　）以内であれば、（　②　）により申込みの撤回ができる。 三択

(1)　①8日　　　②書面または電磁的記録

(2)　①14日　　②書面または電磁的記録

(3)　①14日　　②書面または口頭　　　　　　　　　［2019年1月試験 改］

7 保険業法で定められた保険会社の健全性を示す（　①　）は、保険金等の支払余力をどの程度有するかを示す指標であり、この値が（　②　）を下回った場合、監督当局による早期是正措置の対象となる。 三択

(1)　①自己資本比率　　　　　　　②100%

(2)　①ソルベンシー・マージン比率　②200%

(3)　①ソルベンシー・マージン比率　②300%　　　　［2018年9月試験］

8 生命保険募集人が生命保険の募集に際し、顧客が支払うべき保険料を立替払いすることは、保険業法に定められる禁止行為に該当する。 OX

［2014年1月試験］

9 保険業法では、生命保険募集人は、保険契約の締結に際し、保険契約者または被保険者が保険会社等に対して重要な事実を告げるのを妨げ、または告げないことを勧めてはならないとしている。 OX　　　［2015年5月試験］

解答解説

6 　答 (1) 　　保険契約を申し込んだ者は、❶保険契約の申込みの撤回等（クーリングオフ）に関する書面が交付された日と❷契約の申込日のいずれか遅い日から**8**日以内であれば、**書面または電磁的記録により申込みの撤回等をすることができます**。なお、口頭による申込みの撤回等はできません。

解答解説

7 　答 (2) 　　保険会社の健全性を示す**ソルベンシー・マージン比率**は、保険金等の支払余力をどの程度有するかを示す指標であり、この値が**200**％を下回った場合、金融庁による早期是正措置の対象となります。

> **ソルベンシー・マージン比率**
> ★**200**％を下回ると、金融庁による早期是正措置の対象となる

解答解説

8 　答 ○ 　　保険業法では、生命保険募集人が生命保険の募集のさいに、顧客が支払うべき保険料を立替払いすることを禁止しています。

9 　答 ○ 　　保険業法では、生命保険募集人は、保険契約の締結のさいに、保険契約者または被保険者が保険会社等に対して重要な事実を告げるのを妨げることや、重要な事実を告げないことを勧めてはならないとしています。

問題 保険料のしくみ

1 生命保険の保険料は、大数の法則および（ ① ）に基づき、予定死亡率、予定利率、（ ② ）の３つの予定基礎率を用いて計算される。**三択**

(1) ①適合性の原則　　②予定事業費率
(2) ①適合性の原則　　②予定損害率
(3) ①収支相等の原則　②予定事業費率　　　　　　[2023年9月試験]

---

2 生命保険会社が（ 　 ）を引き下げた場合、通常、その後の終身保険の新規契約の保険料は高くなる。**三択**

(1) 予定利率　　(2) 予定死亡率　　(3) 予定事業費率　　[2022年5月試験]

---

3 生命保険の保険料は、将来の保険金・給付金等の支払の財源となる（ ① ）と、保険会社が保険契約を維持・管理していくために必要な経費等の財源となる（ ② ）で構成されている。**三択**

(1) ①終身保険料　　②定期保険料
(2) ①純保険料　　　②付加保険料
(3) ①定額保険料　　②変額保険料　　　　　　[2021年1月試験]

---

4 生命保険の保険料は、純保険料および付加保険料で構成されているが、このうち付加保険料は、（ 　 ）に基づいて計算される。**三択**

(1) 予定死亡率　　(2) 予定利率　　(3) 予定事業費率　　[2021年9月試験]

---

5 生命保険の保険料のうち、将来の死亡保険金等を支払うための財源となる純保険料は、予定死亡率および（ 　 ）に基づいて計算される。**三択**

(1) 予定解約率　　(2) 予定事業費率　　(3) 予定利率　　[2020年9月試験]

解答解説

1 答 (3)　生命保険の保険料は、大数の法則や**収支相等の原則**にもとづいて、予定**死亡率**、予定利率、予定事業費率の３つの予定基礎率を用いて計算されます。

2 答 (1)　**予定利率**が低いほど運用がうまくいかず、収益が少なくなると予想されるので、保険料は**高く**なります。なお、予定死亡率や予定事業費率が低いほど、支払う保険金や事業費が少なくなると予想されるので、保険料は低くなります。

3 答 (2)　生命保険の保険料は、将来の保険金・給付金等の支払いの財源となる**純保険料**と、保険会社が保険契約を維持・管理していくために必要な経費等の財源となる**付加保険料**で構成されています。

4 答 (3)　生命保険の保険料のうち付加保険料は**予定事業費率**にもとづいて計算されます。

5 答 (3)　生命保険の保険料のうち純保険料は**予定死亡率**と**予定利率**にもとづいて計算されます。

保険料の構成	
純保険料	保険会社が支払う保険金にあてられる部分 ★予定**死亡率**と予定**利率**をもとに算定
付加保険料	保険会社が事業を維持するための費用 ★予定**事業費率**をもとに算定

6 保険法の規定によれば、保険契約者や被保険者に告知義務違反があった場合、保険者の保険契約の解除権は、保険者が解除の原因があることを知った時から（ ① ）行使しないとき、または保険契約の締結の時から（ ② ）を経過したときに消滅する。三択

(1) ①1カ月間　　②5年
(2) ①2カ月間　　②10年
(3) ①3カ月間　　②15年

[2020年1月試験]

問題 契約の責任開始日

7 生命保険会社に生命保険契約上の履行義務（保険金・給付金の支払等）が発生する時期を（ ① ）というが、（ ① ）は、保険会社の承諾を前提として、申込み、告知（診査）、（ ② ）の3つがすべて完了したときとされている。三択

(1) ①責任開始期（日）　　②第1回保険料（充当金）払込み
(2) ①契約期（日）　　②ご契約のしおりの交付
(3) ①義務発生期（日）　　②契約確認

[2011年1月試験]

問題 保険料の払込み

8 生命保険の継続した保険料の払込みには一定の猶予期間があり、月払いの場合には保険料払込期月の翌月初日から翌々月末日までとなっている。○×

[2017年1月試験]

解答解説

6 答 (1)　保険契約者や被保険者に告知義務違反があった場合、保険者は契約を解除できます。このときの保険契約の解除権は、❶保険者が解除の原因があることを知った時から1カ月間行使しないとき、または❷保険契約の締結の時から5年を経過したときに消滅します。

解答解説

7 答 (1)　生命保険会社に生命保険契約上の履行義務が発生する時期を**責任開始期**（日）といいます。責任開始期（日）は、保険会社の承諾を前提として、❶**申込み**、❷**告知**（診査）、❸**第1回保険料の払込み**の3つがすべて完了したときとされています。

責任開始日

★保険会社の承諾を前提として、❶**申込み**、❷**告知**（診査）、❸**第1回保険料の払込み**の3つがすべてそろったとき

解答解説

8 答 ✕　保険料が月払いの場合の猶予期間は、払込期月の**翌月初日**から**末日**までとなっています。

猶予期間

★月払いの場合…払込期月の**翌月初日**から**末日**まで

★年払い、半年払いの場合
　　　　…払込期月の**翌月初日**から**翌々月の契約応当日**まで

---

9 失効した生命保険契約を復活させる場合、延滞した保険料をまとめて払い込まなければならないが、その際の保険料には復活時の保険料率が適用される。 ⭕❌

[2014年5月試験]

---

10 保険料が払い込まれずに失効した生命保険契約について、失効してから一定期間内に所定の手続を経て保険会社の承諾を得ることにより当該契約を復活する場合、復活後の保険料は（　①　）の保険料率が適用され、失効期間中の保険料については（　②　）。 三択

(1) ①失効前　　②まとめて支払わなければならない

(2) ①復活時　　②まとめて支払わなければならない

(3) ①復活時　　②支払が一部免除される

[2016年1月試験]

問題 必要保障額の計算

11 遺族のための必要保障額（遺族に必要な生活資金等の総額から遺族の収入見込金額を差し引いた金額）は、通常、子どもの成長とともに逓増する。 ⭕❌

[2017年9月試験]

問題 主な生命保険

12 定期保険は、被保険者が保険期間中に死亡または高度障害状態になった場合に保険金が支払われ、保険期間満了時に被保険者が生存していても満期保険金は支払われない。 ⭕❌

[2014年5月試験]

解答解説

9 **答** $\times$ 　失効した生命保険契約を復活させる場合の保険料には、**失効前**の保険料率が適用されます。

10 **答** (1) 　保険料が払い込まれずに失効した生命保険契約でも、失効してから一定期間内に所定の手続きを行うことにより、契約をもとの状態に復活させることができます。保険契約を復活する場合、復活後の保険料は**失効前**の保険料率が適用され、失効期間中の保険料についてはまとめて支払わなければなりません。

復活

★保険契約を復活する場合、復活後の保険料は 失効前 の保険料率が適用される

★健康状態によっては復活できないこともある

解答解説

11 **答** $\times$ 　遺族のための必要保障額は、通常、末子が誕生したときが最大で、その後時間の経過とともに**逓減**します。

解答解説

12 **答** ○ 　定期保険の保険料は掛捨てで、満期保険金はありません。そのため、ほかのタイプに比べて保険料が安くなっています。

定期保険のポイント

★保険料は掛捨て

★満期保険金はない

---

13 逓増定期保険は、保険期間の経過に伴い保険金額が所定の割合で増加するが、保険料は保険期間を通じて一定である。 〇✕
［2017年5月試験］

14 逓減定期保険は、保険期間の経過に伴い保険料が所定の割合で減少するが、死亡保険金額は保険期間を通じて一定である。 〇✕

［2023年1月試験］

15 被保険者が保険期間中に死亡した場合、（　　）では、契約時に定めた年金額を、毎月（または毎年）、一定期間（または保険期間満了時まで）受け取ることができる。 三択

(1) 収入保障保険
(2) 生存給付金付定期保険
(3) 定期保険特約付養老保険 ［2015年9月試験］

16 収入保障保険の死亡保険金を年金形式で受け取る場合の受取総額は、一般に、一時金で受け取る場合の受取額よりも少なくなる。 〇✕
［2022年1月試験］

解答解説

13 答 ○　逓増定期保険は、保険期間の経過にともない**保険金額**が所定の割合で増加（逓増）する定期保険です。なお、保険料は一定です。

14 答 ✕　逓減定期保険は、保険期間の経過にともない**保険金額**が逓減（減少）する定期保険です。なお、保険料は一定です。

15 答 (1)　収入保障保険は、被保険者が死亡し、または高度障害となったときに、契約時に定めた年金額を、満期まで受け取ることができます（保険金が年金形式で支払われます）。

16 答 ✕　収入保障保険の死亡保険金を年金形式で受け取るほうが、一時金で受け取るよりも、受取総額が**多く**なります。

定期保険の種類	
平準定期保険	保険期間中、保険金額が一定の定期保険
逓減定期保険	保険期間中、保険金額が逓減する定期保険
	★保険料は一定
逓増定期保険	保険期間中、保険金額が逓増する定期保険
	★保険料は一定
収入保障保険	保険金が年金形式で支払われる定期保険
	★保険金を一時金で受け取ることもできるが、一時金の場合、年金形式の受取総額よりも 少なくなる

17 一時払終身保険は、早期に解約した場合であっても、解約返戻金額が一時払保険料相当額を下回ることはない。○✕

［2021年1月試験］

18 養老保険では、被保険者が保険期間満了まで生存した場合に支払われる満期保険金の金額は、（　　　）である。三択

(1) 死亡保険金よりも少ない金額

(2) 死亡保険金よりも多い金額

(3) 死亡保険金と同額

［2018年5月試験］

19 定期保険特約付終身保険（更新型）は、定期保険特約を同額の保険金額で更新する場合、更新にあたって被保険者の健康状態についての告知や医師の診査は必要ない。○✕

［2023年9月試験］

20 定期保険特約付終身保険（更新型）では、定期保険特約の保険金額を同額で自動更新すると、更新後の保険料は、通常、更新前（　　　）。三択

(1) よりも安くなる　　　(2) と変わらない　　　(3) よりも高くなる

［2017年9月試験］

21 こども保険（学資保険）において、保険期間中に契約者（＝保険料負担者）である親が死亡した場合、一般に、既払込保険料相当額の死亡保険金が支払われて契約は消滅する。○✕　　　［2021年5月試験］

解答解説

17 答 ✕　　一時払終身保険の場合、早期に解約すると解約返戻金が一時払保険料を下回ることがあります。

18 答 (3)　　養老保険では、一定の期間内に被保険者が死亡した場合には死亡保険金が支払われ、満期時に被保険者が生存した場合には**死亡保険金と同額**の満期保険金が支払われます。

19 答 ○　　更新型の定期保険特約付終身保険は、定期保険特約の更新時に告知や医師の診査は**不要**で、健康状態にかかわらず更新することができます。

20 答 (3)　　定期保険特約付終身保険では、定期保険特約の保険金額を同額で自動更新すると、更新時の年齢で保険料が再計算されるため、更新後の保険料は、通常、更新前よりも**高く**なります。

> **定期保険特約付終身保険（更新型）のポイント**
> ★定期保険の保険料は更新ごとに 高く なる
> ★更新時に告知は 不要
> ★健康状態にかかわらず更新できる

21 答 ✕　　こども保険（学資保険）では、保険期間中に契約者（＝保険料負担者）である親が死亡した場合、それ以降の保険料は免除され、一般に、進学祝い金や満期保険金は当初の契約どおり支払われます。

22 定額個人年金保険（保証期間付終身年金）では、保証期間中については被保険者の生死にかかわらず年金を受け取ることができ、保証期間経過後については被保険者が生存している限り年金を受け取ることができる。**○✕**

[2018年9月試験]

---

23 個人年金保険の年金の種類のうち、年金支払期間中に被保険者が生存している場合に限り、契約で定めた一定期間、年金が支払われるものは、（　　　）である。**三択**

(1) 有期年金　　(2) 確定年金　　(3) 生存年金　　[2017年1月試験]

---

24 個人年金保険において、確定年金は、年金支払期間中に被保険者が生存している場合に限り、契約で定めた一定期間、年金が支払われる。**○✕**

[2021年5月試験]

---

25 変額個人年金保険は、（　①　）の運用実績に基づいて将来受け取る年金額等が変動するが、一般に、（　②　）については最低保証がある。**三択**

(1) ①特別勘定　　②死亡給付金額
(2) ①特別勘定　　②解約返戻金額
(3) ①一般勘定　　②解約返戻金額

[2022年1月試験]

解答解説

22 答 ◯　保証期間付終身年金では、保証期間中については被保険者の生死にかかわらず年金を受け取ることができ、保証期間経過後については被保険者が生存している限り年金を受け取ることができます。

23 答 (1)　被保険者が生存している間の一定期間、年金が支払われるものは**有期年金**です。

24 答 ✕　確定年金では、被保険者の生死にかかわらず、契約で定めた一定期間、年金が支払われます。

個人年金保険	
終 身 年 金	★生存している間、年金を受け取れる
保証期間付終 身 年 金	★保証期間中は生死に関係なく、保証期間後は生存している間、年金を受け取れる
有 期 年 金	★生存している間の一定期間、年金を受け取れる ★年金受取期間に死亡した場合は打ち切られる
保証期間付有 期 年 金	★保証期間中は生死に関係なく、保証期間後は生存している間の一定期間、年金を受け取れる
確 定 年 金	★生死に関係なく一定期間、年金を受け取れる ★年金受取期間に死亡した場合は遺族が年金を受け取る
夫 婦 年 金	★夫婦いずれかが生存している限り、年金を受け取れる

25 答 (1)　変額個人年金保険は、**特別**勘定の運用実績によって将来受け取る年金額等が変動しますが、一般に、**死亡給付金額**については最低保証があります。

26 特定疾病保障定期保険特約では、一般に、被保険者が保険期間中に特定疾病以外の原因により死亡した場合、保険金は支払われない。 ⭕❌

［2015年5月試験］

---

27 リビング・ニーズ特約は、（ ① ）、被保険者の余命が（ ② ）以内と判断された場合に、所定の範囲内で死亡保険金の一部または全部を生前に受け取ることができる特約である。 三択

(1) ①病気やケガの種類にかかわらず ②6カ月
(2) ①病気やケガの種類にかかわらず ②1年
(3) ①特定疾病に罹患したことが原因で ②1年

［2023年1月試験］

---

28 リビング・ニーズ特約による保険金は、指定した保険金額から対応する（ ）の利息および保険料相当額を控除した額になる。 三択

(1) 3カ月分 (2) 6カ月分 (3) 12カ月分

［2018年1月試験］

---

29 医療保険等に付加される先進医療特約では、（ ）時点において厚生労働大臣により定められている先進医療が給付の対象となる。 三択

(1) 申込日 (2) 責任開始日 (3) 療養を受けた日

［2023年9月試験］

解答解説

26 答 ✕　特定疾病保障定期保険特約では、被保険者が保険期間中に、特定疾病保険金を受け取らずに死亡した場合は、**死亡原因にかかわらず死亡保険金が支払われます**。

27 答 ①　リビング・ニーズ特約は、**病気やケガの種類にかかわらず**、被保険者の余命が**6**カ月以内と判断された場合に、所定の範囲内で死亡保険金の一部または全部を生前に受け取ることができる特約です。

28 答 ②　リビング・ニーズ特約による保険金は、指定した保険金額から対応する**6**カ月分の利息および保険料相当額を控除した額になります。

29 答 ③　先進医療特約では、**療養を受けた日時点において厚生労働大臣により定め**られている先進医療が給付の対象となります。

主な特約	
特定疾病 （三大疾病） 保障保険特約	**がん**、**急性心筋梗塞**、**脳卒中**（三大疾病）の診断があり、所定の状態になった場合に、生存中に死亡保険金と同額の保険金（特定疾病保険金）が支払われる
	★特定疾病保険金を受け取った時点で契約が終了し、その後死亡しても死亡保険金は支払われない
	★特定疾病保険金を受け取らずに死亡した場合には、**死亡原因にかかわらず**死亡保険金が支払われる
リビング・ ニーズ特約	被保険者が余命**6**カ月以内と診断された場合、生前に死亡保険金が（前倒しで）支払われる
	★特約保険料は不要
先進医療特約	**療養**時において、公的医療保険の対象となっていない先進的な医療技術のうち、厚生労働大臣が定める施設で、厚生労働大臣の定める先進医療を受けたとき、給付金が支払われる

問題 契約者貸付制度

30 生命保険契約の契約者は、契約者貸付制度を利用することにより、契約している生命保険の（　　）の一定の範囲内で保険会社から貸付を受けることができる。**三択**

(1) 既払込保険料総額 　　(2) 解約返戻金額 　　(3) 死亡保険金額

［2023年1月試験］

問題 払済保険と延長保険

31 払済保険とは、一般に、保険料の払込みを中止して、その時点での解約返戻金を基に、元契約の保険金額を変えずに一時払いの定期保険に変更する制度である。**○✕**

［2021年5月試験］

32 定期保険特約付終身保険の保険料の払込みを中止して、払済終身保険に変更した場合、元契約に付加していた入院特約はそのまま継続する。**○✕**

［2020年9月試験］

33 生命保険の保険料の払込みが困難になった場合等で契約を有効に継続するための方法のうち、（　　）は、保険料の払込みを中止して、その時点での解約返戻金相当額をもとに、保険金額を変えないで、一時払いの定期保険に切り換えるものをいう。**三択**

(1) 払済保険 　　(2) 継続保険 　　(3) 延長保険 　　　　［2018年5月試験］

解答解説

30 答 (2)　契約者貸付制度を利用することにより、契約している生命保険の**解約返戻金額**のうち、一定の範囲内で保険会社から貸付を受けることができます。

解答解説

31 答 ✕　払済保険とは、保険料の払込みを中止して、その時点での解約返戻金をもとに、元契約の**保険期間**を変えずに一時払いで元の契約と同じ種類の保険（または養老保険等）に変更する制度をいいます。

32 答 ✕　払済保険や延長保険に変更した場合、特約部分は消滅します。

33 答 (3)　保険料の払込みを中止して、その時点での解約返戻金相当額をもとに、保険金額を変えないで、一時払いの定期保険に切り換える方法を**延長保険**といいます。

払済保険と延長保険

払済保険	★保険期間は元の契約と **同じ** ★保険金額は元の契約よりも **少なく** なる ★特約部分は **消滅** する
延長保険	★保険期間は元の契約よりも **短く** なる ★保険金額は元の契約と **同じ** ★特約部分は **消滅** する

問題 契約転換制度

34 現在加入している生命保険契約を、契約転換制度を利用して、新たな契約に転換する場合、転換後の保険料は、転換前の契約の保険料率が引き続き適用される。 **○✕**
［2019年9月試験］

35 契約転換制度により、現在加入している生命保険契約を新たな契約に転換する場合、転換後契約の保険料は、（ ① ）の年齢に応じた保険料率により算出され、転換時において告知等をする必要が（ ② ）。 **三択**

(1) ①転換前契約の加入時　　②ない
(2) ①転換時　　　　　　　②ない
(3) ①転換時　　　　　　　②ある
［2022年5月試験］

問題 生命保険と税金

36 2024年中に契約した生命保険に付加されている傷害特約に係る保険料は、介護医療保険料控除の対象となる。 **○✕**
［2019年1月試験 改］

37 所得税において、個人が2024年中に締結した生命保険契約に基づく支払保険料のうち、（ ）に係る保険料は、介護医療保険料控除の対象となる。 **三択**
(1) 傷害特約　　(2) 定期保険特約　　(3) 先進医療特約
［2023年1月試験 改］

解答解説

34 答 ✕　契約転換制度は、現在契約している保険の責任準備金や配当金を利用して、新しい保険に加入する方法で、保険料は、**転換時**の年齢、保険料率で計算されます。

35 答 (3)　契約転換をするさい、保険料は**転換時**の年齢、保険料率で計算されます。また、告知または医師による診査が**必要**です。

> **契約転換制度のポイント**
>
> ★保険料は 転換時 の保険料率で計算される
>
> ★転換時に告知、医師の診査が 必要

解答解説

36 答 ✕　新契約では、傷害特約など、身体の傷害のみに基因して保険料が支払われる契約の保険料は、生命保険料控除の対象となりません。

37 答 (3)　(1)…新契約では、傷害特約など、身体の傷害のみに基因して保険料が支払われる契約の保険料は、生命保険料控除の対象となりません。
(2)…定期保険特約の保険料は一般の生命保険料控除の対象となります。
(3)…先進医療特約の保険料は、介護医療保険料控除の対象となります。

> **生命保険料控除(新契約)のポイント**
>
> ★控除額の上限は、一般の生命保険料控除、個人年金保険料控除、介護医療保険料控除でそれぞれ所得税 **40,000** 円、住民税 **28,000** 円
>
> ★災害割増特約、傷害 特約など、身体の傷害のみに基因して保険金が支払われる契約にかかる保険料は生命保険料控除の対象外

38 所得税における介護医療保険料控除(介護医療保険料に係る生命保険料控除)の控除額の上限は、(　　)である。**三択**

(1)　4万円　　(2)　5万円　　(3)　12万円　　　　[2018年9月試験]

---

39 生命保険契約において、契約者(＝保険料負担者)および死亡保険金受取人がAさん、被保険者がAさんの父親である場合、被保険者の死亡によりAさんが受け取る死亡保険金は、(　　)の課税対象となる。**三択**

(1)　贈与税　　(2)　相続税　　(3)　所得税　　　　[2022年1月試験]

---

40 生命保険契約において、契約者(＝保険料負担者)が夫、被保険者が妻、死亡保険金受取人が子である場合、子が受け取る死亡保険金は、(　　)の課税対象となる。**三択**

(1)　相続税　　(2)　贈与税　　(3)　所得税　　　　[2019年5月試験]

---

41 生命保険契約において、契約者(＝保険料負担者)が夫、被保険者が(　①　)、死亡保険金受取人が(　②　)である場合、被保険者の死亡により死亡保険金受取人が受け取る死亡保険金は、相続税の課税対象となる。
三択

(1)　①妻　②夫　　(2)　①妻　②子　　(3)　①夫　②子

[2021年9月試験]

解答解説

38 答 (1)　所得税における介護医療保険料控除の控除額の上限は、**4万円**です。

39 答 (3)　契約者と保険金受取人が同一人で、被保険者が異なる生命保険契約において、被保険者が死亡して保険金受取人が死亡保険金を受け取ったときは、**所得税（一時所得）**および住民税の課税対象となります。

契約者	被保険者	受取人	税金
Aさん	Aさんの父親	Aさん	**所得 税（一時 所得）、住民税**

40 答 (2)　契約者、被保険者、受取人が異なる生命保険契約において、被保険者が死亡して保険金受取人が死亡保険金を受け取ったときは、**贈与税**の課税対象となります。

契約者	被保険者	受取人	税金
A（夫）	B（妻）	C（子）	**贈与 税**

41 答 (3)　相続税の課税対象となるのは、契約者と被保険者が同一人で、受取人が異なる生命保険契約において、被保険者が死亡して保険金受取人が死亡保険金を受け取ったときです。本問では夫が契約者なので、被保険者が夫、保険金受取人が夫以外（妻や子）の場合、相続税の課税対象となります。

契約者	被保険者	受取人	税金
A（夫）	A（夫）	B（妻・子）	**相続 税**

42 生命保険の入院特約に基づき、被保険者が病気で入院したことにより被保険者が受け取った入院給付金は、非課税である。**OX** [2020年9月試験]

43 養老保険の福利厚生プランでは、契約者(＝保険料負担者)および満期保険金受取人を法人、被保険者を（ ① ）、死亡保険金受取人を被保険者の遺族とすることにより、支払保険料の（ ② ）を福利厚生費として損金の額に算入することができる。**三択**

(1) ①役員　　　　　　　　②3分の1相当額
(2) ①役員および従業員全員　②2分の1相当額
(3) ①従業員全員　　　　　②全額　　　　　　[2019年9月試験]

解答解説

42 答 ○ 被保険者が受け取った入院給付金は非課税です。

> **非課税となる保険金や給付金**
>
> ★入院給付金　★手術給付金　★高度障害保険金　★特定疾病保険金
> ★リビングニーズ特約保険金（被保険者が受け取るもの）など

解答解説

43 答 (2)　養老保険の福利厚生プラン（ハーフタックスプラン）では、契約者（＝保険料負担者）および満期保険金受取人を法人、被保険者を**役員および従業員全員**、死亡保険金受取人を**被保険者の遺族**とすることにより、支払保険料の**2分の1相当額**を福利厚生費として損金の額に算入することができます。

問題 損害保険料のしくみ

1 損害保険において、保険契約者が負担する保険料と事故発生の際に支払われる保険金は、それぞれの事故発生リスクの大きさや発生確率に見合ったものでなければならないとする考え方を、（　　）という。**三択**

(1) 大数の法則
(2) 給付・反対給付均等の原則（公平の原則）
(3) 収支相等の原則　　　　　　　　　　　　　　　　[2019年9月試験]

- -

2 損害保険の保険料は純保険料と付加保険料で構成されており、このうち純保険料は、保険会社が支払う保険金の原資となる。**○✕** [2018年5月試験]

問題 超過保険、全部保険、一部保険

3 火災保険において、保険金額が保険価額に満たない保険を一部保険という。**○✕** [2018年1月試験]

問題 火災保険

4 居住用建物および家財を対象とした火災保険では、地震もしくは噴火またはこれらによる津波を原因とする損害は、補償の対象とならない。**○✕** [2021年1月試験]

解答解説

1 答 (2)　損害保険において、保険契約者が負担する保険料と事故発生のさいに支払われる保険金は、それぞれの事故発生リスクの大きさや発生確率に見合ったものでなければならないとする考え方を、**給付・反対給付均等**の原則といいます。

2 答 ○　損害保険の保険料は純保険料と付加保険料で構成されています。このうち純保険料は、保険会社が支払う保険金の原資となり、付加保険料は保険会社の事業費の原資となります。

解答解説

3 答 ○　保険金額が保険価額に満たない保険を**一部**保険といいます。

超過保険、全部保険、一部保険	
超過保険	保険金額が保険価額よりも大きい保険 （保険金額＞保険価額）
全部保険	保険金額が保険価額と同じ保険 （保険金額＝保険価額）
一部保険	保険金額が保険価額よりも小さい保険 （保険金額＜保険価額）

解答解説

4 答 ○　居住用建物および家財を対象とした火災保険では、地震、噴火、これらによる津波を原因とする損害は、補償の対象となりません。

5 民法および失火の責任に関する法律(失火責任法)において、借家人が軽過失によって火事を起こし、借家と隣家を焼失させた場合、借家の家主に対して損害賠償責任を(①)。また、隣家の所有者に対して損害賠償責任を(②)。**三択**

(1) ①負わない　　②負う

(2) ①負う　　　②負う

(3) ①負う　　　②負わない

[2023年5月試験]

問題 地震保険

6 地震保険の保険料の割引制度には、「免震建築物割引」「耐震等級割引」「耐震診断割引」「建築年割引」の4種類の割引があり、重複して適用を受けることができる。**○✕**　　　　　　　　　　　　　[2017年5月試験]

- -

7 地震保険の保険金額は、火災保険の保険金額の(①)%から(②)%の範囲内で設定し、居住用建物については5,000万円、生活用動産(家財)については1,000万円が上限となる。**三択**

(1) ①10　②30　　(2) ①30　②50　　(3) ①50　②90

[2021年1月試験]

- -

8 地震保険の保険金額は、火災保険の保険金額の一定範囲内で設定するが、居住用建物については(①)、生活用動産については(②)が上限となる。**三択**

(1) ①1,000万円　　② 500万円

(2) ①3,000万円　　②1,000万円

(3) ①5,000万円　　②1,000万円

[2023年5月試験]

解答解説

5 答 (3)　民法および失火責任法によれば、借家人が軽過失によって借家と隣家を焼失させた場合、借家の家主に対して損害賠償責任を**負います**が、隣家の所有者に対しては損害賠償責任を**負いません**。

解答解説

6 答 ✕　地震保険の保険料の割引制度には、「免震建築物割引」「耐震等級割引」「耐震診断割引」「建築年割引」の４種類の割引がありますが、重複して適用を受けることはできません。

7 答 (2)　地震保険の保険金額は、火災保険の保険金額の**30**％から**50**％の範囲内で設定します。

8 答 (3)　地震保険の保険金額は、火災保険の保険金額の30％から50％の範囲内で設定されますが、居住用建物については**5,000**万円、生活用動産(家財)については**1,000**万円が上限となります。

地震保険のポイント
★単独では加入できず、火災保険とセットで契約する
★保険金額は火災保険の 30 ％～ 50 ％の範囲で設定できる。ただし、建物は 5,000 万円、家財は 1,000 万円が上限となる
★4種類の保険料の割引制度があるが、重複適用はできない

9 自動車損害賠償責任保険（自賠責保険）では、対人賠償および対物賠償が補償の対象となる。**OX**

[2020年9月試験]

10 自動車損害賠償責任保険（自賠責保険）では、被保険者自身が単独事故でケガをした場合、その損害は補償の対象とならない。**OX**

[2022年9月試験]

11 自動車損害賠償責任保険（自賠責保険）において、被害者1人当たりの保険金の支払限度額は、死亡の場合で（　①　）、後遺障害の場合は障害の程度に応じて最高で（　②　）である。**三択**

(1)　①3,000万円　　②4,000万円
(2)　①4,000万円　　②5,000万円
(3)　①5,000万円　　②4,000万円

[2021年1月試験]

12 自動車保険の人身傷害保険では、被保険者が被保険自動車を運転中、自動車事故により負傷した場合、損害額から自己の過失割合に相当する部分を差し引いた金額が補償の対象となる。**OX**

[2023年5月試験]

13 自動車を運行中にハンドル操作を誤ってガードレールに衝突し、被保険者である運転者がケガをした場合、（　　）による補償の対象となる。**三択**

(1)　対人賠償保険
(2)　人身傷害補償保険
(3)　自動車損害賠償責任保険

[2023年1月試験]

14 自動車保険の車両保険では、一般に、被保険自動車が洪水により水没したことによって被る損害は、補償の対象となる。**OX**

[2023年9月試験]

解答解説

9 答 ✕　自賠責保険では、対人賠償事故のみが補償の対象となります。

10 答 ○　自賠責保険では、運転者自身の損害については補償されません。

11 答 (1)　自賠責保険における被害者1人あたりの保険金の支払限度額は、死亡の場合で**3,000**万円、傷害の場合で**120**万円、後遺障害の場合は障害の程度に応じて最高で**4,000**万円です。

> **自賠責保険のポイント**
>
> ★補償対象は対人賠償事故のみ
>
> ★保険金の限度額は、死亡：**3,000**万円、傷害：**120**万円、後遺障害の場合は障害の程度に応じて最高で**4,000**万円

12 答 ✕　人身傷害保険では、被保険者が自動車事故により負傷した場合、自己の過失割合にかかわらず、保険金額を限度に実際の損害額が補償されます。

13 答 (2)　人身傷害補償保険は、運転者が自損事故を起こした場合にも補償されますが、対人賠償保険と自動車損害賠償責任保険(自賠責保険)は、運転者自身が起こした自損事故は補償の対象となりません。

14 答 ○　自動車保険の車両保険では、交通事故だけでなく、盗難、火災、台風、洪水などによって自動車が損害を受けたときにも、補償の対象となります。

15 普通傷害保険(特約付帯なし)において、一般に、(　　)は補償の対象とならない。**三択**

(1) 国内旅行中の飲食による細菌性食中毒
(2) 海外旅行中の転倒による骨折
(3) 料理中に油がはねたことによる火傷 ［2021年5月試験］

---

16 家族傷害保険の被保険者の範囲には、被保険者本人と生計を共にする別居の未婚の子も含まれる。**○✕** ［2021年5月試験］

---

17 海外旅行傷害保険は、国内空港を出発してから国内空港に帰着するまでが対象となるため、住居から国内空港に移動する間に負ったケガは補償の対象とならない。**○✕** ［2020年1月試験］

18 個人賠償責任保険では、被保険者の飼い犬が他人を噛んでケガを負わせ、法律上の損害賠償責任を負うことによって被る損害は、補償の対象となる。**○✕** ［2017年5月試験］

---

19 個人賠償責任保険(特約)では、被保険者が(　　)、法律上の損害賠償責任を負うことによって被る損害は、補償の対象とならない。**三択**

(1) 買い物中に店の商品を割ってしまい
(2) 自転車で通学中に歩行者と衝突してケガをさせてしまい
(3) 職務の遂行中に顧客の服を汚してしまい ［2021年9月試験］

解答解説

15 答 (1)　普通傷害保険では、細菌性食中毒は補償の対象となっていません。

> **普通傷害保険のポイント**
> ★細菌性食中毒、熱中症などは補償の対象とならない
> ★地震、噴火、津波による傷害は補償の対象とならない

16 答 ○　家族傷害保険の被保険者の範囲には、生計を一にする別居の未婚の子も含まれます。

> **家族傷害保険の家族(被保険者)の範囲**
> ★本人　★配偶者　★生計を一にする同居親族
> ★生計を一にする別居の未婚の子

17 答 ×　海外旅行傷害保険は、自宅を出てから自宅に帰宅するまでが対象となるため、住居から国内空港に移動する間に負ったケガも補償の対象となります。

解答解説

18 答 ○　個人賠償責任保険では、被保険者の飼い犬が他人を噛んでケガを負わせ、法律上の損害賠償責任を負うことによって被る損害も補償の対象となります。

19 答 (3)　個人賠償責任保険は、日常生活における事故によって、他人にケガをさせたり、他人のものを壊した場合の賠償責任に備える保険です。業務遂行中の損害については補償の対象となりません。

20 個人賠償責任保険(特約)では、被保険者が、(　　)、法律上の損害賠償責任を負うことによって被る損害は、補償の対象とならない。**三択**

(1)　自宅のベランダから誤って植木鉢を落として駐車中の自動車を傷付けてしまい

(2)　買い物中に誤って商品を落として破損させてしまい

(3)　業務中に自転車で歩行者に衝突してケガをさせてしまい

[2022年5月試験]

---

21 スーパーマーケットを経営する企業が、店舗内で調理・販売した食品が原因で食中毒を発生させ、顧客に対して法律上の損害賠償責任を負うことによって被る損害を補償する保険として、施設所有(管理)者賠償責任保険がある。**○✕**　　　[2020年9月試験]

---

22 飲食店において、店舗の床が清掃時の水で濡れていたことにより、来店客が足を滑らせて転倒して骨折し、入院をした。このような場合の損害賠償責任に備える損害保険としては、(　　)が適している。**三択**

(1)　生産物賠償責任保険

(2)　施設所有(管理)者賠償責任保険

(3)　受託者賠償責任保険

[2020年1月試験]

---

23 ホテルが、クロークで顧客から預かった衣類や荷物の紛失や盗難により、法律上の損害賠償責任を負担した場合に被る損害に備える保険は、施設所有(管理)者賠償責任保険である。**○✕**　　　[2019年1月試験]

解答解説

20 答 ③　個人賠償責任保険では、業務遂行中の賠償事故については補償の対象となりません。

21 答 ✕　本問のように、企業が製造、販売した商品の欠陥によって、他人に損害を与えた場合の賠償責任に備える保険として、**PL保険（生産物賠償責任保険）**があります。

22 答 ②　本問のように、施設の不備による事故または施設内外で業務遂行中に生じた事故の賠償責任に備える保険として、**施設所有（管理）者賠償責任保険**があります。

23 答 ✕　本問のように、他人から預かった物を壊したり、なくしてしまった場合等の賠償責任に備える保険として、**受託者賠償責任保険**があります。

24 所得税において、個人が支払う地震保険の保険料に係る地震保険料控除は、原則として、（　①　）を限度として年間支払保険料の（　②　）が控除額となる。三択

(1)　①5万円　　②全額
(2)　①5万円　　②2分の1相当額
(3)　①10万円　　②2分の1相当額　　　　　　　　　　　　[2022年5月試験]

---

25 家族傷害保険契約に基づき、契約者(＝保険料負担者)と同居している子がケガで入院したことにより契約者が受け取る入院保険金は、（　　）とされる。三択

(1)　非課税　　(2)　雑所得　　(3)　一時所得　　　　　　[2017年9月試験]

---

26 自動車事故でケガを負い、相手方が加入していた自動車保険の対人賠償保険から受け取った保険金は、（　　）とされる。三択

(1)　一時所得　　(2)　雑所得　　(3)　非課税　　　　　　[2021年1月試験]

---

27 自宅が火災で焼失したことにより契約者(＝保険料負担者)が受け取る火災保険の保険金は、一時所得として所得税の課税対象となる。○×

[2023年5月試験]

解答解説

24 答 ⑴ 　所得税において、個人が支払う地震保険の保険料は、**5万円を限度として**年間支払保険料の**全額**が地震保険料控除の対象となります。

地震保険料控除

所得税	地震保険料の **全額** （最高 50,000円）
住民税	地震保険料の $\frac{1}{2}$（最高25,000円）

25 答 ⑴ 　家族傷害保険契約にもとづき、契約者と同居している子がケガで入院したことにより契約者が受け取る入院保険金は、**非課税**とされます。

26 答 ⑶ 　損害保険の場合、保険金は損失補てんを目的としているため、損害保険の保険金は原則として**非課税**です。

27 答 ✕ 　損害保険の保険金は原則として非課税です。

問題 医療保険

1 医療保険では、退院後に入院給付金を受け取り、その退院日の翌日から1年経過後に前回と同一の疾病により再入院した場合、入院給付金支払日数は前回の入院日数と合算され、1入院当たりの給付日数制限の適用を受ける。**〇✕**

[2018年5月試験]

問題 がん保険

2 がん保険において、がんの治療を目的とする入院により被保険者が受け取る入院給付金は、1回の入院での支払限度日数が180日とされている。**〇✕**

[2023年1月試験]

3 がん保険では、一般に、（　　　）程度の免責期間が設けられており、この期間中にがんと診断されたとしても診断給付金は支払われない。**三択**

(1) 90日　　(2) 120日　　(3) 180日

[2023年5月試験]

解答解説

| 答 | ✕ |

1 　退院日の翌日から**180**日以内に同じ病気で再入院した場合は、前回の入院日数と合算され、1入院あたりの給付日数制限の適用を受けますが、1年経過後は同じ病気で入院しても前回の入院日数と合算されません。

解答解説

2 | 答 | ✕ |　がん保険の入院給付金は、支払日数に制限がありません。

3 | 答 | (1) |　がん保険では、一般に、**90**日間（3カ月間）程度の免責期間が設けられており、この期間中にがんと診断されたとしても診断給付金は支払われません。

保険1 次の設例に基づいて、下記の各問に答えなさい。　［2021年1月試験　第2問 改］

《設 例》

　会社員であるAさん（33歳）は、先日、職場で生命保険会社の営業担当者から終身医療保険の提案を受けた。Aさんは、独身であるため生命保険は必要ないとこれまで考えていたが、最近、同年代の著名人ががんに罹患したというニュースを見て、がんに対する保障の必要性を感じ始め、提案を受けた終身医療保険に加入するかどうか迷っている。

　また、Aさんは、全国健康保険協会管掌健康保険の高額療養費制度についてあまり理解できておらず、当該制度について詳しく知りたいと考えている。

　そこで、Aさんは、ファイナンシャル・プランナーのMさんに相談することにした。

〈Aさんが提案を受けた終身医療保険に関する資料〉
　保険の種類　　　　　　　　　　：5年ごと配当付終身医療保険
　月払保険料　　　　　　　　　　：7,600円（終身払込（注1））
　契約者（＝保険料負担者）・被保険者：Aさん
　死亡給付金受取人　　　　　　　：父Bさん

主契約および特約の内容	保障金額	保険期間
入院給付金	日額10,000円	終身
手術給付金	一時金　5万円または20万円	終身
死亡給付金	一時金　10万円	終身
入院一時金特約（注2）	一時金　10万円	終身
がん一時金特約（注3）	一時金　100万円	終身
がん通院特約	日額10,000円	終身
先進医療特約	先進医療の技術費用と同額	10年

（注1）保険料払込期間は、契約時に有期払込を選択することができる。
（注2）1日以上の入院の場合に支払われる。
（注3）がん（上皮内がんを含む）と診断確定されたときに支払われる。

※上記以外の条件は考慮せず、各問に従うこと。

問1 はじめに、Mさんは、生命保険の加入等についてアドバイスした。Mさんの Aさんに対するアドバイスとして、次のうち最も適切なものはどれか。

(1) 「生命保険に加入する際には、Aさんの傷病歴や現在の健康状態などについて、事実をありのままに正しく告知する必要があります。なお、告知受領権は生命保険募集人が有していますので、当該募集人に対して、口頭で告知してください」

(2) 「提案を受けた終身医療保険の保険料払込期間を有期払込にすることで、毎月の保険料負担は減少し、保険料の払込総額も少なくなります。月々の保険料負担を軽減するために有期払込を選択することをお勧めします」

(3) 「生命保険は、契約にあたって保険会社指定の医師による診査を受けた場合などを除き、保険業法に定める保険契約の申込みの撤回等（クーリング・オフ）の対象となり、所定の期間内であれば、書面または電磁的記録により申込みの撤回等をすることができます」

問2 次に、Mさんは、Aさんが提案を受けた終身医療保険について説明した。MさんのAさんに対する説明として、次のうち最も適切なものはどれか。

(1) 「先進医療の治療を受けた場合、診察料や投薬料等に係る費用は公的医療保険の対象となりますが、技術料に係る費用は全額自己負担となりますので、先進医療特約の付加をご検討ください」

(2) 「Aさんががんに罹患した場合、がん一時金特約から100万円を受け取ることができます。ただし、通常、がんの保障については契約日から6カ月間の免責期間があります」

(3) 「Aさんががんと診断確定され、がん一時金特約から一時金を受け取った場合、当該一時金は一時所得として総合課税の対象となります」

問1 答 (3)

(1)…告知受領権とは、告知を受ける権利をいいます。告知受領権は **保険会社** と
診査医 にありますが、生命保険募集人にはないので、生命保険募集人に口頭で
説明しても告知したことになりません。

(2)…保険料の払込期間を有期払込とすると、終身払込よりも月々の保険料が **高く** な
ります。

(3)…生命保険は一定の場合を除き、❶契約の申込日または❷クーリングオフについ
て記載された書面を受け取った日のいずれか **遅い** 日から **8** 日以内であれば
書面 または電磁的記録により申込みの撤回等を行うことができます（クーリングオ
フ制度）。

問2 答 (1)

(1)…先進医療の治療を受けた場合の費用は全額自己負担となります。なお、診察料、
投薬料、入院料等、通常の治療と共通の部分は、公的医療保険の対象となります。

(2)…がん保険の免責期間は一般的に **3** カ月間（**90** 日間）です。

(3)…がん診断給付金（がん一時金）は **非課税** です。

保険2 次の設例に基づいて、下記の各問に答えなさい。　　［2022年1月試験　第2問］

《設 例》

　会社員のAさん(40歳)は、妻Bさん(35歳)および長男Cさん(0歳)との3人暮らしである。Aさんは、長男Cさんの誕生を機に、生命保険の加入を検討していたところ、先日、Aさんの職域を担当する生命保険会社の営業担当者から下記の生命保険の提案を受けた。

　そこで、Aさんは、ファイナンシャル・プランナーのMさんに相談することにした。

〈Aさんが提案を受けた生命保険に関する資料〉

保険の種類	：5年ごと配当付特約組立型総合保険(注1)
月払保険料	：20,100円
保険料払込期間	：70歳満了
契約者(=保険料負担者)・被保険者	：Aさん
死亡保険金受取人	：妻Bさん
指定代理請求人	：妻Bさん

特約の内容	保障金額	保険期間
終身保険特約	200万円	終身
定期保険特約	3,000万円	10年
三大疾病一時金特約 (注2)	一時金200万円	10年
総合医療特約 (180日型)	1日目から日額10,000円	10年
先進医療特約	先進医療の技術費用と同額	10年
指定代理請求特約	—	—
リビング・ニーズ特約	—	—

(注1) 複数の特約を自由に組み合わせて加入することができる保険
(注2) がん(上皮内がんを含む)と診断確定された場合、または急性心筋梗塞・脳卒中で所定の状態に該当した場合に一時金が支払われる(死亡保険金の支払はない)。

※上記以外の条件は考慮せず、各問に従うこと。

問1 はじめに、Mさんは、現時点の必要保障額を試算することにした。下記の〈算式〉および〈条件〉に基づき、Aさんが現時点で死亡した場合の必要保障額は、次のうちどれか。

(1)   4,004万円

(2)   6,004万円

(3) 1億3,504万円

〈算式〉

> 必要保障額＝遺族に必要な生活資金等の支出の総額－遺族の収入見込金額

〈条件〉

1．長男Cさんが独立する年齢は、22歳(大学卒業時)とする。
2．Aさんの死亡後から長男Cさんが独立するまで(22年間)の生活費は、現在の日常生活費(月額30万円)の70％とし、長男Cさんが独立した後の妻Bさんの生活費は、現在の日常生活費(月額30万円)の50％とする。
3．長男Cさん独立時の妻Bさんの平均余命は、32年とする。
4．Aさんの死亡整理資金(葬儀費用等)、緊急予備資金は、500万円とする。
5．長男Cさんの教育資金の総額は、1,300万円とする。
6．長男Cさんの結婚援助資金の総額は、200万円とする。
7．住宅ローン(団体信用生命保険に加入)の残高は、2,000万円とする。
8．死亡退職金見込額とその他金融資産の合計額は、1,800万円とする。
9．Aさん死亡後に妻Bさんが受け取る公的年金等の総額は、7,500万円とする。

問2 次に、Mさんは、生命保険の加入について説明した。MさんのAさんに対する説明として、次のうち最も不適切なものはどれか。

(1) 「Aさんが提案を受けた生命保険の死亡保障の金額は、現時点での必要保障額をカバーしていません。どの程度の死亡保障を準備するか、支出可能な保険料を把握したうえでご検討ください」

(2) 「生命保険は、一度加入したら終わりではありません。必要保障額は、通常、お子さまの成長とともに逓増していきますので、ライフイベントに合わせて、保障内容を定期的に見直すことが大切です」

(3) 「保障金額や保障内容を準備するうえでは、目的に応じた加入をされることをお勧めします。例えば、Aさんの葬儀費用やお子さまの教育資金は終身保険や定期保険特約等の一時金タイプで準備し、残されたご家族の生活費は収入保障特約等の年金タイプで準備することなどが考えられます」

問3 最後に、Mさんは、Aさんが提案を受けた生命保険の保障内容について説明した。MさんのAさんに対する説明として、次のうち最も不適切なものはどれか。

(1) 「Aさんが、がんに罹患した場合、三大疾病一時金特約から200万円を受け取ることができます。ただし、通常、がんの保障については契約日から4カ月間の免責期間があります」

(2) 「Aさんが提案を受けた生命保険には、総合医療特約が付加されていますが、がん保障に特化したものや、入院1日目（日帰り入院）から相応の一時金が支払われるものなど、Aさんのニーズに合わせて医療保障を充実させることも検討事項の1つになります」

(3) 「Aさんが、厚生労働大臣が定めた先進医療による療養を受けた場合、先進医療特約から先進医療給付金を受け取ることができます。また、所定の先進医療については、一部の医療機関において、保険会社から医療機関へ直接技術料を支払う制度もありますので、特約に関する内容をご確認ください」

問1 答 (1)

〈算式〉と〈条件〉をもとに、Aさんが現時点で死亡した場合の必要保障額を計算します。

❶遺族に必要な生活資金等の支出の総額

住宅ローンは団体信用生命保険に加入しているため、Aさん死亡後は住宅ローンの残高2,000万円は支払い不要となります。

Aさん死亡後の生活費：

長男Cさん独立まで：30万円×70％×12カ月×22年＝		5,544万円
長男Cさん独立後 ：30万円×50％×12カ月×32年＝		5,760万円
合　計：		1億1,304万円

死亡整理資金(葬儀費用等)、緊急予備資金：500万円

教育資金：1,300万円

結婚援助資金：200万円

合計：1億1,304万円＋500万円＋1,300万円＋200万円＝1億3,304万円

❷遺族の収入見込金額

死亡退職金見込額とその他金融資産の合計額：1,800万円

妻Bさんの公的年金等の総額：7,500万円

合　計：1,800万円＋7,500万円＝9,300万円

❸必要保障額

必要保障額：1億3,304万円－9,300万円＝4,004万円

※❷遺族の収入見込金額が、❶遺族に必要な生活資金等の支出の総額に満たないので、足りない分を生命保険等でカバーする必要があります。

- -

問2 答 (2)

(1)…Aさんが死亡した場合の生命保険から支払われる保険金額は以下のとおりです。なお、本問の三大疾病一時金特約には、「死亡保険金の支払はない」と注記があるので、三大疾病一時金特約からの死亡保険金はありません。

保険金額：<u>200万円</u> ＋ <u>3,000万円</u> ＝3,200万円
　　　　　終身保険特約　　　定期保険特約

必要保障額が4,004万円で、保険金額が3,200万円なので、Aさんが提案を受けた生命保険の死亡保障の金額は、現時点での必要保障額をカバーしていません。

(2)…必要保障額は、一般的に、末子が誕生したときが最大で、末子の成長とともに**逓減**します。

- -

問3 答 (1)

(1)…がん保険の免責期間は、一般的に**3**カ月間(90日間)です。

《設 例》

　独身である会社員のAさん（40歳・男性）は、先日、生命保険会社の営業担当者から、介護に対する保障の準備として〈資料1〉の生命保険、資産形成の方法として〈資料2〉の生命保険の提案を受け、加入を検討している。

　そこで、Aさんは、ファイナンシャル・プランナーのMさんに相談することにした。

〈資料1〉

保険の種類	：無配当終身介護保障保険（終身払込）
月払保険料	：8,700円
契約者（＝保険料負担者）・被保険者・受取人	：Aさん
指定代理請求人	：母Bさん

主契約および特約の内容	保障金額	保険期間
終身介護保障保険（注）	介護終身年金　年額60万円	終身
介護一時金特約（注）	一時金　300万円	終身
指定代理請求特約	―	―

（注）公的介護保険制度の要介護2以上と認定された場合、または保険会社所定の要介護状態になった場合に支払われる（死亡保険金の支払はない）。

〈資料2〉

保険の種類	：5年ごと利差配当付個人年金保険
契約者（＝保険料負担者）・被保険者・年金受取人	：Aさん
死亡保険金受取人	：母Bさん
保険料払込満了年齢	：65歳
年金開始年齢	：65歳
月払保険料	：15,000円
払込保険料累計額（①）	：450万円（25年間）
年金の種類	：10年確定年金
年金開始時の一括受取額	：約456万円
基本年金年額	：46.4万円
年金受取累計額（②）	：464万円
年金受取率（②÷①）	：103.1%（小数点第2位以下切捨て）
特約	：個人年金保険料税制適格特約付加

※所定の範囲内で、契約者貸付制度を利用することができる。

※上記以外の条件は考慮せず、各問に従うこと。

問 Mさんは、《設例》の〈資料１〉および〈資料２〉の生命保険の課税関係について説明した。MさんのAさんに対する説明として、次のうち最も適切なものはどれか。

(1) 「支払保険料のうち、〈資料１〉の生命保険に係る保険料は介護医療保険料控除の対象となり、〈資料２〉の生命保険に係る保険料は個人年金保険料控除の対象となります。それぞれの控除の適用限度額は、所得税で50,000円、住民税で35,000円です」

(2) 「Aさんが個人年金保険から確定年金として年金を受け取った場合、当該年金は雑所得の収入金額として総合課税の対象となります」

(3) 「Aさんが所定の要介護状態となり、介護一時金特約から一時金を受け取った場合、当該一時金は一時所得の収入金額として総合課税の対象となります」

保険3 解答解説

問 答 (2)

(1)…〈資料１〉の無配当終身介護保障保険は、**介護医療保険料**控除の対象となります。また、〈資料２〉の個人年金保険は個人年金保険料税制適格特約付きのものなので、**個人年金保険料**控除の対象となります。ただし、それぞれの控除の適用限度額は所得税で**40,000**円、住民税で**28,000**円です。

(2)…個人年金保険から受け取った年金は**雑**所得として総合課税の対象となります。

(3)…介護保険金や介護給付金は**非課税**です。

保険4 次の設例に基づいて、下記の各問に答えなさい。　　[2021年9月試験　第3問]

《設　例》

　Aさん(45歳)は、X株式会社(以下、「X社」という)の創業社長である。Aさんは、事業保障資金の確保の方法や自身の退職金準備の方法について検討しており、まずは、事業保障資金の確保を目的とした生命保険に加入しようと考えている。

　そこで、Aさんは、生命保険会社の営業担当者であるファイナンシャル・プランナーのMさんに相談したところ、下記の〈資料〉の生命保険の提案を受けた。

〈資料〉Aさんが提案を受けた生命保険の内容

保険の種類	：無配当定期保険(特約付加なし)
契約者(＝保険料負担者)	：X社
被保険者	：Aさん
死亡・高度障害保険金受取人	：X社
死亡・高度障害保険金額	：1億円
保険期間・保険料払込期間	：70歳満了
年払保険料	：90万円
最高解約返戻率	：48%

※保険料の払込みを中止し、払済終身保険に変更することができる。
※所定の範囲内で、契約者貸付制度を利用することができる。

※上記以外の条件は考慮せず、各問に従うこと。

問1　仮に、将来X社がAさんに役員退職金3,000万円を支給した場合、Aさんが受け取る役員退職金に係る退職所得の金額として、次のうち最も適切なものはどれか。なお、Aさんの役員在任期間(勤続年数)を36年とし、これ以外に退職手当等の収入はなく、障害者になったことが退職の直接の原因ではないものとする。

(1)　540万円
(2)　1,080万円
(3)　1,920万円

問2 《設例》の定期保険の第1回保険料払込時の経理処理（仕訳）として、次のうち最も適切なものはどれか。

(1)

借　　方		貸　　方	
定 期 保 険 料	36万円	現 金 ・ 預 金	90万円
前 払 保 険 料	54万円		

(2)

借　　方		貸　　方	
保険料積立金	90万円	現 金 ・ 預 金	90万円

(3)

借　　方		貸　　方	
定 期 保 険 料	90万円	現 金 ・ 預 金	90万円

問3 Mさんは《設例》の定期保険について説明した。MさんのAさんに対する説明として、次のうち最も適切なものはどれか。

(1) 「契約者貸付制度を利用する場合、当該制度により借り入れることができる金額は、利用時点での既払込保険料相当額が限度となります」

(2) 「Aさんが死亡した場合にX社が受け取る死亡保険金は、借入金の返済等の事業資金として活用することができます」

(3) 「当該定期保険を払済終身保険に変更する場合、商品内容が変更されるため、Aさんは改めて健康状態等についての告知をする必要があります」

問1 答 (1)

　退職所得を計算する問題です。退職所得の計算はCHAPTER04で学習する内容ですが、保険顧客資産相談業務ではよく出題されるので、計算できるようにしておきましょう。

　退職所得は「(収入金額－退職所得控除額)×$\frac{1}{2}$」で計算します。なお、退職所得控除額は勤続年数によって次のように計算します。

勤続年数	退職所得控除額
20年以下	**40万円×勤続年数**(最低80万円)
20年超	**800万円＋70万円×**(勤続年数－20年)

　本問では勤続年数が36年(20年超)なので、退職所得控除額と退職所得は次のように計算します。

　　退職所得控除額：800万円＋70万円×(36年－20年)＝1,920万円

　　退職所得：(3,000万円－1,920万円)×$\frac{1}{2}$＝540万円

- -

問2 答 (3)

　最高解約返戻率が50％以下の定期保険では、法人が支払った保険料の **全額** を「定期保険料」として損金に算入することができます(最高解約返戻率が50％超で一定の場合にはこれと異なる処理になります)。

- -

問3 答 (2)

(1)…契約者貸付制度を利用する場合の貸付けを受けられる額は、**解約返戻金** のうち一定額(最大90％)です。

(2)…法人が受け取った保険金の使途は限定されないので、Aさんが死亡した場合にX社が受け取る死亡保険金は、借入金の返済等の事業資金として活用することができます。

(3)…払済保険に変更するときには、健康状態の告知は不要です。

保険5 次の設例に基づいて、下記の各問に答えなさい。

《設 例》

　　Aさん（65歳）は、X株式会社（以下、「X社」という）の創業社長である。A さんは、今期限りで勇退し、X社の専務取締役である長男Bさん（43歳）が社長 に就任する予定である。X社は、Aさんに支給する役員退職金の原資として、 下記〈資料〉の生命保険の解約返戻金を活用することを検討している。

　　そこで、Aさんは、生命保険会社の営業担当者であるファイナンシャル・プ ランナーのMさんに相談することにした。

〈資料〉 X社が現在加入している生命保険の契約内容

保険の種類	：長期平準定期保険（特約付加なし）
契約年月日	：2005年4月1日
契約者（＝保険料負担者）	：X社
被保険者	：Aさん
死亡保険金受取人	：X社
保険期間・保険料払込期間	：99歳満了
死亡・高度障害保険金額	：1億円
年払保険料	：240万円
現時点の解約返戻金額	：4,400万円
現時点の払込保険料累計額	：4,800万円

※解約返戻金額の80％の範囲内で、契約者貸付制度を利用することができる。
※保険料の払込みを中止し、払済終身保険に変更することができる。

※上記以外の条件は考慮せず、各問に従うこと。

問1　X社が現在加入している《設例》の長期平準定期保険を下記〈条件〉にて解 約した場合の経理処理（仕訳）として、次のうち最も適切なものはどれか。

〈条件〉
・X社が解約時までに支払った保険料の累計額は、4,800万円である。
・解約返戻金の額は、4,400万円である。
・配当等、上記以外の条件は考慮しないものとする。

(1)

借　　　方		貸　　　方	
現 金・預 金	4,400万円	前 払 保 険 料	2,400万円
雑　損　失	400万円	定 期 保 険 料	2,400万円

(2)

借　　　方		貸　　　方	
現 金・預 金	4,400万円	前 払 保 険 料	2,400万円
		雑　収　入	2,000万円

(3)

借　　　方		貸　　　方	
前 払 保 険 料	2,200万円	現 金・預 金	4,400万円
定 期 保 険 料	2,200万円		

問2　Mさんは、《設例》の長期平準定期保険について説明した。MさんのAさん
　　　に対する説明として、次のうち最も不適切なものはどれか。

(1)「X社が当該生命保険を解約した場合にX社が受け取る解約返戻金は、Aさん
　　に支給する役員退職金の原資として活用する以外に、設備投資等の事業資金とし
　　ても活用することができます」

(2)「現時点で当該生命保険を払済終身保険に変更する場合、契約は継続するため、
　　経理処理は必要ありません」

(3)「当該生命保険を払済終身保険に変更し、Aさんが勇退する際に、契約者をA
　　さん、死亡保険金受取人をAさんの相続人に名義を変更することで、当該払済終
　　身保険を役員退職金の一部としてAさんに現物支給することができます」

問1 答(2)

　2019年7月7日までに契約した長期平準定期保険の保険料は、保険期間の当初6割の期間分については2分の1を損金に算入し、残りを資産計上します。

　したがって、X社が解約時までに支払った保険料の累計額4,800万円のうち2,400万円(4,800万円÷2)が「前払保険料」として資産計上されているため、解約時には、資産計上している前払保険料2,400万円を取り崩します。なお、受け取る解約返戻金4,400万円のほうが多いので、その差額2,000万円は「雑収入」として益金に計上します。

借　　方		貸　　方	
現金・預金	4,400万円	前払保険料	2,400万円
		雑　収　入	2,000万円

問2 答(2)

(1)…解約返戻金の用途は自由なので、役員退職金の原資にするほか、設備投資等の事業資金として活用することもできます。

(2)…長期平準定期保険を払済終身保険に変更した場合、それまでの保険を解約して新たな保険に加入したとして、洗い替えの処理を行う必要があります。

資産1 生命保険は、定期保険、終身保険、養老保険の３つに大きく分けることができる。下表に関する次の記述のうち、最も適切なものはどれか。

生命保険の種類	内　容
（　ア　）	保険期間中に被保険者が死亡または高度障害状態になった場合には死亡保険金または高度障害保険金が支払われ、被保険者が満期まで生存していた場合には死亡保険金と同額の満期保険金が支払われる。
（　イ　）	保障が一生涯続き、被保険者が死亡または高度障害状態となった場合に保険金が支払われる。満期保険金はない。

(1)　（ア）に入る語句は「養老保険」であり、（イ）に入る語句は「終身保険」である。

(2)　（ア）に入る語句は「終身保険」であり、（イ）に入る語句は「養老保険」である。

(3)　（ア）に入る語句は「養老保険」であり、（イ）に入る語句は「定期保険」である。

[2015年５月試験　第４問　問10]

資産1 解答解説

答 (1)

㋐…保険期間中に被保険者が死亡または高度障害状態になった場合には死亡保険金または高度障害保険金が支払われ、被保険者が満期まで生存していた場合には死亡保険金と同額の満期保険金が支払われる保険は **養老** 保険です。

㋑…満期保険金がなく、保障が一生涯続き、被保険者が死亡または高度障害状態となった場合に保険金が支払われる保険は **終身** 保険です。

資産2 鶴見一郎さんが加入している生命保険（下記〈資料〉参照）の保障内容に関する次の記述の空欄（ア）にあてはまる金額として、正しいものはどれか。なお、保険契約は有効に継続しているものとし、特約は自動更新されているものとする。また、一郎さんはこれまでに〈資料〉の保険から保険金および給付金を一度も受け取っていないものとする。

〈資料〉

保険証券記号番号 ○○△△××・□□	定期保険特約付終身保険		
保険契約者	鶴見　一郎　様		保険契約者印
被保険者	鶴見　一郎　様　契約年齢　23歳 1986年10月10日生　男性		鶴見（印）
受取人	（死亡保険金） 鶴見　和子　様（妻）	受取割合 10割	

◇契約日（保険期間の始期）
　2010年8月1日
◇主契約の保険期間
　終身
◇主契約の保険料払込期間
　60歳払込満了

◆ご契約内容

終身保険金額（主契約保険金額）	200万円
定期保険特約保険金額	1,500万円
特定疾病保障定期保険特約保険金額	500万円
傷害特約保険金額	500万円
災害入院特約［本人・妻型］入院5日目から	日額5,000円
疾病入院特約［本人・妻型］入院5日目から	日額5,000円

　不慮の事故や疾病により所定の手術を受けた場合、手術の種類に応じて手術給付金（入院給付金日額の10倍・20倍・40倍）を支払います。
※妻の場合は、本人の給付金の6割の日額となります。

成人病入院特約 入院5日目から	日額5,000円
リビング・ニーズ特約	

◆お払い込みいただく合計保険料

毎回　××,×××円

［保険料払込方法（回数）］
　団体月払い

◇社員配当金支払方法
　利息をつけて積立て
◇特約の払込期間および保険期間
　10年

鶴見一郎さんが、2024年中にぜんそく発作で死亡（急死）した場合に支払われる死亡保険金は、合計（　ア　）である。

(1)　1,700万円

(2)　2,000万円

(3)　2,200万円

［2019年1月試験　第4問　問9 改］

答　(3)

　　特定疾病保障保険は、がん、急性心筋梗塞、脳卒中によって所定の状態になった場合に、生存中に死亡保険金と同額の保険金が支払われる保険です。また、特定疾病保障保険金を受け取らずに死亡した場合には、死亡原因にかかわらず、死亡保険金が支払われます。

　　したがって、鶴見一郎さんがぜんそく発作で死亡した場合、支払われる死亡保険金は次のとおりです。

　　終身保険金額(主契約保険金額)　　　　：　　200万円
　　定期保険特約保険金額　　　　　　　：1,500万円
　　特定疾病保障定期保険特約保険金額：　　500万円
　　　合　計　　　　　　　　　　　　：2,200万円

馬場栄治さんが加入している終身医療保険（下記〈資料〉参照）の保障内容に関する次の記述の空欄（ア）にあてはまる金額として、正しいものはどれか。なお、保険契約は有効に継続しているものとする。また、栄治さんはこれまでに〈資料〉の保険から保険金および給付金を一度も受け取っていないものとする。

〈資料〉

保険種類　終身医療保険（無配当）		保険証券記号番号　△△△－××××
保険契約者	馬場　栄治　様	保険契約者印 **◆契約日** 2018 年 8 月 1 日 **◆主契約の保険期間** 終身 **◆主契約の保険料払込期間** 終身
被保険者	馬場　栄治　様 契約年齢　45 歳　男性	馬場
受取人	〔給付金受取人〕被保険者　様 〔死亡保険金受取人〕馬場　美穂子　様 　＊保険契約者との続柄：妻	

■ご契約内容

給付金・保険金の内容	給付金額・保険金額	保険期間
入院給付金	日額　10,000 円 ＊病気やケガで 1 日以上の入院をした場合、入院開始日を含めて 1 日目から支払います。 ＊同一事由の 1 回の入院給付金支払い限度は 60 日、通算して 1,000 日となります。	終身
手術給付金	給付金額　入院給付金日額× 10・20・40 倍 ＊所定の手術を受けた場合、手術の種類に応じて、手術給付金（入院給付金日額の 10 倍・20 倍・40 倍）を支払います。	
死亡・高度障害保険金	保険金　1,000,000 円 ＊死亡または所定の高度障害状態となった場合に支払います。	

■保険料の内容

払込保険料合計　　×，×××円／月
払込方法（回数）：年 12 回 払込期月　　　　：毎月

■その他付加されている特約・特則等

保険料口座振替特約
＊以下余白

栄治さんは、2024年1月にくも膜下出血で救急搬送され、緊急手術（給付倍率40倍）を受け、継続して73日間入院した。さらに、2024年7月に肺炎で10日間入院した。支払われる保険金および給付金は、合計（　ア　）である。

(1)　1,000,000円

(2)　1,100,000円

(3)　1,230,000円

［2023年1月試験　第4問　問9 ㊺］

資産3 解答解説

答 (2)

　　本問の入院給付金は、「同一事由の1回の入院給付金支払い限度は60日」とあるので、くも膜下出血の入院73日のうち60日分と、肺炎の入院10日分が支払われます。

入院給付金（くも膜下出血）：10,000円×60日＝　600,000円
手術給付金　　　　　　　　：10,000円×40倍＝　400,000円
入院給付金（肺炎）　　　　：10,000円×10日＝　100,000円
　合　　計　　　　　　　　：　　　　　　　　　1,100,000円

資産 4 飯田雅彦さんが加入している定期保険特約付終身保険（下記〈資料〉参照）の保障内容に関する次の記述の空欄（ア）にあてはまる金額として、正しいものはどれか。なお、保険契約は有効に継続しており、特約は自動更新されているものとする。また、雅彦さんはこれまでに〈資料〉の保険から保険金および給付金を一度も受け取っていないものとする。

〈資料〉

定期保険特約付終身保険		保険証券記号番号○○△△××□□

保険契約者	飯田　雅彦　様	保険契約者印	◇契約日（保険期間の始期） 2007年10月1日
被保険者	飯田　雅彦　様　契約年齢30歳 1977年8月10日生まれ　男性	（飯田）	◇主契約の保険期間 終身 ◇主契約の保険料払込期間 60歳払込満了
受取人	（死亡保険金） 飯田　光子　様（妻）	受取割合 10割	

◆ご契約内容

終身保険金額（主契約保険金額）	500万円
定期保険特約保険金額	3,000万円
特定疾病保障定期保険特約保険金額	400万円
傷害特約保険金額	300万円
災害入院特約［本人・妻型］入院5日目から	日額5,000円
病気入院特約［本人・妻型］入院5日目から	日額5,000円

※不慮の事故や疾病により所定の手術を受けた場合、手術の種類に応じて手術給付金（入院給付金日額の10倍・20倍・40倍）を支払います。
※妻の場合は、本人の給付金の6割の日額となります。
リビング・ニーズ特約

◆お払い込みいただく合計保険料

毎回　××,×××円

［保険料払込方法（回数）］
団体月払い

◇社員配当金支払方法
利息をつけて積立て
◇特約の払込期間および保険期間
15年

飯田雅彦さんが、2024年中に交通事故により死亡（入院・手術なし）した場合に支払われる死亡保険金は、合計（　ア　）である。

(1)　3,500万円

(2)　3,900万円

(3)　4,200万円

答 (3)

　　特定疾病保険金を受け取らずに死亡した場合には、死亡原因にかかわらず、保険金が支払われます。

　　したがって、飯田さんが交通事故で死亡したときに支払われる保険金は次のようになります。

終身保険金額	：	500万円
定期保険特約保険金額	：	3,000万円
特定疾病保障定期保険特約保険金額	：	400万円
傷害特約保険金額	：	300万円
合　計	：	4,200万円

資産5 会社員で共働きの大場さん夫妻が加入している生命保険は下表のとおりである。下表の契約A～Cについて、保険金が支払われた場合の課税関係に関する次の記述のうち、最も適切なものはどれか。

	保険種類	保険料払込方法	保険契約者(保険料負担者)	被保険者	死亡保険金受取人	年金受取人
契約A	定期保険	月払い	夫	妻	子	―
契約B	介護保険	月払い	妻	夫	妻	―
契約C	個人年金保険	月払い	夫	夫	妻	夫

(1) 契約Aについて、子が受け取った死亡保険金は贈与税の課税対象となる。

(2) 契約Bについて、妻が受け取った死亡保険金は相続税の課税対象となる。

(3) 契約Cについて、妻が受け取った死亡保険金は所得税・住民税の課税対象となる。

[2022年1月試験　第4問　問9]

資産5 解答解説

答 (1)

(1)…契約者が夫、被保険者が妻、保険金受取人が子なので、子が受け取った死亡保険金は(夫からの贈与があったとして)**贈与**税の課税対象となります。

契約者	被保険者	受取人	税金
夫	妻	子	**贈与**税

(2)…契約者が妻、被保険者が夫、保険金受取人が妻なので、妻が受け取った死亡保険金は**所得**税(および住民税)の課税対象となります。

契約者	被保険者	受取人	税金
妻	夫	妻	**所得**税（一時所得）

(3)…契約者が夫、被保険者が夫、死亡保険金受取人が妻なので、被保険者の死亡によって妻が受け取った死亡保険金は**相続**税の課税対象となります。

契約者	被保険者	受取人	税金
夫	夫	妻	**相続**税

資産6 大垣正臣さんが2024年中に支払った生命保険の保険料は下記〈資料〉のとおりである。この場合の正臣さんの2024年分の所得税の計算における生命保険料控除の金額として、正しいものはどれか。なお、下記〈資料〉の保険について、これまでに契約内容の変更はないものとする。また、2024年分の生命保険料控除額が最も多くなるように計算すること。

〈資料〉

| ［定期保険（無配当、新生命保険料）］ |
| 契約日：2019年5月1日 |
| 保険契約者：大垣　正臣 |
| 被保険者：大垣　正臣 |
| 死亡保険金受取人：大垣　悦子（妻） |
| 2024年の年間支払保険料：65,040円 |

| ［医療保険（無配当、介護医療保険料）］ |
| 契約日：2012年8月10日 |
| 保険契約者：大垣　正臣 |
| 被保険者：大垣　正臣 |
| 死亡保険金受取人：大垣　悦子（妻） |
| 2024年の年間支払保険料：50,400円 |

〈所得税の生命保険料控除額の速算表〉
［2012年1月1日以降に締結した保険契約（新契約）等に係る控除額］

年間の支払保険料の合計		控除額
	20,000円以下	支払保険料の金額
20,000円超	40,000円以下	支払保険料×1／2＋10,000円
40,000円超	80,000円以下	支払保険料×1／4＋20,000円
80,000円超		40,000円

(注)支払保険料とは、その年に支払った金額から、その年に受けた剰余金や割戻金を差し引いた残りの金額をいう。

(1)　36,260円　　(2)　40,000円　　(3)　68,860円　　　［2023年9月試験　第4問　問9改］

資産6 解答解説

答 (3)

　　定期保険は一般の生命保険料控除、医療保険は介護医療保険料控除の対象となり、控除額は次のように計算します。
　　一般の生命保険料控除額(定期保険)：65,040円×$\frac{1}{4}$＋20,000円＝36,260円

　　介護医療保険料控除額(医療保険)　：50,400円×$\frac{1}{4}$＋20,000円＝32,600円
　　合　計：　　　　　　　　　　　　　　　　　　　　　　　　68,860円

資産7 損害保険の用語についてFPの青山さんが説明した次の記述のうち、最も適切なものはどれか。

(1) 「通知義務とは、契約の締結に際し、危険に関する『重要な事項』のうち保険会社が求めた事項について事実を正確に通知する義務のことです。」

(2) 「一部保険とは、保険金額が保険の対象の価額（保険価額）を超えている保険のことです。」

(3) 「再調達価額とは、保険の対象と同等のものを新たに建築または購入するのに必要な金額のことです。」

[2023年9月試験　第4問　問10]

資産7 解答解説

答 (3)

(1)…通知義務とは、保険契約の締結後に保険契約の内容に変更が生じた場合に、保険契約者または被保険者が保険会社にその事実を遅滞なく通知しなければならないことをいいます。選択肢の内容は告知義務の説明です。

(2)…一部保険とは、保険金額が保険価額に満たない保険（保険金額＜保険価額）をいいます。

(3)…再調達価額とは、保険の対象と同等のものを新たに建築または購入するのに必要な金額（使用による消耗分を差し引かない金額）をいいます。なお、再調達価額から使用による消耗分を差し引いた金額を **時価** といいます。

資産8 FPの駒田さんは相談者の香川さんから地震保険に関する質問を受けた。地震保険に関する駒田さんの次の説明のうち、最も不適切なものはどれか。

(1) 「地震保険は、住宅総合保険や火災保険などとセットで契約するため、単独での契約はできません。」

(2) 「地震保険の保険料は保険会社ごとに異なるので、数社から見積りを取った方が良いでしょう。」

(3) 「噴火により、居住用の建物が全損となった場合、地震保険の補償の対象となります。」

[2021年9月試験 第4問 問9]

資産8 解答解説

答 **(2)**

(1)…地震保険は、単独での契約はできません。火災保険などとセットで契約します。

(2)…地震保険では、所在地や建物の構造が同一であれば、保険会社が異なっても、保険料は同一となります。

(3)…地震、噴火、津波による損害は地震保険の補償の対象となります。

資産⑨ 自動車損害賠償責任保険（以下「自賠責保険」という）の補償内容は下記〈資料（一部抜粋）〉のとおりである。この自賠責保険に関する次の記述のうち、最も適切なものはどれか。なお、加害車両が複数の場合については考慮しないものとする。

〈資料（一部抜粋）〉

自賠責保険についてのご案内

■保険金等のお支払い内容

	損害の範囲	支払限度額（被害者1名当たり）
傷害による損害	治療関係費、文書料、休業損害、慰謝料	最高120万円まで
後遺障害による損害	逸失利益、慰謝料等	神経系統・精神・胸腹部臓器に著しい障害を残して介護が必要な場合 常時介護のとき：最高4,000万円 随時介護のとき：最高3,000万円 後遺障害の程度により 第1級：最高3,000万円〜第14級：最高75万円まで
死亡による損害	葬儀費、逸失利益、慰謝料（本人および遺族）	最高3,000万円まで
死亡するまでの傷害による損害	（傷害による損害の場合と同じ）	最高120万円まで

(1) 原動機付自転車は、自賠責保険の加入が義務付けられていない。

(2) 自賠責保険の支払い対象となる被害者1名の事故で治療費と休業損害が合計150万円であった場合、傷害による損害として150万円が支払われる。

(3) 自賠責保険は単独事故による運転者自身のケガについては補償していない。

資産⑨ 解答解説

答 (3)

(1)…原動機付自転車（原付バイク）は、自賠責保険の加入が義務付けられています。

(2)…〈資料〉より、治療関係費、文書料、休業損害、慰謝料は、傷害による損害として、被害者1名あたり最高120万円までの支払いとなっています。

(3)…自賠責保険は単独事故による運転者自身のケガについては補償していません。

資産 10 西山聡さんが契約している自動車保険の主な内容は、下記〈資料〉のとおりである。〈資料〉に基づく次の記述のうち、自動車保険による補償の対象とならないものはどれか。なお、いずれも保険期間中に発生したものであり、運転者は聡さんである。また、記載のない事項については一切考慮しないこととする。

〈資料〉

保険種類	自動車保険
保険期間	1年
保険契約者	西山　聡
記名被保険者	西山　聡
対人賠償	無制限
対物賠償	無制限（免責金額なし）
車両保険	一般条件　180万円

(1) 被保険自動車を運転中に、横断歩道の歩行者に接触し、ケガを負わせた場合の損害賠償。
(2) 被保険自動車を運転中に、単独事故を起こし、車体が損傷した場合の修理費用。
(3) 被保険自動車を駐車場に駐車する際に、誘導中の妻に誤って車が接触し、ケガを負わせた場合の治療費用。

資産 10 解答解説

答 (3)

(1)…補償の対象となります。対人賠償保険は、他人を死傷させ、法律上の損害賠償責任を負った場合に保険金が支払われる保険です。

(2)…補償の対象となります。車両保険は、偶然の事故によって自分の自動車が損害を受けたときに保険金が支払われます。

(3)…補償の対象となりません。対人賠償保険は、「他人」を死傷させ、法律上の損害賠償責任を負った場合に保険金が支払われます。保険契約者の家族（配偶者、父母、子）は「他人」ではないため、補償されません。

資産11 損害保険の保険種類と事故の内容について記述した下表(1)～(3)のうち、対応する保険で補償の対象とならないものはどれか。なお、記載のない事項については一切考慮しないこととする。

	保険種類	事故の内容
(1)	個人賠償責任保険（特約）	被保険者が仕事で自転車を使用中に、誤って歩行者と接触し、ケガをさせた場合の損害賠償責任の補償
(2)	住宅火災保険 [補償内容] ・火災、落雷、破裂、爆発 ・風災、ひょう災、雪災	保険の対象である自宅建物の隣家から火災が発生し、延焼により自宅建物が全焼した場合の建物の損害の補償
(3)	普通傷害保険	草野球チームの試合中にバットが足に直撃し、被保険者が骨折した場合のケガの補償

[2023年1月試験　第4問　問10]

資産11 解答解説

答 (1)

(1)…個人賠償責任保険は、業務遂行中の賠償事故については補償の対象となりません。

(2)…住宅火災保険は、隣家の火災による延焼によって自宅建物が焼失した場合も補償の対象となります。

資産 12 橋口さんが自身を被保険者として契約している個人賠償責任保険に関する次の記述のうち、橋口さんが法律上の損害賠償責任を負った場合に保険金の支払い対象とならないものはどれか。

(1) 橋口さんがラーメン店で接客中に、誤って客の衣服を汚してしまった。

(2) 橋口さんが草野球の練習中に、民家の窓ガラスをボールで誤って破損してしまった。

(3) 橋口さんが休日にデパートで買い物中に、陳列してある商品を誤って壊してしまった。

[2021年1月試験 第4問 問9]

資産 12 **解答解説**

答 (1)

　個人賠償責任保険は、日常生活における事故によって、他人にケガをさせたり、他人のものを壊したりして賠償責任を負ったときに補償される保険です。業務遂行中の賠償事故は補償の対象外なので、ラーメン店で接客中に、誤って客の衣服を汚してしまった場合には個人賠償責任保険では補償されません。

金融資産運用

「教科書」CHAPTER03 金融資産運用に対応する学科問題と実技問題のうち、よく出題される問題を確認しておきましょう。

学科 試験ではこの科目から〇×問題が5題、三択問題が5題出題されます。
本書の取扱いは次のとおりです。

OX … 〇×問題です。
正しいものには〇を、誤っているものには×をつけてください。
三択 … 三択問題です。
（　）内にあてはまる最も適切なものを選んでください。

実技 実技問題です。

特におさえて
おきたい内容

学科

1 金融・経済の基本 「教科書」CH.03 SEC.01	■**主な経済・景気の指標** ・GDP ・景気動向指数 ・日銀短観 ・マネーストック統計 ・消費者物価指数 ■**景気とその影響** ■**金融市場と金融政策**
2 セーフティネットと関連法規 「教科書」CH.03 SEC.02	■**預金保険制度** ■**日本投資者保護基金** ■**消費者契約法** ■**金融サービス提供法** ■**金融商品取引法**
3 貯蓄型金融商品 「教科書」CH.03 SEC.03	■**複利計算** ■**貯蓄型金融商品の種類**
4 債　券 「教科書」CH.03 SEC.04	■**個人向け国債** ■**債券の利回り** ・応募者利回り ・最終利回り ・所有期間利回り ■**債券のリスク** ・価格変動リスク ・信用リスク（格付け）
5 株　式 「教科書」CH.03 SEC.05	■**株式の取引** ・指値注文と成行注文 ・売買のルール ■**相場指標** ・日経平均株価 ・TOPIX ■**個別銘柄の指標** ・PER ・PBR ・ROE ・配当利回り ・配当性向

実技　保険顧客資産相談業務ではこの分野からの出題はありません

問題 主な経済・景気の指標

1 わが国の経済指標において、一定期間内に国内で生産された財やサービスの付加価値の合計額を（ ① ）といい、その統計は（ ② ）が作成し、公表している。**三択**

(1)　①マネーストック　　　②日本銀行
(2)　①国内総生産(GDP)　　②日本銀行
(3)　①国内総生産(GDP)　　②内閣府

[2022年5月試験]

2 一定期間内に国内で生産された財やサービスの付加価値の合計額から物価変動の影響を取り除いた指標を、（　　）という。**三択**

(1)　実質GDP　　(2)　名目GDP　　(3)　GDPデフレーター

[2023年9月試験]

3 一般に、景気動向指数のコンポジット・インデックス(CI)の一致指数が上昇しているときは、景気の拡張局面といえる。**OX**　　[2020年1月試験]

4 景気動向指数において、（　　）は、一致系列に採用されている。**三択**

(1)　完全失業率
(2)　新規求人数(除学卒)
(3)　有効求人倍率(除学卒)

[2021年5月試験]

5 全国企業短期経済観測調査(日銀短観)は、企業間で取引されている財に関する価格の変動を測定した統計である。**OX**　　[2023年5月試験]

解答解説

1 答 (3)　**国内総生産(GDP)**は、一定期間内に**国内**の経済活動によって新たに生み出された財やサービスの付加価値の合計額をいい、**内閣府**が年4回公表しています。

> **国内総生産(GDP)**
>
> ★国内の経済活動によって新たに生み出された付加価値合計
>
> ★**内閣府** が年4回発表

2 答 (1)　一定期間内に国内で生産された財やサービスの付加価値の合計額から物価変動の影響を取り除いた指標を、**実質GDP**といいます。

3 答 ○　景気動向指数のコンポジット・インデックス(CI)の一致指数が上昇しているときは、景気の**拡張**局面といえます。

4 答 (3)　(1)…完全失業率は、**遅行**指数(遅行系列)です。
(2)…新規求人数(除学卒)は、**先行**指数(先行系列)です。
(3)…有効求人倍率(除学卒)は、**一致**指数(一致系列)です。

> **景気動向指数**
>
> ★景気の状況を総合的にみるために複数の指標を統合した景気指標
>
> ★**内閣府** が **毎月** 発表

5 答 ✕　**日銀短観**は、日本銀行が行う、上場企業や中小企業に対して現状と3カ月後の景気動向に関する調査(アンケート)を集計したものです。企業間で取引されている財に関する価格の変動を測定した統計は**企業物価指数**です。

> **日銀短観**
>
> ★**日本銀行** が年4回、上場企業や中小企業に対して現状と3カ月後の景気動向に関する調査(アンケート)を行い、それを集計したもの

問題 主な経済・景気の指標

6 一般法人、個人、地方公共団体などの通貨保有主体が保有する通貨量の残高を集計したものを（ ① ）といい、（ ② ）が作成・公表している。**三択**

(1) ①マネーストック　②財務省
(2) ①マネーストック　②日本銀行
(3) ①GDP　②日本銀行

[2023年5月試験]

---

7 消費者物価指数は、全国の世帯が購入する家計に係る（ ① ）の価格等を総合した物価の変動を時系列的に測定するものであり、（ ② ）が毎月公表している。**三択**

(1) ①財　②日本銀行
(2) ①財およびサービス　②総務省
(3) ①財およびサービス　②日本銀行

[2022年1月試験]

問題 景気とその影響

8 物価が継続的に上昇するインフレーションの経済環境においては、一般に、金利が上昇しやすい。**○✕**

[2015年1月試験]

---

9 一般に、日本の金利が一定のときに米国の金利が低下すると、米ドルを円に換える動きが強まり、円安ドル高が進行する要因となる。**○✕**

[2020年1月試験]

---

10 米国の市場金利が上昇し、日本と米国の金利差が拡大することは、一般に、米ドルと円の為替相場において米ドル安、円高の要因となる。**○✕**

[2023年1月試験]

解答解説

6 答 ⟨2⟩　個人や法人（金融機関以外）、地方公共団体などが保有する通貨の総量をマ
ネーストックといいます。**国**（中央政府）や**金融機関**が保有する通貨は含みません。マネーストックは**日本銀行**が**毎月**発表しています。

> **マネーストック**
>
> ★ 国 や 金融機関 が保有する通貨は含めない
>
> ★ 日本銀行 が 毎月 発表

7 答 ⟨2⟩　消費者物価指数は、全国の世帯が購入する家計にかかる**財およびサービス**の価格等を総合した物価の変動を表す指数で、**総務省**が**毎月**公表しています。

> **消費者物価指数**
>
> ★全国の一般消費者が購入する商品やサービスの価格変動を表す指数
>
> ★ 総務省 が 毎月 発表

解答解説

8 答 ○　物価が上昇すると、一般に、金利は**上昇**します。一方、物価が下落すると、一般に、金利は**下落**します。

9 答 ✕　一般に、日本の金利が一定のときに米国の金利が低下すると、相対的に日本の金利が上昇するので、円貨の需要が高まり、**円高ドル安**が進行する要因となります。

10 答 ✕　米国の金利が上昇し、日本と米国の金利差が拡大すると、米ドルの需要が高まるので、米ドル高、円安の要因となります。

> **内外金利差と為替**（例：円と米ドル）
>
> ★日本の金利が上昇→円貨に需要が集まる→円 高 ドル 安
>
> ★日本の金利が低下→米ドルに需要が集まる→円 安 ドル 高

問題 金融市場

11 短期金融市場のうち、金融機関のほか、事業法人や地方公共団体なども参加し、コール取引などが行われている市場を、インターバンク市場という。**OX**

[2019年9月試験]

問題 金融政策

12 日本銀行の金融政策の1つである公開市場操作(オペレーション)のうち、国債買入オペは、日本銀行が長期国債(利付国債)を買い入れることによって金融市場から資金を吸収するオペレーションである。**OX**

[2022年9月試験]

13 日本銀行の金融政策の1つである(　①　)により、日本銀行が長期国債(利付国債)を買い入れた場合、市中に出回る資金量が(　②　)する。**三択**

(1)　①預金準備率操作　②増加
(2)　①公開市場操作　②増加
(3)　①公開市場操作　②減少

[2023年1月試験]

14 日本銀行が売りオペレーションを行うと、市場の資金量が(　①　)することから、市場金利は(　②　)する。**三択**

(1)　①減少　②上昇
(2)　①増加　②低下
(3)　①減少　②低下

[2018年5月試験]

解答解説

11 答 ✕ 　**インターバンク**市場は金融機関のみが参加できる市場です。一般企業も参加できる市場は**オープン**市場です。

解答解説

12 答 ✕ 　買いオペは日本銀行が金融市場から国債や手形(有価証券)を買い入れ、資金を支払うことによって、市場に出回る資金を増やすオペレーションです。

13 答 (2) 　日本銀行の金融政策の1つである**公開市場操作**によって、日本銀行が長期国債(利付国債)を買い入れて、資金を支払うことにより、市中に出回る資金量が**増加**します(買いオペ)。

14 答 (1) 　公開市場操作によって、売りオペが行われると、日本銀行が保有する有価証券を売って、資金を受け取ることにより、市中に出回る資金量が**減少**します。市中に出回る資金量が減少すると、資金需要が高まるため、市場金利は**上昇**します。

公開市場操作

	日銀が有価証券を	日銀が資金を	市中の資金量が	市場金利が
買いオペ	**買う**	**支払う**	**増加** する	**下落** する
売りオペ	**売る**	**受け取る**	**減少** する	**上昇** する

問題 預金保険制度

1 預金保険制度により、利息のつく普通預金や定期預金等（一般預金等）は、預金者1人当たり、1金融機関ごとに合算して元本1,000万円までとその利息等が保護される。 **OX**

[2012年1月試験]

2 国内銀行に預け入れられた外貨預金は、預金保険制度の保護の対象となる。 **OX**

[2019年9月試験]

3 預金保険制度の対象金融機関に預け入れた（　　）は、預入金額の多寡にかかわらず、その全額が預金保険制度による保護の対象となる。 **三択**

(1) 決済用預金　　(2) 譲渡性預金　　(3) 定期預金　　[2022年9月試験]

問題 日本投資者保護基金

4 日本投資者保護基金は、会員である金融商品取引業者が破綻し、分別管理の義務に違反したことによって、一般顧客から預託を受けていた有価証券・金銭を返還することができない場合、一定の範囲の取引を対象に一般顧客1人につき（　　）を上限に金銭による補償を行う。 **三択**

(1) 1,000万円　　(2) 1,300万円　　(3) 2,000万円　　[2022年5月試験]

解答解説

■ 答 ○　決済用預金以外の預金は1金融機関ごとに預金者1人あたり元本1,000万円とその利息が保護の対象となります。

2 答 ✕　外貨預金は国内銀行に預け入れたものでも、預金保険制度の保護の対象となりません。

3 答 (1)　決済用預金は預入金額にかかわらず、その全額が預金保険制度による保護の対象となります。

預金保険制度のポイント
★決済用預金は 全額 保護される
★決済用預金以外の預金等は1金融機関ごとに預金者1人あたり元本 1,000 万円までとその 利息 が保護される
★外貨預金や譲渡性預金などは、保護の対象とならない

解答解説

4 答 (1)　日本投資者保護基金により保護される金額は、一般顧客1人につき最大 1,000 万円までとなっています。

問題 日本投資者保護基金

5 国内の（　　）は、日本投資者保護基金の補償の対象となる。 三択

(1) 銀行で購入し銀行で管理されている投資信託
(2) 証券会社が取り扱っている外国為替証拠金取引（FX取引）の証拠金
(3) 証券会社が保管の委託を受けている外貨建てMMF

［2018年1月試験］

問題 金融サービス提供法

6 金融サービスの提供に関する法律では、金融商品販売業者等が金融商品の販売等に際し、顧客に対して重要事項の説明をしなければならない場合に重要事項の説明をしなかったこと、または（　①　）を行ったことにより、当該顧客に損害が生じた場合の金融商品販売業者等の（　②　）について定められている。 三択

(1) ①断定的判断の提供等　　②契約取消義務
(2) ①損失補てんの約束等　　②契約取消義務
(3) ①断定的判断の提供等　　②損害賠償責任

［2017年9月試験 改］

問題 金融商品取引法

7 金融商品取引法の規定によれば、金融商品取引業者等は、適合性の原則により、金融商品取引行為において、顧客の（　　）および金融商品取引契約を締結する目的に照らして不適当と認められる勧誘を行ってはならないとされている。 三択

(1) 知識、年齢、家族の構成
(2) 年齢、職業、財産の状況
(3) 知識、経験、財産の状況

［2017年5月試験］

解答解説

5 **答** (3)　証券会社が保管の委託を受けている外貨建てMMFは日本投資者保護基金の補償の対象となりますが、銀行で購入し銀行で管理されている投資信託や外国為替証拠金取引(FX取引)の証拠金は補償の対象となりません。

日本投資者保護基金のポイント	
★保護される金額は1人あたり最大 **1,000**万円まで	
補償の対象となるもの	補償の対象とならないもの
証券会社が取り扱っている 🔘株式※　🔘公社債※ 🔘投資信託※ 🔘株式の信用取引にかかる保証金 　　　　　　　　　　　　など ※海外で発行されたものを含む	✖銀行で購入した投資信託 ✖外国為替証拠金取引（FX取引） 　の証拠金

解答解説

6 **答** (3)　金融サービス提供法では、金融商品販売業者等が金融商品の販売等にさいして、顧客に対して重要事項の説明をしなかったこと、または断定的判断の提供等を行ったことにより、顧客に損害が生じた場合の金融商品販売業者等の**損害賠償責任**について定められています。

解答解説

7 **答** (3)　金融商品取引法で規定する適合性の原則とは、顧客の**知識、経験、財産の状況**および契約を締結する目的に照らして不適当と認められる勧誘を行ってはならないとするルールをいいます。

問題 複利計算

1 元金2,000,000円を、年利2％（1年複利）で3年間運用した場合の元利合計金額は、税金や手数料等を考慮しない場合、（　　）である。**三択**

(1)　2,097,544円　　(2)　2,120,000円　　(3)　2,122,416円　　［2018年1月試験］

---

2 期間2年の金利を年率2％（1年複利）と仮定すると、2年後に受け取る1万円の現在価値は（　　）となる。なお、答は円未満を四捨五入している。**三択**

(1)　9,600円　　(2)　9,612円　　(3)　10,404円　　［2017年9月試験］

問題 貯蓄型金融商品の種類

3 ゆうちょ銀行の預入限度額は、通常貯金と定期性貯金につき、それぞれ2,000万円である。**○✕**　　［2019年9月試験 改］

解答解説

1 答 **(3)**　元金2,000,000円を、年利2%で3年間運用した場合の元利合計金額は次のように計算します。

3年後の元利合計金額：$2,000,000円 \times (1+0.02)^3 = 2,122,416円$

---

2 答 **(2)**　現在の元金をX円として、2%（1年複利）で2年間運用したら2年後に1万円となっていたと考えて、現在の元金を計算します。

2年後の元利合計金額：$X \times (1+0.02)^2 = 10,000円$
現在の元金$(X) = 10,000円 \div (1+0.02)^2 \fallingdotseq 9,612円$

解答解説

3 答 **✕**　ゆうちょ銀行の預入限度額は、通常貯金と定期性貯金につき、それぞれ **1,300** 万円で、合計で **2,600** 万円です。

ゆうちょ銀行の預入限度額
★通常貯金 **1,300** 万円、定期性貯金 **1,300** 万円の合計 **2,600** 万円

問題　債券の種類

1 償還期限までの利子相当分をあらかじめ額面金額から差し引いて発行され、満期時に額面金額で償還される債券を、割引債という。◯✕

［2021年5月試験］

問題　個人向け国債

2 個人向け国債は、適用利率の下限が年（　①　）とされ、購入単価は最低（　②　）から（　②　）単位である。三択

(1)　①0.03％　　②1万円
(2)　①0.05％　　②1万円
(3)　①0.05％　　②5万円

［2021年1月試験］

解答解説

1 答 ○ 割引債は償還期限までの利子相当分をあらかじめ額面金額から差し引いて発行されるため、額面金額よりも低い価額で発行されます。

解答解説

2 答 (2) 個人向け国債は、適用利率の下限が年**0.05**%とされ、購入単価は最低1万円から1万円単位となっています。

個人向け国債

	変動10年	固定5年	固定3年
償 還 期 限	10年	5年	3年
金 利	変動金利	固定金利	固定金利
適 用 利 率	基準金利×0.66	基準金利－0.05%	基準金利－0.03%
最低保証金利	0.05%		
購 入 単 位	1万円から1万円単位		
中 途 換 金	1年経過後なら換金可能		
中途換金時の調整額	直前2回分の利息相当額×(100%－20.315%)が差し引かれる		

3 表面利率(クーポンレート)3％、残存期間5年の固定利付債券を額面100円当たり102円で購入した場合の最終利回り(年率・単利)は、（　　　）である。なお、税金等は考慮しないものとし、答は表示単位の小数点以下第3位を四捨五入している。三択

(1) 2.55％　　(2) 2.94％　　(3) 3.33％　　　　　　　[2021年9月試験]

4 表面利率(クーポンレート)3％、残存期間2年の固定利付債券を額面100円当たり105円で購入した場合の最終利回り(年率・単利)は、（　　　）である。なお、税金等は考慮しないものとし、計算結果は表示単位の小数点以下第3位を四捨五入している。三択

(1) 0.48％　　(2) 0.50％　　(3) 0.53％　　　　　　　[2023年9月試験]

5 表面利率(クーポンレート)2％、残存期間5年の固定利付債券を、額面100円当たり104円で購入し、2年後に額面100円当たり102円で売却した場合の所有期間利回り(年率・単利)は、（　　　）である。なお、税金や手数料等は考慮しないものとし、答は表示単位の小数点以下第3位を四捨五入している。三択

(1) 0.96％　　(2) 1.54％　　(3) 2.88％　　　　　　　[2023年5月試験]

解答解説

3 答 ⑴　最終利回りは、すでに発行されている債券を時価で購入(購入価格102円)し、償還まで所有した場合(償還価格=額面100円)の利回りです。

$$最終利回り(\%)=\frac{表面利率+\dfrac{100円-購入価格}{残存年数}}{購入価格}\times100$$

分子：$3+\dfrac{100円-102円}{5年}=2.6円$

分母：102円

最終利回り：$\dfrac{2.6円}{102円}\times100≒2.55\%$

4 答 ⑴　最終利回りは、すでに発行されている債券を時価で購入(購入価格105円)し、償還まで所有した場合(償還価格=額面100円)の利回りです。

分子：$3+\dfrac{100円-105円}{2年}=0.5円$

分母：105円

最終利回り：$\dfrac{0.5円}{105円}\times100≒0.48\%$

5 答 ⑴　所有期間利回りは、購入した債券(購入価格104円)を償還前に売却した場合(売却価格102円)の利回りです。

$$所有期間利回り(\%)=\frac{表面利率+\dfrac{売却価格-購入価格}{所有期間}}{購入価格}\times100$$

分子：$2+\dfrac{102円-104円}{2年}=1円$

分母：104円

所有期間利回り：$\dfrac{1円}{104円}\times100≒0.96\%$

学科
CH
03
金融資産運用

SEC
04
債券

6 一般に、市場金利が上昇すると、それに伴い債券の利回りは上昇し、債券価格も上昇する。**○×**

［2019年5月試験］

---

7 債券の信用格付とは、債券やその発行体の信用評価を記号等で示したものであり、一般に、（　　）格相当以上の格付が付された債券を、投資適格債という。**三択**

(1) A（シングルA）
(2) BBB（トリプルB）
(3) BB（ダブルB）

［2021年5月試験］

---

8 残存期間や表面利率（クーポンレート）等の他の条件が同一であれば、一般に、格付の高い債券ほど安全性が高いため、利回りが高くなる。**○×**

［2019年9月試験］

---

9 債券の発行体である企業の信用度が低下し、格付が引き下げられた場合、一般に、その債券の価格は下落し、利回りも低下する。**○×**

［2021年1月試験］

---

10 ある債券の信用リスク（デフォルトリスク）が高まった場合、一般に、その債券の価格は下落し、利回りは上昇する。**○×**

［2019年1月試験］

解答解説

6 答 ✕　一般に、債券価格は市場金利の変動にともなって変動します。市場金利が上昇すると、それにともない債券価格は**下落**します。債券価格が下落すると、利回りを計算するさいの分母が小さくなるので、利回りは**上昇**します。

> **市場金利の変動と債券価格、利回り**
> ★市場金利が上昇すると債券価格は **下落** し、利回りは **上昇** する
> ★市場金利が下落すると債券価格は **上昇** し、利回りは **下落** する

7 答 (2)　債券の格付けで、**BBB**格(トリプルB格)以上の債券を投資適格債といいます。

8 答 ✕　一般に格付けの高い債券ほど安全性が高いので、債券価格が高く、利回りは**低く**なります。

9 答 ✕　企業の信用度が低下し、格付けが引き下げられた場合、一般に、その債券の価格は**下落**し、利回りは**上昇**します。

10 答 ○　債券の信用リスク(デフォルトリスク)が高まった場合、その債券の信頼性が低くなるため、債券の価格は**下落**し、利回りは**上昇**します。

問題 株式の取引

1 証券取引所における株式の売買において、成行注文は指値注文に優先して売買が成立する。 **OX**
[2021年5月試験]

2 指値注文によって株式を買う際には、希望する価格の（ ① ）を指定する。同一銘柄について、市場に価格の異なる複数の買い指値注文がある場合には、価格の（ ② ）注文から優先して成立する。 **三択**

(1) ①上限　②低い
(2) ①下限　②低い
(3) ①上限　②高い
[2017年1月試験]

3 上場株式の売買において、普通取引は約定日の翌営業日に決済が行われる。 **OX**
[2021年9月試験]

問題 相場指標

4 東証株価指数（TOPIX）とは、東京証券取引所プライム市場に上場する1,000銘柄を対象とする株価指数である。 **OX**
[2020年9月試験 改]

5 東京証券取引所プライム市場に上場する代表的な225銘柄を対象として算出される株価指標は、（　）である。 **三択**

(1) ナスダック総合指数　(2) 日経平均株価　(3) 東証株価指数
[2021年5月試験 改]

解答解説

1 答 ○　成行注文は指値注文に優先して売買が成立します。

2 答 (3)　指値注文で株式を買う場合、希望する価格の**上限**を指定します。そして、同一銘柄について複数の買い指値注文がある場合、指値の**高い**注文から優先して売買が成立します。

> **株式の取引のポイント**
>
> ★指値注文より、成行注文のほうが優先される
>
> ★同一銘柄について、複数の売り指値注文がある場合はもっとも 低い 価格が優先される。買い指値注文の場合はもっとも 高い 価格が優先される
>
> ★同一銘柄について、複数の指値注文がある場合は、時間の早い注文が優先される
>
> ★決済は約定日を含めて **3** 営業日目に行われる

3 答 ×　上場株式の売買において、普通取引は約定日を含めて**3**営業日目に決済が行われます。

解答解説

4 答 ×　東証株価指数(TOPIX)とは、東証に上場されている内国普通株式の全銘柄から流通株式総額100億円未満の銘柄を除いた時価総額加重型の指数をいいます。

5 答 (2)　東証プライム市場に上場する代表的な225銘柄を対象として算出される株価指標は、**日経平均株価**です。

学科 CH 03
金融資産運用

SEC
05
株
式

問題 個別銘柄の指標

6 配当性向とは、株価に対する1株当たり年間配当金の割合を示す指標である。**○×**

[2023年5月試験]

---

7 株式の投資指標のうち、ROEは、当期純利益を（　　）で除して求められる。**三択**

(1) 売上高　　(2) 総資産　　(3) 自己資本　　　　[2022年9月試験]

---

8 株式の投資指標のうち、PBRは「株価÷（　①　）」、PERは「株価÷（　②　）」の算式によって求められる。**三択**

(1) ①1株当たり純利益　　②1株当たり純資産
(2) ①1株当たり純資産　　②1株当たり純利益
(3) ①1株当たり純資産　　②1株当たり配当金　　　[2019年1月試験]

---

9 上場企業X社の下記の〈資料〉に基づいて計算したX社株式の株価収益率(PER)は（　①　）、株価純資産倍率(PBR)は（　②　）である。**三択**

〈資料〉

株　価	1,200円
1株当たり純利益	80円
1株当たり純資産	800円

(1) ①1.5倍　　②15倍
(2) ①10倍　　②1.5倍
(3) ①15倍　　②1.5倍

[2021年1月試験]

---

10 下記の〈X社のデータ〉に基づいて計算したX社株式の株価収益率(PER)は（　①　）、配当利回りは（　②　）である。**三択**

〈X社のデータ〉

株　価	800円
1株当たり配当金	30円
1株当たり純利益	50円
1株当たり純資産	400円

(1) ①16倍　　②3.75%
(2) ①8倍　　②6.25%
(3) ①4倍　　②10%

[2020年1月試験]

解答解説

6 答 ✕　配当性向は、**当期純利益**に対する年間配当金の割合を示す指標です。

7 答 (3)　ROEは、「**当期純利益÷自己資本×100**」で計算します。

8 答 (2)　PBRは「**株価÷1株あたり純資産**」、PERは「**株価÷1株あたり純利益**」で計算します。

9 答 (3)　PERは株価が1株あたり純利益の何倍になっているのかを示す指標です。
PBRは株価が1株あたり純資産の何倍になっているのかを示す指標です。

$$PER : \frac{1,200円}{80円} = 15倍 \qquad PBR : \frac{1,200円}{800円} = 1.5倍$$

10 答 (1)　PERは株価が1株あたり純利益の何倍になっているのかを示す指標です。
配当利回りは株価に対する1株あたり配当金の割合です。

$$PER : \frac{800円}{50円} = 16倍 \qquad 配当利回り : \frac{30円}{800円} \times 100 = 3.75\%$$

個別銘柄の指標

PER［株価収益率］（倍）＝ $\frac{株価}{1株あたり純利益}$　★低い→割安　高い→割高

PBR［株価純資産倍率］（倍）＝ $\frac{株価}{1株あたり純資産}$　★低い→割安　高い→割高

ROE［自己資本利益率］（%）＝ $\frac{当期純利益}{自己資本} \times 100$

配当利回り（%）＝ $\frac{1株あたり配当金}{株価} \times 100$

配当性向（%）＝ $\frac{配当金総額}{当期純利益} \times 100$

問題 投資信託のコスト

1 投資信託の運用管理費用（信託報酬）は、投資信託を購入する際に年間分を前払いで支払う必要がある。**○✕**

［2020年1月試験］

2 投資信託の運用管理費用（信託報酬）は、信託財産から差し引かれる費用であり、（　　）が間接的に負担する。**三択**

(1) 販売会社　　(2) 受益者（投資家）　　(3) 投資信託委託会社

［2018年9月試験］

3 投資信託の受益者が負担するコストのうち、（　　）は、ファンドの運用や管理の対価として信託財産のなかから日々差し引かれる。**三択**

(1) 口座管理料　　(2) 信託報酬（運用管理費用）
(3) 信託財産留保額

［2011年9月試験］

4 証券投資信託のコストのうち、解約時に換金代金から控除される（　　）は、組入証券等の換金に係る費用等を解約する投資家に負担させ、受益者間の公平性を保とうとするものである。**三択**

(1) 信託財産留保額　　(2) 信託報酬　　(3) 管理報酬　　［2011年1月試験］

解答解説

1 答 ✕ 運用管理費用（信託報酬）は、日々信託財産から差し引かれる費用です。

2 答 (2) 運用管理費用（信託報酬）は、信託財産から日々差し引かれる費用で、**受益者**（投資家）が間接的に負担します。

3 答 (2) 運用管理費用（信託報酬）は、ファンドの運用や管理の対価として、信託財産から日々差し引かれる費用です。

4 答 (1) 信託財産留保額は、中途換金（解約）時に徴収される手数料で、中途解約した投資家の換金代金から差し引かれます。

投資家が負担する投資信託のコスト		
コスト	負担する時期	ポイント
購入時手数料	購入時	★販売会社によって手数料は異なる ★購入時手数料がない投資信託（**ノーロード**）もある
運用管理費用 （信託報酬）	保有時	★一定額が **日々** 信託財産から差し引かれる
信 託 財 産 留 保 額	投資信託の **換金** 時	★中途換金時に換金代金から差し引かれる

問題 投資信託の分類

5 公社債投資信託は、投資対象に株式をいっさい組み入れることができない。**OX**

6 投資信託約款に株式を組み入れることができる旨の記載がある証券投資信託は、株式をいっさい組み入れていなくても株式投資信託に分類される。**OX**

[2019年5月試験]

7 インデックス型投資信託は、日経平均株価や東証株価指数(TOPIX)などの特定の指標に連動するよう運用される投資信託である。**OX**

[2021年1月試験]

8 投資信託におけるパッシブ運用は、経済環境や金利動向などを踏まえ、ベンチマークを上回る運用成果を目指す運用手法である。**OX**

[2019年1月試験]

9 株式投資信託の投資手法のうち、（　　　）・アプローチでは、金利や為替、景気動向といった広い視点から分析を開始し、その見通しに沿って投資する資産や業種の配分等を決め、最後に個別銘柄の選定をするという手順をとる。**三択**

(1) トップダウン　　(2) ボトムアップ　　(3) インデックス

[2011年9月試験]

解答解説

5 答 ○　公社債投資信託は、投資対象に株式をいっさい組み入れることができません。

6 答 ○　株式投資信託は、株式を組み入れることができる投資信託です。投資信託約款に株式を組み入れることができる旨の記載がある証券投資信託は、株式をいっさい組み入れていなくても株式投資信託に分類されます。

7 答 ○　インデックス型投資信託は、日経平均株価や東証株価指数(TOPIX)などのベンチマークに連動するよう運用される投資信託です。

8 答 ✕　パッシブ運用(インデックス運用)は、ベンチマークに**連動する**運用成果を目指す運用手法です。ベンチマークを上回る運用成果を目指す運用手法は**アクティブ**運用です。

パッシブ運用とアクティブ運用	
パッシブ運用 (インデックス運用)	ベンチマークに 連動した 運用成果を目標とする運用スタイル
アクティブ運用	ベンチマークを 上回る 運用成果を目標とする運用スタイル

9 答 (1)　マクロ的な投資環境(金利、為替、景気動向といった広い視点)から分析を開始し、その見通しに沿って投資する資産や業種の配分等を決め、最後に個別銘柄の選定をする手法を**トップダウン**・アプローチといいます。

トップダウン・アプローチとボトムアップ・アプローチ	
トップダウン・ アプローチ	マクロ的な投資環境(経済、金利、為替など)を予測し、資産配分や投資する業種を決定したあと、個別の銘柄を選ぶという運用スタイル
ボトムアップ・ アプローチ	個別銘柄の調査、分析から、投資対象を決定する運用スタイル

問題 投資信託の分類

10 投資信託の運用において、株価が企業の財務状況や利益水準などからみて、割安と評価される銘柄に投資する運用手法を、（　　）という。**三択**

(1) グロース運用　　(2) バリュー運用　　(3) パッシブ運用

［2023年9月試験］

11 投資信託において、企業の将来の売上高や利益の伸び率が市場平均よりも高いなど、成長性があると思われる銘柄に投資する運用手法を、（　　）という。**三択**

(1) グロース運用　　(2) バリュー運用
(3) トップダウン・アプローチ

［2021年5月試験］

12 一般に、先物取引などを利用して、基準となる指数の収益率の2倍、3倍、4倍等の投資成果を得ることを目指して運用され、（　①　）相場で利益が得られるように設計された商品を（　②　）ファンドという。**三択**

(1) ①上昇　　②ブル型
(2) ①上昇　　②ベア型
(3) ①下降　　②ブル型

［2017年1月試験］

問題 上場している投資信託

13 上場投資信託(ETF)は、証券取引所に上場され、上場株式と同様に指値注文や成行注文により売買することができる。**○×**

［2021年9月試験］

14 上場不動産投資信託(J-REIT)は、上場株式と同様に、成行注文や指値注文によって取引することができる。**○×**

［2017年9月試験］

解答解説

10 答 (2)　株価が割安であると評価される銘柄を選択して投資する手法を**バリュー運用**といいます。

11 答 (1)　成長性があると思われる銘柄に投資する運用手法を**グロース運用**といいます。

グロース型とバリュー型	
グロース型	将来的に 成長 が見込める銘柄に投資する運用スタイル
バリュー型	企業の利益や資産などから判断して、割安 だと思う銘柄に投資する運用スタイル

12 答 (1)　先物取引などのデリバティブ取引を利用して、レバレッジを使い、投資資金の何倍もの成果を上げることを目標として設計された投資信託を**ブルベアファンド**といいます。そのうち、上昇相場で利益が得られるように設計された投資信託を**ブル型**ファンド、下降相場で利益が得られるように設計された投資信託を**ベア型**ファンドといいます。

ブルベアファンド	
ブル型	相場が 上昇 したときに利益が出るように設計された投資信託
ベア型	相場が 下降 したときに利益が出るように設計された投資信託

解答解説

13 答 ○　上場投資信託(ETF)は、上場株式と同様に指値注文や成行注文により売買することができます。

14 答 ○　上場不動産投資信託(J-REIT)は、上場株式と同様に指値注文や成行注文により売買することができます。

問題 為替レートと為替リスク

1 外貨預金の預入時において、預入金融機関が提示する（　　）は、預金者が円貨を外貨に換える際に適用される為替レートである。**三択**

(1) TTB　　(2) TTM　　(3) TTS

[2023年9月試験]

---

2 外貨預金の払戻し時において、預金者が外貨を円貨に換える場合に適用される為替レートは、預入金融機関が提示する（　　）である。**三択**

(1) TTS　　(2) TTM　　(3) TTB

[2019年5月試験]

---

3 下記の〈為替レート〉によって、円をユーロに換えて、ユーロ建て外貨預金に1万ユーロ預け入れる場合、預入時に必要な円貨の額は（　　）である。**三択**

〈為替レート〉

TTS	中値	TTB
124.34円	122.84円	121.34円

(1) 121万3,400円　　(2) 122万8,400円　　(3) 124万3,400円

[2016年9月試験]

---

4 外貨預金において、預入時に比べて満期時の為替が（　①　）となっていた場合には、（　②　）が発生する。なお、手数料等は考慮しない。**三択**

(1) ①円安・外貨高　　　②為替差益
(2) ①円高・外貨安　　　②為替差益
(3) ①円安・外貨高　　　②為替差損

[2011年5月試験]

解答解説

1 答 (3)　外貨預金の預入時は、金融機関から見ると、顧客から円貨を受け取って外貨を売っている(Sell)ことになるので、TTSで換算します。

2 答 (3)　外貨預金の払戻時は、金融機関から見ると、顧客に円貨を支払って外貨を買っている(Buy)ことになるので、TTBで換算します。

3 答 (3)　外貨預金の預入時は、TTSで換算します。

　　　　　預入時に必要な円貨の額：1万ユーロ×124.34円＝1,243,400円

為替レート	
TTS	顧客が円貨から外貨に換えるときの為替相場 （金融機関が外貨を 売って 、円貨を受け取るときの為替相場）
TTB	顧客が外貨から円貨に換えるときの為替相場 （金融機関が外貨を 買って 、円貨を支払うときの為替相場）

4 答 (1)　たとえば、10ドルを1ドル100円のときに預け入れた場合、必要な円貨は1,000円(10ドル×100円)です。そして、満期時に1ドル105円になっていた(円安になっていた)場合、受け取る円貨は1,050円(10ドル×105円)となるので、50円の利益(為替差益)が生じます。

　　一方、10ドルを1ドル100円のときに預け入れ、満期時に1ドル90円になっていた(円高になっていた)場合、受け取る円貨は900円(10ドル×90円)となるので、100円の損失(為替差損)が生じます。

　　したがって、外貨預金において、預入時に比べて満期時の為替が円安・外貨高となっていた場合には為替**差益**が、円高・外貨安となっていた場合には為替**差損**が発生します。

5 為替予約を締結していない外貨定期預金において、満期時の為替レートが預入時の為替レートに比べて（ ① ）になれば、当該外貨定期預金の円換算の利回りは（ ② ）なる。三択

(1) ①円高 ②高く
(2) ①円安 ②高く
(3) ①円安 ②低く

[2022年9月試験]

6 外貨預金は、預金保険制度による保護の対象とならない。○✕

[2021年9月試験]

7 外貨建てMMFを購入から30日未満で換金した場合、換金代金から信託財産留保額が徴収される。○✕

[2013年9月試験]

解答解説

5 **答** (2)　利回りは「**1年あたりの収益÷当初の元本**」で計算します。

外貨預金において、預入時に比べて満期時の為替レートが**円安**になる（例えば1ドルが100円から105円になる）と為替差益が生じるため、1年あたりの収益が大きくなります。そのため、円換算の利回りは**高く**なります。

反対に、預入時に比べて満期時の為替レートが**円高**になる（例えば1ドルが100円から90円になる）と為替差損が生じるため、1年あたりの収益が小さくなります。そのため、円換算の利回りは**低く**なります。

---

6 **答** ○　外貨預金は、預金保険制度による保護の対象となりません。

---

7 **答** ×　外貨建てMMFはいつでもペナルティなく（換金代金から信託財産留保額が徴収されずに）換金することができます。

問題 預貯金と税金

1 個人が年0.01％、預入期間１年の大口定期預金に１億円を預け入れた場合、所得税、復興特別所得税および住民税の源泉（特別）徴収後の手取りの利息は、8,000円である。 **○✕** [2017年５月試験]

問題 投資信託と税金

2 追加型の国内公募株式投資信託の収益分配金のうち元本払戻金（特別分配金）は、配当所得として所得税の課税対象となる。 **○✕** [2017年９月試験]

3 追加型の国内公募株式投資信託において、収益分配金支払後の基準価額が受益者の個別元本を下回る場合、当該受益者に対する収益分配金は、その全額が普通分配金となる。 **○✕** [2022年５月試験]

4 追加型株式投資信託を基準価額１万3,000円（１万口当たり）で１万口購入した後、最初の決算時に１万口当たり400円の収益分配金が支払われ、分配落ち後の基準価額が１万2,700円（１万口当たり）となった場合、その収益分配金のうち、普通分配金は（ ① ）であり、元本払戻金（特別分配金）は（ ② ）である。 **三択**

(1) ①0   ②400円
(2) ①100円   ②300円
(3) ①300円   ②100円

[2023年５月試験]

解答解説

1 答 ✕   預貯金の利息は、利子所得として課税され、原則として**20.315**%（所得税15%、復興特別所得税0.315%、住民税5%）の源泉分離課税となります。

税引前の利息：1億円×0.01%＝10,000円
源泉徴収税額：10,000円×20.315%
　　　　　　　＝2,031.5円→2,031円（円未満切り捨て）
手取りの利息：10,000円－2,031円＝7,969円

解答解説

2 答 ✕   元本払戻金（特別分配金）には所得税はかかりません（非課税）。

3 答 ✕   収益分配金支払後の基準価額が、収益分配金支払前の受益者の個別元本を**下回る**場合、収益分配金のうち、その下回った部分の分配金は元本払戻金（特別分配金）として非課税となります。

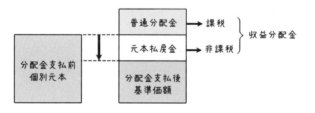

4 答 (2)   収益分配金支払前の個別元本が1万3,000円、収益分配金支払後の基準価額が1万2,700円なので、収益分配金400円のうち300円（1万3,000円－1万2,700円）が元本払戻金（特別分配金）、100円（400円－300円）が普通分配金となります。

5 特定口座を開設している金融機関に、NISA口座（少額投資非課税制度における非課税口座）を開設した場合、特定口座内の株式投資信託をNISA口座に移管することができる。**○✕** 〔2022年1月試験〕

---

6 NISA口座（非課税累積投資契約に係る少額投資非課税制度）のつみたて投資枠において、国債や社債は投資対象商品ではない。**○✕**

〔2021年5月試験 **改**〕

---

7 2024年からのNISA制度における年間投資限度額は、成長投資枠では（　①　）であり、つみたて投資枠では（　②　）である。**三択**

(1) ①120万円　　② 40万円
(2) ①120万円　　②240万円
(3) ①240万円　　②120万円

〔ネット試験予想問題〕

解答解説

5 | 答 | × |　特定口座や一般口座の上場株式や株式投資信託等をNISA口座に移管することはできません。

6 | 答 | ○ |　国債や社債はつみたて投資枠の投資対象商品ではありません。

7 | 答 | (3) |　2024年からのNISA制度における年間投資限度額は、成長投資枠では**240**万円であり、つみたて投資枠では**120**万円です。

NISA（2024年1月以降）	つみたて投資枠	成長投資枠
年間非課税投資枠	120万円	240万円
非課税枠上限	買付残高1,800万円（うち成長投資枠1,200万円）	
両制度の併用	可能	
損失の取扱い	NISA口座内で生じた損失は、他の口座で生じた売買益や配当金と損益通算できない	

問題 ポートフォリオ

1 A資産の期待収益率が3％、B資産の期待収益率が5％の場合に、A資産を40％、B資産を60％の割合で組み入れたポートフォリオの期待収益率は、（　　）となる。三択

(1) 4.0％　　(2) 4.2％　　(3) 8.0％　　　　　　　　[2022年1月試験]

---

2 異なる2資産からなるポートフォリオにおいて、2資産間の相関係数が（　　）である場合、分散投資によるリスクの低減効果は最大となる。三択

(1) −1　　(2) 0　　(3) ＋1　　　　　　　　　　　[2021年9月試験]

---

3 2資産で構成されるポートフォリオにおいて、2資産間の相関係数が−1である場合、両資産が（　　）値動きをするため、理論上、リスクの低減効果は最大となる。三択

(1) 逆の　　(2) 関係のない　　(3) 同じ　　　　　[2020年1月試験]

問題 デリバティブ取引

4 オプション取引において、特定の商品を将来の一定期日に、あらかじめ決められた価格（権利行使価格）で売る権利のことを、コール・オプションという。○✕　　　　　　　　　　　　　　　　　　　　[2023年5月試験]

---

5 オプション取引において、特定の商品を将来の一定期日にあらかじめ決められた価格で買う権利のことを（　①　）・オプションといい、他の条件が同じであれば、一般に、満期までの残存期間が長いほど、プレミアム（オプション料）は（　②　）なる。三択

(1) ①コール　　②高く　　(2) ①コール　　②低く
(3) ①プット　　②低く　　　　　　　　　　　　　[2021年9月試験]

解答解説

1 答 (2)　ポートフォリオの期待収益率は、個別証券の期待収益率をポートフォリオの構成比で加重平均したものに等しくなります。

ポートフォリオの期待収益率：3%×0.4＋5%×0.6＝4.2%

2 答 (1)　2資産間の相関係数が−1である場合、分散投資によるリスクの低減効果は最大となります。

3 答 (1)　2資産間の相関係数が−1である場合、両資産が**逆の**値動きをするため、リスクの低減効果は最大となります。

リスク低減効果と相関係数

相関係数	証券の値動き	リスク低減効果
−1	全く逆	**最大**
1	全く同じ	**ゼロ**

解答解説

4 答 ✕　オプション取引において、特定の商品を将来の一定期日に、あらかじめ決められた価格で売る権利のことを**プット**・オプションといいます。

5 答 (1)　オプション取引において、特定の商品を将来の一定期日にあらかじめ決められた価格で買う権利のことを**コール**・オプションといい、一般に、満期までの残存期間が長いほど、プレミアム(オプション料)は**高く**なります。

オプション取引

★特定の商品を将来の一定期日にあらかじめ決められた価格で
　{ 買う権利→**コール**・オプション
　{ 売る権利→**プット**・オプション

★満期までの残存期間が長いほど、オプション料（プレミアム）は**高く**なる

学科 CH 03
金融資産運用

SEC 09
ポートフォリオとデリバティブ取引

個人 1 次の設例に基づいて、下記の各問に答えなさい。 ［2023年1月試験 第2問］

━━━━━━━《設 例》━━━━━━━

　会社員のAさん(32歳)は、株式投資による運用を始めたいと考えている。先日、会社の上司から「リスク分散のため、株式だけでなく債券も保有している」という話を聞いたことから、債券投資にも興味を持った。

　そこで、Aさんは、ファイナンシャル・プランナーのMさんに相談することにした。Mさんは、Aさんに対して、X社株式(東京証券取引所上場)および国内の大手企業が発行しているY社債(特定公社債)を例として、説明を行うことにした。

〈X社に関する資料〉

総資産	4,000億円
自己資本（純資産）	2,000億円
当期純利益	200億円
年間配当金総額	45億円
発行済株式数	5,000万株
株価	6,000円
決算期	3月31日

〈Y社債に関する資料〉
・発行会社：国内の大手企業
・購入価格：102円（額面100円当たり）
・表面利率：0.8%
・利払日　：年1回
・残存期間：5年
・償還価格：100円
・格付　　：A

※上記以外の条件は考慮せず、各問に従うこと。

問1　Mさんは、X社株式の投資指標について説明した。MさんのAさんに対する説明として、次のうち最も不適切なものはどれか。

(1)　「〈X社に関する資料〉から算出されるX社株式のPERは、15.0倍です。一般に、PERが高いほうが株価は割高、低いほうが株価は割安と判断されます」

(2)　「〈X社に関する資料〉から算出されるX社のROEは、5.0％です。一般に、ROEが高い会社ほど、自己資本の効率的な活用がなされていると判断することができます」

(3)　「配当性向は、株主に対する利益還元の割合を示す指標です。〈X社に関する資料〉から算出されるX社の配当性向は、22.5％です」

問2　Mさんは、Y社債に投資する場合の留意点等について説明した。MさんのAさんに対する説明として、次のうち最も適切なものはどれか。

(1)　「債券投資において、債券の格付は重要な投資指標です。一般に、BBB（トリプルB）格相当以上の格付が付与されている債券は、投資適格とされます」

(2)　「発行会社の財務状況の悪化等により、利子の支払や償還に懸念が生じるリスクを、一般に、金利リスクといいます。債券投資においては、金利リスクだけでなく、そのほかのリスクについても検討したうえで投資判断をすることが重要です」

(3)　「Y社債の利子は、申告分離課税の対象となり、利子の支払時に所得税および復興特別所得税と住民税の合計で14.21％相当額が源泉徴収等されます」

問3　Y社債を《設例》の条件で購入した場合の最終利回り（年率・単利）は、次のうちどれか。なお、計算にあたっては税金等を考慮せず、答は％表示における小数点以下第3位を四捨五入している。

(1)　0.39％

(2)　0.40％

(3)　0.78％

問1 答 (2)

(1)…PERは**「株価÷1株あたり当期純利益」**で求め、PERが高いほど株価は**割高**、低いほど株価は**割安**と判断されます。

$$1株あたり当期純利益：\frac{200億円}{5,000万株} = 400円$$

$$PER：\frac{6,000円}{400円} = 15.0倍$$

(2)…ROEは自己資本に対する当期純利益の割合で、ROEが**高い**会社ほど、自己資本の効率的な活用がなされている（儲け上手）と考えることができます。

$$ROE：\frac{200億円}{2,000億円} \times 100 = 10\%$$

(3)…配当性向は、当期純利益に対する配当額の割合で、株主への利益還元の割合を示す指標です。

$$配当性向：\frac{45億円}{200億円} \times 100 = 22.5\%$$

問2 答 (1)

(1)…一般に、BBB（トリプルB）格以上の格付けが付されていれば、投資適格債とされます。

(2)…発行会社の財務状況の悪化等により、利子の支払いや償還に懸念が生じるリスクを**信用リスク（デフォルトリスク、債務不履行リスク）**といいます。

(3)…特定公社債等の利子にかかる税率は**20.315%**（所得税15%、復興特別所得税0.315%、住民税5%）で、申告分離課税または申告不要とすることができます。

問3 答 (1)

最終利回りは、すでに発行されている債券を時価で購入（購入価格102円）し、償還まで所有した場合（償還価格＝額面100円）の利回りです。

$$分子：0.8 + \frac{100円 - 102円}{5年} = 0.4円$$

分母：102円

$$最終利回り：\frac{0.4円}{102円} \times 100 ≒ 0.39\%$$

《設 例》

　会社員のAさん(30歳)は、将来に向けた資産形成のため、株式による運用を考えている。Aさんは、これまで投資経験がなく、株式の銘柄を選ぶ際の判断材料や購入する際の留意点について知りたいと思っている。

　また、投資経験のある友人から勧められた上場不動産投資信託(J-REIT)にも興味を持っている。そこで、Aさんは、ファイナンシャル・プランナーのMさんに相談することにした。Mさんは、Aさんに対して、X社株式(東京証券取引所プライム市場上場銘柄)を例に、説明を行うことにした。

〈X社に関する資料〉

総資産	1兆6,000億円
自己資本（純資産）	9,500億円
当期純利益	750億円
年間配当金総額	120億円
発行済株式数	3億株
株価	2,500円

※決算期：2024年5月31日(金)(配当の権利が確定する決算期末)
※上記以外の条件は考慮せず、各問に従うこと。

問1　はじめに、Mさんは、X社株式の投資指標について説明した。MさんのAさんに対する説明として、次のうち最も不適切なものはどれか。

(1)　「株価の相対的な割高・割安を判断する指標として、PERがあります。〈X社に関する資料〉から算出されるX社株式のPERは、10倍です」

(2)　「株価に対する1株当たりの年間配当金の割合を示す指標を配当利回りといいます。〈X社に関する資料〉から算出されるX社株式の配当利回りは、1.6%です」

(3)　「PERとPBRは、一般に、どちらも数値が高いほど株価は割安と判断されますが、何倍程度が妥当であるかを検討する際は、同業他社の数値や業界平均値と比較して、相対的な数値として捉えることが重要です」

問2 次に、Mさんは、X社株式の購入等についてアドバイスした。MさんのAさんに対するアドバイスとして、次のうち最も適切なものはどれか。

(1) 「上場株式を証券取引所の普通取引で売買したときの受渡しは、原則として、約定日(売買成立日)から起算して4営業日目に行われます」

(2) 「Aさんは、権利付き最終日である2024年5月31日(金)までにX社株式を買付約定すれば、X社株式の次回の期末配当を受け取ることができます」

(3) 「Aさんが特定口座(源泉徴収あり)でX社株式を株価2,500円で100株購入し、同年中に株価3,000円で全株売却した場合、その他の取引や手数料等を考慮しなければ、譲渡益5万円に対して20.315%相当額が源泉徴収等されます」

問3 最後に、Mさんは、上場不動産投資信託(J-REIT)について説明した。MさんのAさんに対する説明として、次のうち最も不適切なものはどれか。

(1) 「上場不動産投資信託(J-REIT)は、投資家から集めた資金を不動産投資法人が不動産等に投資し、その賃貸収入や売買益を投資家に分配する投資信託です」

(2) 「上場不動産投資信託(J-REIT)の分配金は、配当所得となり、確定申告をすることで配当控除の適用を受けることができます」

(3) 「上場不動産投資信託(J-REIT)は、上場株式と同様に指値注文や成行注文により売買することができます」

問1 答 (3)

(1)…PERは**「株価÷1株あたり当期純利益」**で求め、PERが高いほど株価は割高、低いほど株価は割安と判断されます。

$$1\text{株あたり当期純利益}：\frac{750\text{億円}}{3\text{億株}}＝250\text{円}$$

$$\text{PER}：\frac{2,500\text{円}}{250\text{円}}＝10\text{倍}$$

(2)…配当利回りは、株価に対する1株あたりの年間配当金の割合です。

$$1\text{株あたりの年間配当金}：\frac{120\text{億円}}{3\text{億株}}＝40\text{円}$$

$$\text{配当利回り}：\frac{40\text{円}}{2,500\text{円}}×100＝1.6\%$$

(3)…PERとPBRは、どちらも数値が**低い**ほど株価は割安と判断されます。

問2 答 (3)

(1)…上場株式を売買したときの受渡しは、原則として、約定日から起算して**3**営業日目に行われます。

(2)…約定日を含めて**3**営業日目に受渡しが行われるため、利益確定日が2024年5月31日(金)になるためには、2024年5月29日(水)までにX社株式を購入しておく必要があります。

    5月29日(水) …1営業日目(約定日)
     30日(木) …2営業日目
     31日(金) …3営業日目(受け渡し)

(3)…源泉徴収ありの特定口座で株式を売買する場合、上場株式の譲渡益に対して20.315%が源泉徴収されます。本問の場合、株価2,500円で100株購入し、株価3,000円で売却しているので、譲渡益は5万円です。

   譲渡益：(3,000円−2,500円)×100株＝5万円

問3 答 (2)

(2)…J-REITの分配金は、上場株式と同様に配当所得となりますが、配当控除の対象とはなりません。

(3)…J-REITは、上場株式と同様に指値注文や成行注文により売買することができます。

個人3 次の設例に基づいて、下記の各問に答えなさい。　　　［2023年9月試験　第2問］

《設 例》

　会社員のAさん（58歳）は、国内の銀行であるX銀行の米ドル建定期預金のキャンペーン広告を見て、その金利の高さに魅力を感じているが、これまで外貨建金融商品を利用した経験がなく、留意点や課税関係について知りたいと思っている。

　そこで、Aさんは、ファイナンシャル・プランナーのMさんに相談することにした。

〈X銀行の米ドル建定期預金に関する資料〉
・預入金額　　　：　10,000米ドル
・預入期間　　　：　6カ月
・利率（年率）　：　4.0%（満期時一括支払）
・為替予約なし

※上記以外の条件は考慮せず、各問に従うこと。

問1　Mさんは、《設例》の米ドル建定期預金について説明した。MさんのAさんに対する説明として、次のうち最も適切なものはどれか。

(1)「米ドル建定期預金の満期時の為替レートが、預入時の為替レートに比べて円高・米ドル安となった場合、円換算の運用利回りは向上します」

(2)「X銀行に預け入れた米ドル建定期預金は、金額の多寡にかかわらず、預金保険制度の保護の対象となりません」

(3)「X銀行の米ドル建定期預金に10,000米ドルを預け入れた場合、Aさんが満期時に受け取ることができる利息額は400米ドル（税引前）になります」

問2 Aさんが、《設例》および下記の〈資料〉の条件で、10,000米ドルを預け入れ、満期時に円貨で受け取った場合における元利金の合計額として、次のうち最も適切なものはどれか。なお、計算にあたっては税金等を考慮せず、預入期間6カ月は0.5年として計算すること。

〈資料〉適用為替レート（円／米ドル）

	TTS	TTM	TTB
預入時	129.00円	128.50円	128.00円
満期時	131.00円	130.50円	130.00円

(1) 1,326,000円

(2) 1,331,100円

(3) 1,336,200円

問3 Mさんは、Aさんに対して、《設例》の米ドル建定期預金に係る課税関係について説明した。Mさんが説明した以下の文章の空欄①～③に入る語句の組合せとして、次のうち最も適切なものはどれか。

i）「AさんがX銀行の米ドル建定期預金に預け入れをした場合、当該預金の利子に係る利子所得は、所得税および復興特別所得税と住民税を合わせて20.315％の税率による（　①　）の対象となります」

ii）「外貨預金による運用では、外国為替相場の変動により、為替差損益が生じることがあります。為替差益は（　②　）として、所得税および復興特別所得税と住民税の課税対象となります。なお、為替差損による損失の金額は、外貨預金の利子に係る利子所得の金額と損益通算することが（　③　）」

(1) ①源泉分離課税　　②雑所得　　　③できません

(2) ①源泉分離課税　　②一時所得　　③できます

(3) ①申告分離課税　　②雑所得　　　③できます

問1 答 (2)

(1)…外貨預金において、預入時に比べて満期時の為替レートが円高となった場合(たとえば、預入時の為替レートが1米ドル100円で、満期時の為替レートが1米ドル90円となった場合)、為替差損が生じるため、1年あたりの収益が少なくなります。そのため、円換算の運用利回りは**低下**します。

(2)…外貨預金は、預金保険制度の保護の対象となりません。

(3)…預入期間が6カ月なので、満期時に受け取る利息は6カ月分です。利率4.0%は年利率なので、利率4.0%で計算したあと、月割りで6カ月分を計算します。

$$満期時に受け取る利息額：10,000米ドル×4.0\%×\frac{6カ月}{12カ月}＝200米ドル$$

問2 答 (1)

外貨預金の満期時は、金融機関から見ると、顧客から米ドルを買っている(Buy)ことになります。したがって、満期時には元本と利息をTTB(130.00円)で換算します。

満期時に受け取る利息額：10,000米ドル×4.0%×0.5年＝200米ドル
満期時に受け取る元利合計：(10,000米ドル＋200米ドル)×130.00円
　　　　　　　　　　　　　＝1,326,000円

問3 答 (1)

①…外貨預金の利子は、**利子**所得として20.315%(所得税15%、復興特別所得税0.315%、住民税5%)の**源泉分離課税**の対象となります。

②…外貨預金で生じた為替差益は、**雑**所得として総合課税の対象となります。

③…外貨預金で生じた為替差損は他の所得と損益通算すること(他の所得の黒字と相殺すること)はできません。

資産1 下記は、経済用語についてまとめた表である。下表の(ア)〜(ウ)に入る用語として、最も不適切なものはどれか。

経済用語	主な内容
（ ア ）	生産、雇用などの経済活動状況を表すさまざまな指標の動きを統合して、景気の現状把握や将来の動向を予測するために内閣府が公表している指標である。
（ イ ）	消費者が購入するモノやサービスなどの物価の動きを把握するための統計指標で、総務省から毎月公表されている。
（ ウ ）	企業間で取引される商品の価格変動に焦点を当てた指標であり、日本銀行が公表している。国際商品市況や外国為替相場の影響を受けやすい傾向がある。

(1) 空欄（ア）：「景気動向指数」
(2) 空欄（イ）：「消費者態度指数」
(3) 空欄（ウ）：「企業物価指数」

[2019年5月試験　第2問　問3]

資産1 解答解説

答 (2)

(ア)…「**景気動向指数**」の説明です。景気動向指数は、景気の状況を総合的に見るために、さまざまな指標の動きを統合した指標で、**内閣府** が **毎月** 発表しています。

(イ)…「**消費者物価指数**」の説明です。消費者物価指数は、全国の一般消費者が購入する商品やサービスの価格変動を表す指数で、**総務省** が **毎月** 発表しています。

(ウ)…「**企業物価指数**」の説明です。企業物価指数は、企業間で取引される商品の価格変動を表す指数で、**日本銀行** が **毎月** 発表しています。

資産2 目黒さんは、預金保険制度の対象となるHA銀行の国内支店に下記〈資料〉の預金を預け入れている。仮に、HA銀行が破たんした場合、預金保険制度によって保護される金額に関する次の記述のうち、最も不適切なものはどれか。

〈資料〉

決済用預金	1,500万円
円定期預金	800万円
円普通預金	300万円
外貨預金	200万円

※目黒さんはHA銀行からの借入れはない。

※預金の利息については考慮しないこととする。

※円普通預金は決済用預金ではない。

(1) 決済用預金1,500万円は全額保護される。

(2) 円定期預金および円普通預金は、合算して1,000万円が保護される。

(3) 外貨預金200万円は全額保護される。

[2022年5月試験　第2問　問5]

資産2 解答解説

答 (3)

　　預金保険制度によって、決済用預金以外の預金等については、1金融機関ごとに預金者1人あたり元本**1,000**万円までとその利息が保護されます。なお、**外貨預金**や株式投資信託などは、預金保険制度の保護の対象とはなりません。

(1)…決済用預金(1,500万円)は全額が保護されます。

(2)…円定期預金と円普通預金は、合算して1,000万円が保護されます。

(3)…外貨預金は預金保険制度の保護の対象となりません。

資産3 下記は、個人向け国債についてまとめた表である。下表の(ア) ～ (ウ)に入る語句として、正しいものはどれか。

償還期限	10年	5年	3年
金利	変動金利	固定金利	固定金利
発行月（発行頻度）	毎月（年12回）		
購入単位	（　ア　）単位		
利払い	（　イ　）ごと		
金利設定方法	基準金利×0.66	基準金利－0.05%	基準金利－0.03%
金利の下限	0.05%		
中途換金	原則として、発行から（　ウ　）経過しなければ換金できない。		

(1) 空欄（ア）:「1万円」

(2) 空欄（イ）:「1年」

(3) 空欄（ウ）:「2年」

[2019年5月試験　第2問　問4]

資産3 解答解説

答 (1)

㋐…個人向け国債の購入単位は**1万円**以上、**1万円**単位です。

㋑…個人向け国債の利払いは**半年**ごとです。

㋒…個人向け国債は、原則として**1年**経過しなければ換金できません。なお、換金時には直前2回分の利息相当額(税引後)が換金代金から差し引かれます。

なお、上記以外に金利の下限が**0.05**％であることもおさえておきましょう。

資産4 東京証券取引所に上場されている国内株式の買い付け等に関する次の記述のうち、最も適切なものはどれか。なお、解答に当たっては、下記のカレンダーを使用すること。

X3年　9月／10月						
日	月	火	水	木	金	土
9／24	25	26	27	28	29	30
10／1	2	3	4	5	6	7

※網掛け部分は、市場休業日である。

(1) 9月29日に国内上場株式を買い付けた場合、受渡日は10月3日である。
(2) 配当金の権利確定日が9月29日である国内上場株式を9月28日に買い付けた場合、配当金を受け取ることができる。
(3) 権利確定日が9月29日である国内上場株式の権利落ち日は、10月2日である。

[2023年9月試験　第2問　問4 ㊹]

資産4 解答解説

答 (1)

(1)…上場株式を売買したときの受渡しは、約定日を含めて**3**営業日目に行われるため、9月29日(金)に買い付けた場合、受渡日は10月3日(火)となります。
　　　9月29日(金) … 1営業日目(約定日)
　　　　　30日(土) … 休業日
　　10月　1日(日) … 休業日
　　　　　　2日(月) … 2営業日目
　　　　　　3日(火) … 3営業日目(受渡し)
(2)…権利確定日が9月29日(金)である場合、9月27日(水)までに買い付けていないと配当金を受け取ることができません。
　　　9月27日(水) … 1営業日目(約定日)
　　　　　28日(木) … 2営業日目
　　　　　29日(金) … 3営業日目(受渡し)
(3)…権利落ち日とは、株主がその株式を保有することで、株主配当金や株主優待などを受けることができる最終売買日(権利付最終日)の翌営業日をいいます。本問の権利付最終日は9月27日(水)なので、9月28日(木)が権利落ち日となります。

資産5 下記〈資料〉に基づくTX株式会社の投資指標に関する次の記述のうち、最も適切なものはどれか。なお、購入時の手数料および税金は考慮しないこととする。

〈資料〉

```
［株式市場に関するデータ］
◇投資指標（PERと配当利回りの太字は予想、カッコ内は
　　　　　　前期基準、PBRは四半期末基準、連結ベース）
```

	PER (倍)	PBR (倍)	配当利回り（%）単純平均	加重平均
日経平均採用銘柄	12.85 (13.12)	1.16	2.44 (2.45)	
ＪＰＸ日経400採用銘柄	13.82 (14.20)	1.32	2.14 (2.18)	2.43 (2.39)
東証プライム全銘柄	13.61 (13.99)	1.16	2.35 (2.34)	2.51 (2.45)
東証スタンダード全銘柄	15.43 (16.30)	0.89	2.15 (2.35)	1.93 (2.62)
東証グロース全銘柄	110.77 (306.62)	3.46	0.33 (0.29)	0.21 (0.19)

```
株式益回り（東証プライム全銘柄）　　　　　　　予想　　7.34%
　　　　　　　　　　　　　　　　　　　　　　　前期基準　7.14%
```

（出所：日本経済新聞　2022年5月21日朝刊　18面）

［TX株式会社に関するデータ］

株価	1,900円
1株当たり純利益（今期予想）	137円
1株当たり純資産	1,070円
1株当たり年間配当金（今期予想）	65円

(1) 株価収益率(PER)で比較した場合、TX株式会社の株価は日経平均採用銘柄の平均（予想ベース）より割安である。

(2) 株価純資産倍率(PBR)で比較した場合、TX株式会社の株価は東証プライム全銘柄の平均より割安である。

(3) 配当利回り（単純平均）で比較した場合、TX株式会社の配当利回りは東証グロース全銘柄の平均（予想ベース）より高い。

[2023年1月試験　第2問　問5]

答 (3)

(1)…PER： $\dfrac{1,900円（株価）}{137円（1株あたり純利益）} ≒ 13.87倍$

→日経平均採用銘柄の平均（予想：12.85倍）より**割高**

(2)…PBR： $\dfrac{1,900円（株価）}{1,070円（1株あたり純資産）} ≒ 1.78倍$

→東証プライム全銘柄の平均（1.16倍）より**割高**

(3)…配当利回り： $\dfrac{65円（1株あたり年間配当金）}{1,900円（株価）} × 100 ≒ 3.42\%$

→東証グロース全銘柄の平均（単純平均・予想：0.33%）より**高い**

資産⑥ 下記〈資料〉に基づくRV株式会社の投資指標に関する次の記述のうち、最も適切なものはどれか。なお、購入時の手数料および税金は考慮しないこととし、計算結果については表示単位の小数点以下第3位を四捨五入すること。

〈資料：RV株式会社に関するデータ〉

株価	2,000円
1株当たり純利益（今期予想）	300円
1株当たり純資産	2,200円
1株当たり年間配当金（今期予想）	30円

(1) 株価純資産倍率（PBR）は、1.1倍である。

(2) 配当利回りは、1.36％である。

(3) 配当性向は、10％である。

[2021年9月試験　第2問　問3]

資産⑥ 解答解説

答 (3)

(1)…PBRは、株価が1株あたりの純資産の何倍になっているかを表します。

$$PBR : \frac{2,000円}{2,200円} ≒ 0.91倍$$

(2)…配当利回りは、株価に対する1株あたり配当金の割合です。

$$配当利回り : \frac{30円}{2,000円} × 100 = 1.5\%$$

(3)…配当性向は、純利益に対する配当金の割合です。

$$配当性向 : \frac{30円}{300円} × 100 = 10\%$$

資産 7 下記は、投資信託の費用についてまとめた表である。下表の空欄（ア）～（ウ）に入る語句として、最も不適切なものはどれか。

投資信託の費用	主な内容
購入時手数料	投資信託の購入時に支払う費用。購入時手数料が徴収されない（　ア　）と呼ばれる投資信託もある。
運用管理費用（信託報酬）	運用のための費用や情報開示のための資料作成・発送、資産の保管・管理などの費用として徴収される。信託財産の残高から、（　イ　）、差し引かれる。
（　ウ　）	投資家間の公平性を保つために、一般的に、解約の際に徴収される。投資信託によっては差し引かれないものもある。

(1) 空欄（ア）：ノーロード型

(2) 空欄（イ）：日々

(3) 空欄（ウ）：収益分配金

[2021年1月試験　第2問　問4]

資産 7 解答解説

答 (3)

(1)…購入時手数料が徴収されない投資信託を**ノーロード**といいます。

(2)…運用管理費用（信託報酬）は、信託財産の残高から**日々**差し引かれます。

(3)…投資家間の公平性を保つために、一般的に、解約のさいに徴収される費用は**信託財産留保額**です。投資信託によっては信託財産留保額が差し引かれないものもあります。

資産8 下記〈資料〉は、WX投資信託の交付目論見書に記載された表である。〈資料〉に関する次の記述のうち、最も適切なものはどれか。

〈資料〉

[商品分類および属性区分]
・商品分類

単位型・追加型	投資対象地域	投資対象資産 （収益の源泉）
追加型	内外	株式

・属性区分

投資対象資産	決算頻度	投資対象地域	為替ヘッジ
株式　一般	年2回	グローバル（日本を含む）	なし

(1) WX投資信託は、投資対象として株式を組み入れることができる。

(2) WX投資信託は、運用開始前の当初募集期間内のみ購入することができる。

(3) WX投資信託の基準価額は、為替変動の影響を受けない。

［2020年1月試験　第2問　問4］

資産8 解答解説

答 (1)

(1)…「投資対象資産」が「株式」なので、投資対象として株式を組み入れることができます。

(2)…「追加型」なので、いつでも購入・換金できます。

(3)…「投資対象地域」が「日本を含むグローバル」で、「為替ヘッジ」が「なし」なので、為替変動の影響を受けます。

資産 9 下記〈資料〉は、HXファンドの販売用資料（一部抜粋）である。この投資信託に関する次の記述のうち、最も適切なものはどれか。

〈資料〉

HXファンド
（毎月分配型）
追加型投信／内外／資産複合

販売用資料
20XX.04

複数の資産（債券、株式、REIT）に分散投資し、信託財産の成長と安定した収益の確保をめざして運用を行います。

（省略）

≪ファンドに係る費用・税金≫
　購入時手数料：2.20％（税抜2.00％）
　運用管理費用（信託報酬）：純資産総額に対し年率1.65％（税抜1.50％）

　信託財産留保額：ありません。

（省略）

---

(1) HXファンドは、国内および海外の資産を投資対象としている。

(2) HXファンドは、NISA（少額投資非課税制度）口座で購入することはできない。

(3) HXファンドを購入する際、投資家が支払う購入代金は「$\dfrac{\text{基準価額（1万口当たり）}}{\text{1万口}}$ ×購入口数＋購入時手数料（税込）＋運用管理費用（税込）」である。

［2021年5月試験　第2問　問4 改］

資産 9 解答解説

答 (1)

(1)…投資対象地域の分類には、「国内」「海外」「内外」があり、HXファンドは「内外」なので、国内および海外の資産を投資対象としています。

(2)…NISA口座では、上場株式、株式投資信託、ETF、J-REITなどを対象商品としています。公社債投資信託(株式を組み入れることができない投資信託)は対象外ですが、HXファンドは株式を組み入れることができるファンド(株式投資信託)なので、NISA口座で購入することができます。

(3)…運用管理費用は、日々、信託財産から差し引かれる費用なので購入時にはかかりません。

資産⑩ 下記〈資料〉の投資信託を50万口購入する場合の購入金額として、正しいものはどれか。なお、解答に当たっては、円未満を切り捨てること。

〈資料〉

約定日の基準価額（1万口当たり）	19,855円
購入時手数料（税込み）	2.20％
運用管理費用（信託報酬・税込み）	年0.66％

(1) 999,302円

(2) 1,014,590円

(3) 1,021,142円

[2023年1月試験 第2問 問3]

資産⑩ 解答解説

答 (2)

　　運用管理費用（信託報酬）は、日々、信託財産から差し引かれるものです。そのため、購入時には運用管理費用はかかりません。
　　　50万口の価額：19,855円×50＝992,750円
　　　購入時手数料：992,750円×2.20％＝21,840.5円➡21,840円
　　　50万口の購入金額：992,750円＋21,840円＝1,014,590円

資産11 下記〈資料〉の外貨定期預金について、満期時の外貨ベースの元利合計額を円転した金額として、正しいものはどれか。なお、計算結果(円転した金額)について円未満の端数が生じる場合は切り捨てること。また、税金については考慮しないこととする。

〈資料〉

- ・預入額：10,000 NZドル
- ・預入期間：12ヵ月
- ・預金金利：0.45%（年率）
- ・為替レート（1 NZドル）

	TTS	TTM（仲値）	TTB
満期時	77.90円	77.40円	76.90円

注：利息の計算に際しては、預入期間は日割りではなく月割りで計算すること。

(1) 782,505円

(2) 777,483円

(3) 772,460円

［2022年5月試験　第2問　問4］

資産11 解答解説

答 (3)

外貨預金の預入時(円→外貨)はTTS、満期時(外貨→円)はTTBで換算します。

利息(外貨)：$10{,}000\,\text{NZドル} \times 0.45\% \times \dfrac{12\text{カ月}}{12\text{カ月}} = 45\,\text{NZドル}$

満期時(元利合計)：$(10{,}000\,\text{NZドル} + 45\,\text{NZドル}) \times 76.90\text{円} ≒ 772{,}460\text{円}$

資産12 下記〈証券口座の概要〉に関する次の記述のうち、最も適切なものはどれか。なお、一般口座とは、課税口座のうち特定口座以外の口座をいうものとする。

〈証券口座の概要〉

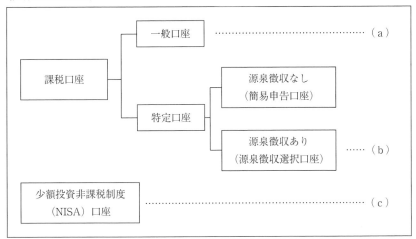

(1) （a）は、口座開設年の1月1日において成人でなければ開設できない。

(2) （b）で売却した上場株式の所得は、いかなる場合でも確定申告はできない。

(3) （c）で売却した上場株式の損失は、同年に（a）で売却した上場株式の所得と損益通算ができない。

[2022年9月試験 第2問 問3]

資産12 解答解説

答 (3)

(1)…一般口座や特定口座は未成年でも開設することができます。なお、NISA口座は成人（18歳以上）でなければ開設することはできません。

(2)…源泉徴収ありの特定口座では、売却益や配当金は源泉徴収された残高が入金されるので、確定申告は不要です。ただし、売却損失が生じて、その損失を翌年以降3年間繰り越す場合や、他の口座の譲渡損益と損益通算する場合には、確定申告が必要です。

(3)…NISA口座の損失はなかったものとされるので、他の口座の所得と損益通算することはできません。

資産13 金投資に関する次の記述の空欄（ア）～（ウ）にあてはまる語句の組み合わせとして、最も適切なものはどれか。なお、金の取引は継続的な売買でないものとする。

> ・金地金の売買において、海外の金価格（米ドル建て）が一定の場合、円高（米ドル／円相場）は国内金価格の（　ア　）要因となる。
> ・個人が金地金を売却した場合の所得については、保有期間が（　イ　）以内の場合、短期譲渡所得として課税される。
> ・純金積立てにより購入した場合、積み立てた金を現物で受け取ることが（　ウ　）。

(1)　（ア）上昇　　（イ）10年　　（ウ）できない
(2)　（ア）上昇　　（イ）5 年　　（ウ）できない
(3)　（ア）下落　　（イ）5 年　　（ウ）できる

［2023年9月試験　第2問　問5］

資産13 解答解説

答 (3)

㋐…金は、1トロイオンスあたりの米ドル価格で表示されます。そのため、円高（たとえば1ドル100円→1ドル90円）になると、円の換算額が減少するため、国内金価格が**下落**します。

㋑…個人が金地金を売却した場合の所得は、保有期間が**5年**以内の場合は短期譲渡所得、**5年**超の場合は長期譲渡所得として課税されます。

㋒…純金積立によって購入した場合、積み立てた金を現物で受け取ることが**できます**。

タックスプランニング

「教科書」CHAPTER04 タックスプランニングに対応する学科問題と実技問題のうち、よく出題される問題を確認しておきましょう。

学科 試験ではこの科目から〇×問題が5題、三択問題が5題出題されます。
本書の取扱いは次のとおりです。

○× … ○×問題です。
正しいものには○を、誤っているものには×をつけてください。
三択 … 三択問題です。
（　）内にあてはまる最も適切なものを選んでください。

実技 実技問題です。

> 特におさえて
> おきたい内容

学科

1 所得税の基本 「教科書」CH.04 SEC.01	■**税金の分類** ・国税と地方税　・直接税と間接税 ・申告納税方式と賦課課税方式 ■**所得税の基本** ・所得税が非課税となるもの
2 各所得の計算 「教科書」CH.04 SEC.02	■**利子所得** ■**配当所得**　　■**不動産所得**　　■**事業所得** ■**給与所得**　　■**退職所得** ■**譲渡所得**　　■**一時所得** ■**雑所得**
3 課税標準の計算 「教科書」CH.04 SEC.03	■**損益通算** ・損益通算できる損失とできない損失

実技

問題 **税金の分類**

1 税金には国税と地方税があるが、（　　）は地方税に該当する。**三択**

 (1)　相続税　 (2)　登録免許税　 (3)　固定資産税 [2021年1月試験]

---

2 税金を負担する者（担税者）と納税義務を有する者（納税義務者）が同一であることを想定している税を直接税といい、直接税の例として、（　　）が挙げられる。**三択**

 (1)　所得税　 (2)　印紙税　 (3)　地方消費税 [2012年1月試験 ㊝]

問題 **所得税の納税義務者と範囲**

3 所得税法における居住者（非永住者を除く）は、原則として、国内で生じた所得について所得税の納税義務は生じるが、国外で生じた所得について所得税の納税義務は生じない。**OX** [2019年5月試験]

問題 **所得税が非課税となるもの**

4 所得税において、医療保険の被保険者が病気で入院したことにより受け取った入院給付金は、非課税である。**OX** [2022年1月試験]

---

5 所得税において、自己の生活の用に供する家具や衣服（1個または1組価額が30万円を超える貴金属、美術工芸品等には該当しない）を譲渡したことによる所得は、非課税所得とされる。**OX** [2018年9月試験]

---

6 個人が法人からの贈与により取得した財産については、原則として贈与税の課税対象となり、所得税は課されない。**OX** [2020年9月試験]

解答解説

1 答 (3)　相続税と登録免許税は**国**税、固定資産税は**地方**税です。

2 答 (1)　所得税は**直接**税、印紙税と地方消費税は**間接**税です。

国税と地方税、直接税と間接税		
	直接税	間接税
国税	所得税、法人税、相続税、贈与税 　　　　　　　　　　　　　　など	消費税、印紙税、酒税、 登録免許税　など
地方税	住民税、事業税、固定資産税　など	地方消費税　など

解答解説

3 答 ✕　非永住者以外の居住者は、国内および国外で生じたすべての所得に対して所得税が課税されます。

解答解説

4 答 ○　入院給付金には所得税がかかりません。

5 答 ○　生活用動産(30万円超の貴金属等を除く)の譲渡による所得は所得税がかかりません。

6 答 ✕　個人が法人から贈与された財産は、所得税の課税対象となります。

所得税が非課税となるもの
❶社会保険の給付金（雇用保険、健康保険などの保険給付、障害年金、遺族年金など）
❷通勤手当（月**15**万円まで）
❸生活用動産（30万円超の貴金属等を除く）の譲渡による所得
❹損害または生命保険契約の保険金で身体の傷害に起因して支払われるもの
❺損害保険契約の保険金で資産の損害に起因して支払われるもの　など

問題 利子所得

1 所得税において、国債や地方債などの特定公社債の利子は、総合課税の対象となる。**OX** 　　　　　　　　　　　　　　　［2022年5月試験］

2 国内において支払を受ける預貯金の利子は、原則として、所得税および復興特別所得税と住民税の合計で（　①　）の税率による（　②　）分離課税の対象となる。**三択**

(1)　①10.21 %　　②申告
(2)　①20.315%　　②申告
(3)　①20.315%　　②源泉　　　　　　　　［2021年1月試験］

問題 配当所得

3 個人の株主（発行済株式総数の3%以上を有する大口株主を除く）が受ける上場株式等に係る配当等は、その金額の多寡にかかわらず、所得税の確定申告不要制度を選択することができる。**OX**　［2017年9月試験］

4 上場株式等の配当所得について申告分離課税を選択した場合、その税率は、所得税および復興特別所得税と住民税の合計で（　①　）であり、上場株式等の譲渡損失の金額と損益通算することができる。この場合、配当控除の適用を受けることが（　②　）。**三択**

(1)　①14.21 %　　②できる
(2)　①20.315%　　②できない
(3)　①20.42 %　　②できない　　　　　［2020年1月試験］

解答解説

1 答 ✕　　特定公社債等の利子は**申告分離**課税の対象となります。なお、源泉徴収の
みで完結し、申告不要とすることもできます。

2 答 (3)　　預貯金の利息は、**20.315**%（所得税15%、復興特別所得税0.315%、住民税5%）
の**源泉分離**課税の対象となります。

解答解説

3 答 ○　　上場株式等にかかる配当所得は、金額にかかわらず、申告不要とすること
ができます。

4 答 (2)　　上場株式等の配当等については、原則として配当等を受け取るときに
20.315%（所得税15%、復興特別所得税0.315%、住民税5%）が源泉徴収されま
す。配当所得は原則として総合課税ですが、上場株式等の配当所得について
は申告分離課税を選択したり、申告不要とすることもできます。上場株式等
の配当所得について申告分離課税を選択した場合、上場株式等の譲渡損失の
金額と損益通算することが**できます**が、配当控除の適用は受けることが**でき
ません**。

上場株式等の配当所得の課税方法

	上場株式等の譲渡 損失との損益通算	配当控除 の適用
確定申告＆総合課税	✕	○
確定申告＆申告分離課税	○	✕
申告不要	✕	✕

問題 **不動産所得**

5 不動産の賃貸に伴い受け取った敷金のうち、不動産の貸付期間が終了した際に賃借人に返還を要するものは、受け取った年分の不動産所得の金額の計算上、総収入金額には算入しない。 **◯✕** [2019年5月試験]

6 所得税において、事業的規模で行われている賃貸マンションの貸付による所得は、（　　）となる。 **三択**

(1) 不動産所得　　(2) 事業所得　　(3) 雑所得　　　　[2023年1月試験]

問題 **事業所得**

7 所得税における事業所得の金額は、「（その年中の事業所得に係る総収入金額 − 必要経費）× 1/2」の算式により計算される。 **◯✕** [2018年5月試験]

8 物品販売業を営む個人事業主の事業所得の金額の計算において、商品の売上原価は、「年初(期首)棚卸高 ＋ 年間仕入高 − 年末(期末)棚卸高」の算式により求められる。 **◯✕** [2020年9月試験]

9 所得税において、2024年中に取得した建物(鉱業用減価償却資産等を除く)に係る減価償却の方法は、（　　）である。 **三択**

(1) 定額法　　(2) 定率法　　(3) 低価法　　　　[2023年5月試験 改]

10 所得税における事業所得の金額の計算上、使用可能期間が1年未満または取得価額が10万円未満の減価償却資産については、その取得価額に相当する金額を、業務の用に供した日の属する年分の必要経費に算入する。 **◯✕** [2017年9月試験]

解答解説

5 答 ○　敷金や保証金のうち、不動産の貸付期間が終了したときに賃借人に返還を要するものは、受け取った年分の総収入金額に算入しません。

6 答 (1)　賃貸マンションの貸付けによる所得は**不動産**所得に該当します。

> **不動産所得のポイント**
>
> ★不動産の貸付けによる所得は事業的規模かどうかにかかわらず **不動産**所得に該当する。
>
> ★敷金や保証金のうち、賃借人に返還を要する部分は総収入金額に算入しない

解答解説

7 答 ×　事業所得の金額は「**総収入金額－必要経費**」で計算します。なお、青色申告者の場合はこの金額から青色申告特別控除額を控除することができます。

8 答 ○　売上原価は「**年初(期首)棚卸高＋年間仕入高－年末(期末)棚卸高**」で計算します。

9 答 (1)　2024年中に取得した建物の減価償却方法は**定額法**です。

10 答 ○　使用可能期間が**1**年未満のものや、取得価額が**10**万円未満のものについては、減価償却を行わず、取得価額を全額、その年分の必要経費に算入することができます。

> **減価償却**
>
> ★建物、建物付属設備・構築物（鉱業用を除く）は **定額**法で減価償却を行う
>
> ★その他の減価償却資産については選定した方法（**定額**法または **定率**法）で減価償却を行う
>
> ★減価償却方法を選定しなかった場合には **定額**法で減価償却を行う

223

問題 **給与所得**

11 所得税において、その年中の給与等の収入金額が55万円以下である場合、給与所得の金額は0（ゼロ）となる。 **⭕❌**
[2017年5月試験 🅐]

12 電車・バス等の交通機関を利用して通勤している給与所得者が、勤務先から受ける通勤手当は、所得税法上、月額10万円を限度に非課税とされる。 **⭕❌**
[2023年9月試験]

問題 **退職所得**

13 確定拠出年金の個人型年金の老齢給付金を全額一時金で受け取った場合、当該老齢給付金は、一時所得として所得税の課税対象となる。 **⭕❌**
[2023年9月試験]

14 給与所得者が25年間勤務した会社を定年退職し、退職金2,000万円の支給を受けた場合、所得税における退職所得の金額の計算上、退職所得控除額は、（　　）となる。 **三択**

(1) ｛800万円 + 70万円 ×（25年 − 20年）｝× 1/2 = 575万円
(2) 800万円 + 40万円 ×（25年 − 20年）= 1,000万円
(3) 800万円 + 70万円 ×（25年 − 20年）= 1,150万円
[2021年5月試験]

15 退職手当等の支払を受ける個人がその支払を受ける時までに「退職所得の受給に関する申告書」を提出した場合、その支払われる退職手当等の金額に20.42%の税率を乗じた金額に相当する所得税および復興特別所得税が源泉徴収される。 **⭕❌**
[2023年5月試験]

解答解説

11 答 ○ 給与所得控除額は最低**55**万円なので、給与等の収入金額が**55**万円以下の場合、給与所得の金額は0円となります。

12 答 × 通勤手当は、月額**15**万円を限度に非課税とされます。

> **給与所得のポイント**
>
> ★月額**15**万円までの通勤手当、出張旅費などは非課税
>
> ★給与所得控除額は最低**55**万円

解答解説

13 答 × 確定拠出年金の個人型年金の老齢給付金を全額一時金で受け取った場合は、**退職所得**に該当します。なお、年金で受け取った場合は、**雑所得**に該当します。

14 答 ③ 勤続年数が20年超の退職所得控除額は「**800万円＋70万円×（勤続年数－20年）**」で計算します。なお、退職所得は「**（収入金額－退職所得控除額）×$\frac{1}{2}$**」で計算します。

退職所得控除額：800万円＋70万円×（25年－20年）＝1,150万円

退職所得控除額	
勤続年数	退職所得控除額
20年以下	**40**万円×勤続年数（最低80万円）
20年超	**800**万円＋**70**万円×（勤続年数－20年）

15 答 × 「退職所得の受給に関する申告書」を提出した場合、その支払いが行われるときに適正な税額が源泉徴収されます。なお、「退職所得の受給に関する申告書」を提出しなかった場合は、退職手当等の金額に20.42％の税率を乗じた金額が源泉徴収され、確定申告で適正な税額との差額を精算します。

16 所得税において、土地・建物の譲渡に係る譲渡所得の金額は、分離課税の対象となる。**⚪︎✕**

[2014年5月試験]

---

17 土地・建物の譲渡に係る所得については、（ ① ）における所有期間が（ ② ）を超えるものは長期譲渡所得に区分され、（ ② ）以下であるものは短期譲渡所得に区分される。**三択**

(1) ①譲渡した日の属する年の1月1日　　②3年
(2) ①譲渡した日の属する年の1月1日　　②5年
(3) ①譲渡契約の締結日　　②10年

[2018年5月試験]

---

18 個人が土地を譲渡したことによる譲渡所得の金額の計算において、譲渡した土地の取得費が不明である場合、当該収入金額の（　　）相当額を取得費とすることができる。**三択**

(1) 5%　　(2) 10%　　(3) 15%

[2022年1月試験]

解答解説

16 答 ○ 土地・建物の譲渡にかかる譲渡所得は**分離課税**の対象となります。

17 答 (2) 土地・建物の譲渡にかかる所得については、**譲渡した日の属する年の1月1日**における所有期間が**5年**を超えるものは長期譲渡所得に区分され、**5年**以下であるものは短期譲渡所得に区分されます。

譲渡所得の分類		
譲渡した資産	分　　類	
土地、建物、株式等以外の資産	所有期間が5年以内	総合課税 （短期譲渡所得）
	所有期間が5年超	総合課税 （長期譲渡所得）
土地、建物	譲渡した日の属する年の1月1日における所有期間が5年以内	分離課税 （短期譲渡所得）
	譲渡した日の属する年の1月1日における所有期間が5年超	分離課税 （長期譲渡所得）
株式等	分離課税（株式等にかかる譲渡所得）	

18 答 (1) 譲渡した資産の取得費が不明な場合、収入金額の**5**％相当額を取得費とすることができます（概算取得費）。

問題 一時所得

19 一時所得の金額は、その年中の一時所得に係る総収入金額からその収入を得るために直接支出した金額の合計額を控除し、その残額から特別控除額（最高50万円）を控除した金額であり、その金額が総所得金額に算入される。**○✕**　　　　　　　　　　　　　　　　　　　　　　　　［2018年9月試験］

---

20 所得税における一時所得に係る総収入金額が600万円で、その収入を得るために支出した金額が400万円である場合、総所得金額に算入される一時所得の金額は、（　　　）である。**三択**

(1) 75万円　　　(2) 100万円　　　(3) 150万円　　　　　　［2021年9月試験］

解答解説

19 答 ✕ 一時所得の金額は、総収入金額からその収入を得るために直接支出した金額を控除し、その残額から特別控除額（最高50万円）を控除した金額ですが、その**2分の1**を総所得金額に算入します。

20 答 ⑴ 一時所得：600万円－400万円－50万円＝150万円

総所得金額に算入される一時所得：150万円×$\frac{1}{2}$＝75万円

一時所得のポイント

一時所得＝総収入金額－支出金額－特別控除額
_{最高50万円}

★一時所得は、その **2分の1** を総所得金額に算入する

問題 雑所得

21 所得税において、老齢基礎年金や老齢厚生年金を受け取ったことによる所得は、（　　）となる。**三択**

(1) 雑所得　　(2) 一時所得　　(3) 非課税所得　　　　　[2022年5月試験]

----

22 公的年金等に係る雑所得の金額は、「（その年中の公的年金等の収入金額 − 公的年金等控除額）× 1/2」の算式により計算される。**○✕**

[2018年9月試験]

----

23 所得税において、為替予約を締結していない外貨定期預金の満期による為替差益は、（　　）として総合課税の対象となる。**三択**

(1) 利子所得　　(2) 一時所得　　(3) 雑所得　　　　　[2021年9月試験]

解答解説

21 答 (1)　老齢基礎年金や老齢厚生年金にかかる所得は、**雑所得**に該当します。

22 答 ✕　公的年金等にかかる雑所得は、「収入金額－公的年金等控除額」で計算します（2分の1を掛けません）。

23 答 (3)　為替予約を締結していない外貨定期預金の満期による為替差益は、**雑所得**として総合課税の対象となります。

雑所得の例	
公的年金等の 雑所得	★国民年金、厚生年金などの公的年金 ★国民年金基金、厚生年金基金、確定拠出年金などの年金
公的年金等 以外の雑所得	★生命保険などの個人年金保険（年金払いのもの） ★講演料や作家以外の原稿料 ★為替予約を付していない外貨預金の満期による為替差益　など

問題 損益通算

1 一時所得の金額の計算上生じた損失の金額は、他の各種所得の金額と損益通算することができない。**○✕** 　　　　　　　　　　　　　[2018年1月試験]

2 所得税において、不動産所得、（　　）、山林所得、譲渡所得の金額の計算上生じた損失の金額は、一定の場合を除き、他の所得の金額と損益通算することができる。**三択**

(1)　一時所得　　(2)　雑所得　　(3)　事業所得　　　　[2022年1月試験]

3 Aさんの2024年分の各種所得の金額が下記の〈資料〉のとおりであった場合、損益通算後の総所得金額は、（　　）となる。なお、各種所得の金額に付されている「▲」は、その所得に損失が生じていることを表すものとする。**三択**

〈資料〉Aさんの2024年分の各種所得の金額

不動産所得の金額	800万円
事業所得の金額（株式等に係るものを除く）	▲100万円
雑所得の金額	▲50万円

(1)　650万円　　(2)　700万円　　(3)　750万円　　[2021年5月試験 改]

4 ゴルフ会員権を譲渡したことによる譲渡損失の金額は、他の各種所得の金額と損益通算することができない。**○✕** 　　　　　　　　[2017年1月試験]

解答解説

1 答 ○　一時所得の損失は他の所得と損益通算することはできません。

2 答 (3)　**不動産**所得、**事業**所得、**山林**所得、**譲渡**所得から生じた損失は、他の所得の金額と損益通算することができます。

3 答 (2)　事業所得の損失は他の所得の金額と損益通算することができますが、雑所得から生じた損失は他の所得の金額と損益通算することはできません。

損益通算後の総所得金額：800万円－100万円＝700万円

損益通算できる損失とその例外	
損益通算できる損失	その例外
不動産 所得	★土地を取得するための **借入金の利子** は損益通算できない
事 業 所得	－
山 林 所得	－
譲 渡 所得	★生活に通常必要ではない資産の譲渡から生じた損失は損益通算できない ★株式等の譲渡損失は損益通算できない →ただし、上場株式等の譲渡損失は、**申告分離** 課税を選択した上場株式等の **配当** 所得と損益通算することができる

4 答 ○　損益通算できる所得でも、ゴルフ会員権や別荘など、生活に通常必要ではない資産の譲渡から生じた損失は他の所得と損益通算することはできません。

5 不動産所得の金額の計算上生じた損失の金額のうち、不動産所得を生ずべき土地等を取得するために要した負債の利子の額に相当する部分の金額は、損益通算の対象とならない。 **OX**
［2019年1月試験］

---

6 下記の〈資料〉において、所得税における不動産所得の金額の計算上生じた損失の金額のうち、他の所得の金額と損益通算が可能な金額は、（　　）である。 **三択**

〈資料〉不動産所得に関する資料

総収入金額	200万円
必要経費	400万円 （不動産所得を生ずべき土地等を取得するために要した負債の利子の額50万円を含む）

(1) 150万円　　(2) 200万円　　(3) 400万円
［2023年1月試験］

---

7 上場株式を譲渡したことによる譲渡所得の金額の計算上生じた損失の金額は、確定申告をすることにより、不動産所得や事業所得などの他の所得金額と損益通算することができる。 **OX**
［2022年9月試験］

解答解説

5 答 ◯　　不動産所得から生じた損失のうち、土地等を取得するために要した負債の
利子は損益通算の対象となりません。

6 答 (1)　　不動産所得から生じた損失のうち、土地等を取得するために要した負債の
利子は損益通算の対象となりません。
不動産所得：200万円－400万円＝▲200万円
不動産所得のうち、損益通算できる金額：
▲200万円＋50万円＝▲150万円

7 答 ✕　　上場株式の譲渡損失は、**申告分離**課税を選択した場合の上場株式等の**配当**
所得と損益通算することはできますが、不動産所得や事業所得などの他の所
得金額と損益通算することはできません。

問題 基礎控除

1 所得税における基礎控除の額は、納税者の合計所得金額の多寡にかかわらず、38万円である。**○×**

[2021年1月試験]

問題 配偶者控除

2 所得税において、生計を一にする配偶者の合計所得金額が48万円を超える場合、配偶者控除の適用を受けることはできない。**○×**

[2023年5月試験]

3 2024年分の所得税において、納税者の合計所得金額が（　　）を超える場合、当該納税者は配偶者控除の適用を受けることができない。**三択**

(1)　800万円　　(2)　900万円　　(3)　1,000万円

[2019年1月試験 改]

4 所得税において、合計所得金額が950万円である納税者が配偶者控除の適用を受ける場合、控除対象配偶者のその年12月31日現在の年齢が70歳未満であるときは、控除額は（　　）となる。**三択**

(1)　13万円　　(2)　26万円　　(3)　38万円

[2020年1月試験]

解答解説

1 答 ✕　所得税の基礎控除額は、納税者の合計所得金額によって異なります。

基礎控除額	
合計所得金額	控除額
2,400万円以下	**48**万円
2,400万円超　2,450万円以下	32万円
2,450万円超　2,500万円以下	16万円
2,500万円超	適用なし

解答解説

2 答 ◯　配偶者の合計所得金額が**48**万円を超える場合は、配偶者控除の適用を受けることができません。

控除対象配偶者の要件
❶民法に規定する配偶者であること
❷納税者本人と生計を一にしていること
❸配偶者の合計所得金額が**48**万円以下であること
❹青色事業専従者や白色事業専従者でないこと

3 答 (3)　納税者の合計所得金額が**1,000**万円を超える場合、配偶者控除の適用を受けることはできません。

4 答 (2)　納税者の合計所得金額が900万円超950万円以下の場合、配偶者控除額（70歳未満の控除対象配偶者の場合）は**26**万円です。

配偶者控除額		
納税者本人の合計所得金額	70歳未満の配偶者	70歳以上の配偶者
900万円以下	**38**万円	**48**万円
900万円超　950万円以下	**26**万円	32万円
950万円超 1,000万円以下	13万円	16万円

5 納税者の合計所得金額が1,000万円を超えている場合、配偶者の合計所得金額の多寡にかかわらず、所得税の配偶者特別控除の適用を受けることはできない。 ⭕❌

問題 **扶養控除**

6 所得税において、納税者の2024年分の合計所得金額が1,000万円を超えている場合、2024年末時点の年齢が16歳以上の扶養親族を有していても、扶養控除の適用を受けることはできない。 ⭕❌　　［2022年9月試験 ㊹］

---

7 所得税において、控除対象扶養親族のうち、その年の12月31日時点の年齢が（ ① ）以上（ ② ）未満である者は、特定扶養親族に該当する。 三択

(1) ①16歳　　②19歳

(2) ①18歳　　②22歳

(3) ①19歳　　②23歳　　　　　　　　　　　　　　　［2023年9月試験］

---

8 所得税において、控除対象扶養親族のうち、その年の12月31日時点の年齢が16歳以上19歳未満である扶養親族に係る扶養控除の額は、扶養親族1人につき（　　　）である。 三択

(1) 38万円　　(2) 48万円　　(3) 63万円　　　　　　［2023年5月試験］

---

9 所得税の控除対象扶養親族のうち、19歳以上23歳未満である特定扶養親族に係る扶養控除の額は、（　　　）である。 三択

(1) 38万円　　(2) 48万円　　(3) 63万円　　　　　　［2019年1月試験］

---

10 所得税法上、控除対象扶養親族のうち、その年の12月31日現在の年齢が70歳以上の者は、老人扶養親族に該当する。 ⭕❌　　［2021年9月試験］

解答解説

5 ▶ 答 ○　納税者の合計所得金額が **1,000** 万円を超える場合、配偶者特別控除の適用を受けることはできません。

解答解説

6 ▶ 答 ×　扶養控除は、扶養親族については合計所得金額が 48 万円以下でなければなりませんが、納税者本人の合計所得金額の要件はありません。したがって、納税者の合計所得金額が 1,000 万円を超えていても扶養親族が要件を満たしていれば、扶養控除の適用を受けることができます。

7 ▶ 答 (3)　特定扶養親族は、控除対象扶養親族のうち、**19** 歳以上 **23** 歳未満の人をいいます。

扶養控除額

年齢		扶養控除額
16歳未満		―
16歳以上	19歳未満	**38** 万円
19 歳以上　**23** 歳未満 （特定扶養親族）		**63** 万円
23歳以上	70歳未満	**38** 万円
70 歳以上 （老人扶養親族）		同居老親等：**58** 万円 同居以外：**48** 万円

8 ▶ 答 (1)　16歳以上19歳未満の扶養親族にかかる扶養控除額は **38** 万円です。

9 ▶ 答 (3)　特定扶養親族にかかる扶養控除額は **63** 万円です。

10 ▶ 答 ○　控除対象扶養親族のうち、**70** 歳以上の人は、老人扶養親族に該当します。

問題 ひとり親控除

11 所得税において、所定の要件を満たす子を有し、現に婚姻をしていない者がひとり親控除の適用を受けるためには、納税者本人の合計所得金額が（　　）以下でなければならない。**三択**

(1) 200万円　　(2) 350万円　　(3) 500万円　　［2023年9月試験］

問題 社会保険料控除

12 夫が生計を一にする妻の負担すべき国民年金の保険料を支払った場合、その支払った金額は、夫に係る所得税の社会保険料控除の対象となる。**○X**

［2023年1月試験］

13 所得税において、国民年金基金の掛金は、（　　）の対象となる。**三択**

(1) 生命保険料控除
(2) 社会保険料控除
(3) 小規模企業共済等掛金控除　　［2022年5月試験］

問題 生命保険料控除

14 2012年1月1日以後に締結した所定の生命保険契約等により、2024年中に一般生命保険料、個人年金保険料および介護医療保険料をそれぞれ10万円支払った場合、所得税における生命保険料控除の控除額は（　　）となる。**三択**

(1) 8万円　　(2) 10万円　　(3) 12万円　　［2019年9月試験 改］

問題 地震保険料控除

15 2024年中に自己の所有する居住用家屋を対象とする地震保険契約の保険料として6万円を支払った場合、所得税の地震保険料控除の控除額は（　　）である。**三択**

(1) 4万円　　(2) 5万円　　(3) 6万円　　［2017年5月試験 改］

解答解説

11 答 **(3)**　ひとり親控除の適用を受けるためには、納税者本人の合計所得金額が**500**万円以下でなければなりません。

解答解説

12 答 **○**　社会保険料控除は、納税者本人または生計を一にする配偶者、その他の親族にかかる社会保険料（国民健康保険、健康保険、国民年金、厚生年金保険、介護保険などの保険料や国民年金基金、厚生年金基金の掛金など）を支払った場合に適用することができます。

- -

13 答 **(2)**　国民年金基金の掛金は、その**全額**が**社会保険料**控除の対象となります。

解答解説

14 答 **(3)**　2012年1月1日以降の契約にかかる生命保険料控除額の上限は、一般の生命保険料控除、個人年金保険料控除、介護医療保険料控除でそれぞれ**4**万円、合計で**12**万円となっています。

解答解説

15 答 **(2)**　地震保険料を支払った場合、**5**万円を上限として支払った地震保険料の**全額**を控除することができます。

16 所得税において、確定拠出年金の個人型年金の掛金で、加入者本人が支払ったものは、（　　　）の対象となる。**三択**

(1) 生命保険料控除
(2) 社会保険料控除
(3) 小規模企業共済等掛金控除　　　　　　　　　　　　　［2023年1月試験］

- -

17 夫が生計を一にする妻に係る確定拠出年金の個人型年金の掛金を負担した場合、その負担した掛金は、夫に係る所得税の小規模企業共済等掛金控除の対象となる。**○✕**　　　　　　　　　　　　　　　　［2022年1月試験］

18 夫が生計を一にする妻に係る医療費を支払った場合、妻の合計所得金額が48万円を超えるときは、その支払った医療費は夫に係る所得税の医療費控除の対象とならない。**○✕**　　　　　　　　　　　　　［2021年9月試験］

- -

19 所得税において、医療費控除（特定一般用医薬品等購入費を支払った場合の医療費控除の特例を除く）の控除額は、その年中に支払った医療費の金額（保険金等により補填される部分の金額を除く）の合計額から、その年分の総所得金額等の合計額の（　①　）相当額または（　②　）のいずれか低いほうの金額を控除して算出される。**三択**

(1) ①5％　　②88,000円
(2) ①5％　　②100,000円
(3) ①10％　②100,000円　　　　　　　　　　　　　　［2021年5月試験］

解答解説

16 答 (3)　確定拠出年金の個人型年金の掛金を支払った場合、その支払った金額は**全額**が**小規模企業共済等掛金**控除の対象となります。

17 答 ✕　生計を一にする配偶者や親族の国民年金保険料を納税者本人が支払った場合には、納税者本人の社会保険料控除の対象となりますが、確定拠出年金の個人型の掛金の場合には、生計を一にする配偶者の掛金を納税者本人が負担しても、納税者本人の小規模企業共済等掛金控除の対象となりません。

解答解説

18 答 ✕　納税者が、納税者本人または生計を一にする配偶者その他の親族の医療費を支払った場合、合計所得金額にかかわらず医療費控除の対象となります。

19 答 (2)　医療費控除額は、その年中に支払った医療費の金額（保険金等により補てんされる部分の金額を除く）の合計額から、その年分の総所得金額等の合計額の**5**％相当額または**10万円**のいずれか**低い**ほうの金額を控除して算出されます。

> **医療費控除額**[※1]＝支出した金額－保険金等の額－**10万円**[※2]
>
> ※1　200万円が限度
> ※2　総所得金額等が200万円未満の場合は「総所得金額等×5％」

20 所得税において、人間ドックの受診費用は、その人間ドックによって特に異常が発見されなかった場合であっても、医療費控除の対象となる。 **OX**

［2019年9月試験］

21 助産師による分べんの介助を受けるために直接必要な費用は、所得税における医療費控除の対象とならない。 **OX** ［2017年5月試験］

22 所得税において、（　　　）は、医療費控除の対象とならない。 **三択**

(1) 医師の診療を受けるためのバス代等の通院費用
(2) 入院の際の洗面具等の身の回り品の購入費用
(3) 風邪の治療に必要な風邪薬の購入費用 　　　　　　　［2014年5月試験］

23 セルフメディケーション税制（特定一般用医薬品等購入費を支払った場合の医療費控除の特例）の対象となるスイッチOTC医薬品等の購入費を支払った場合、その購入費用の全額を所得税の医療費控除として総所得金額等から控除することができる。 **OX** 　　　［2023年9月試験］

24 「ふるさと納税ワンストップ特例制度」の適用を受けるためには、同一年中の寄附金の額の合計額が5万円以下でなければならない。 **OX**

［2021年9月試験］

解答解説

20 答 ✕　人間ドックによって重大な異常が発見され、治療を行った場合には、人間ドックの受診費用は医療費控除の対象となりますが、異常が発見されなかった場合には、人間ドックの受診費用は医療費控除の対象となりません。

21 答 ✕　助産師による分べんの介助を受けるために直接必要な費用は、医療費控除の対象となります。

22 答 ② 　入院のさいの洗面具等の身の回り品の購入費用は、医療費控除の対象となりません。

医療費控除の対象となるものとならないもの（例）	
対象となるもの	**対象とならないもの**
◎医師または歯科医師による診療費、治療費	✕入院にさいしての洗面具等の身の回り品の購入費用 ✕自己都合の差額ベッド代
◎治療または療養に必要な薬代 　（市販の風邪薬等も○）	✕美容のための医薬品代や健康食品代
◎通院や入院のための交通費	✕電車やバスで通院できるにもかかわらず、タクシーで通院した場合のタクシー代 ✕通院のための自家用車のガソリン代
◎人間ドックや健康診断によって重大な疾病が発見され、治療を行った場合の人間ドックや健康診断の費用	✕左記以外の人間ドックや健康診断の費用

23 答 ✕　納税者がスイッチOTC医薬品を購入した場合、所定の要件を満たせば、88,000円を限度として、その購入費用のうち12,000円を控除した金額を医療費控除として総所得金額から控除することができます（全額ではありません）。

解答解説

24 答 ✕　「ふるさと納税ワンストップ特例制度」の適用を受けるためには、同一年中の「寄附金の額」ではなく、「寄附先の数」が5自治体まででなければなりません。

問題 税額の計算

1 所得税においては、原則として、超過累進税率が採用されており、課税所得金額が多くなるに従って税率が高くなる。 **○✕**　　　[2020年1月試験]

---

2 課税総所得金額250万円に対する所得税額（復興特別所得税額を含まない）は、下記の〈資料〉を使用して算出すると、（　　）である。**三択**

〈資料〉所得税の速算表（一部抜粋）

課税総所得金額	税率	控除額
195万円以下	5％	0円
195万円超330万円以下	10％	97,500円

(1)　97,500円　　(2)　152,500円　　(3)　250,000円　　　[2020年9月試験]

---

3 復興特別所得税額は、基準所得税額に（　　）の税率を乗じて計算される。**三択**

(1)　2.1％　　(2)　7.147％　　(3)　15.315％　　　[2017年1月試験]

問題 住宅借入金等特別控除

4 所得税において、住宅借入金等特別控除の対象となる新築住宅は、床面積が100㎡以上で、かつ、その2分の1以上に相当する部分がもっぱら自己の居住の用に供されるものとされている。 **○✕**　　　[2019年9月試験]

---

5 給与所得者が所得税の住宅借入金等特別控除の適用を受ける場合、その適用を受ける最初の年分については、年末調整の対象者であっても、確定申告をしなければならない。 **○✕**　　　[2022年9月試験]

解答解説

1 　答 ◯　　所得税では、超過累進税率が採用されており、課税所得金額が多くなるほど高い税率が適用されます。

2 　答 (2)　　所得税：2,500,000円×10%−97,500円＝152,500円

3 　答 (1)　　復興特別所得税額は、基準所得税額に**2.1**%の税率を乗じて計算されます。

解答解説

4 　答 ✕　　住宅借入金等特別控除の対象となる新築住宅は、床面積が**50**㎡以上(一定の場合は**40**㎡以上)で、かつ、その**2**分の１以上がもっぱら自己の居住の用に供されるものとされています。

5 　答 ◯　　給与所得者が住宅借入金等特別控除の適用を受ける場合、最初の年分は確定申告をする必要があります。なお、２年目からは年末調整によって適用を受けることができます。

6 住宅ローンを利用して住宅を新築した個人が、所得税の住宅借入金等特別控除の適用を受けるためには、当該住宅を新築した日から1カ月以内に自己の居住の用に供さなければならない。◯✕ 　　　　［2023年1月試験］

7 住宅ローンを利用してマンションを取得し、所得税における住宅借入金等特別控除の適用を受ける場合、借入金の償還期間は、最低（　　）以上なければならない。三択

(1) 10年　　(2) 20年　　(3) 25年　　　　　　　　［2021年1月試験］

8 所得税における住宅借入金等特別控除は、適用を受けようとする者の合計所得金額が（　　）を超える年分は、適用を受けることができない。ただし、住宅の床面積は50㎡以上のものであるとする。三択

(1) 1,500万円　　(2) 2,000万円　　(3) 3,000万円　　［2019年1月試験 改］

9 上場不動産投資信託（J-REIT）の分配金は、確定申告をすることにより所得税の配当控除の適用を受けることができる。◯✕ 　　　［2023年9月試験］

10 所得税において、上場株式の配当について配当控除の適用を受けるためには、その配当所得について（　　）を選択する必要がある。三択

(1) 総合課税　　(2) 申告分離課税　　(3) 確定申告不要制度

［2023年1月試験］

解答解説

6 答 ✕ 　住宅借入金等特別控除の適用を受けるためには、住宅を新築した日から「1カ月以内」ではなく、「**6カ月以内**」に居住を開始しなければなりません。

7 答 (1)　住宅借入金等特別控除の対象となる借入金は償還期間（返済期間）が**10年**以上のものでなければなりません。

8 答 (2)　床面積が50㎡以上の住宅の場合、住宅借入金等特別控除の適用を受けようとする人の合計所得金額は**2,000万円**以下でなければなりません。

住宅借入金等特別控除のポイント（新築住宅の場合）	
控除率、控除期間	控除率：**0.7**%　控除期間：**13**年
適用対象者	★住宅を取得した日から**6**カ月以内に居住を開始し、適用を受ける各年の年末まで引き続き居住していること ★控除を受ける年の合計所得金額が**2,000**万円以下であること。ただし、床面積が40㎡以上50㎡未満の場合は**1,000**万円以下の者に限る
住　宅	★床面積が**50**㎡以上（一定の場合は40㎡以上）であること ★床面積の**2**分の**1**以上が居住の用に供されていること
借　入　金	★返済期間が**10**年以上の住宅ローンであること

解答解説

9 答 ✕ 　上場不動産投資信託(J-REIT)の分配金にかかる配当所得は、配当控除の適用を受けることはできません。

10 答 (1)　上場株式の配当について配当控除の適用を受けるためには、配当所得について総合課税を選択する必要があります。申告分離課税や申告不要制度を選択した場合には配当控除の適用を受けることはできません。

問題 確定申告

1 所得税の確定申告をしなければならない者は、原則として、所得が生じた年の翌年の（ ① ）から（ ② ）までの間に、納税地の所轄税務署長に対して確定申告書を提出しなければならない。**三択**

(1) ①2月1日　②3月15日
(2) ①2月16日　②3月15日
(3) ①2月16日　②3月31日　　　　　　　　　　　　［2023年5月試験］

2 給与所得者のうち、その年中に支払を受けるべき給与の収入金額が1,000万円を超える者は、所得税の確定申告をしなければならない。**○×**

［2023年9月試験］

3 給与所得者のうち、（　　）は、所得税の確定申告をする必要がある。**三択**

(1) 給与の年間収入金額が1,000万円を超える者
(2) 給与所得以外の所得の金額の合計額が10万円を超える者
(3) 医療費控除の適用を受けようとする者　　　　　　［2021年1月試験］

4 給与所得者は、年末調整により、所得税の（　　）の適用を受けることができる。**三択**

(1) 雑損控除　　(2) 寄附金控除　　(3) 地震保険料控除

［2022年5月試験］

5 小売業を営む事業所得者で、その年分の所得金額が2,000万円以下である者は、所得税の確定申告が不要である。**○×**　　　　　［2014年9月試験］

解答解説

1 答 (2)　確定申告期間は、原則として、所得が生じた年の翌年の**2月16日**から**3月15日**までの間です。

2 答 ✕　給与所得者のうち、その年中の給与の収入金額が「1,000万円」ではなく、「**2,000万円**」を超える人は所得税の確定申告が必要です。

3 答 (3)　給与所得者で下記に該当する人は確定申告をする必要があります。

給与所得者で確定申告が必要な人
★その年の給与等の金額が **2,000** 万円を超える場合
★給与所得、退職所得以外の所得金額が **20** 万円を超える場合
★2カ所以上から給与を受け取っている場合
★住宅借入金等特別控除（住宅ローン控除）の適用を受ける場合 → **初年度** のみ確定申告が必要
★**雑損** 控除、**医療費** 控除、寄附金控除（ふるさと納税でワンストップ特例制度を適用する場合を除く）の適用を受ける場合
★配当控除の適用を受ける場合

4 答 (3)　雑損控除、寄附金控除の適用を受けるには確定申告をする必要がありますが、地震保険料控除は年末調整で適用を受けることができます。

5 答 ✕　年末調整の対象となる給与所得者の場合は、年間の給与等の金額が2,000万円以下であるときは確定申告は不要ですが、事業所得者の場合にはそのような規定はなく、原則として確定申告が必要です（課税所得金額が0円となる場合を除きます）。

6 確定申告を要する納税者Aさんが20X2年8月20日に死亡した。Aさんの相続人は、同日にAさんの相続の開始があったことを知ったため、20X2年分のAさんの所得について（　　　）までにAさんの死亡当時の納税地の所轄税務署長に対して所得税の準確定申告書を提出しなければならない。 三択

(1) 20X2年11月20日
(2) 20X2年12月20日
(3) 20X3年 1月20日

[2019年9月試験 改]

問題 青色申告

7 所得税において、不動産所得、事業所得または山林所得を生ずべき業務を行う者は、納税地の所轄税務署長の承認を受けることにより青色申告書を提出することができる。 ○✕

[2023年1月試験]

8 その年の1月16日以後に新たに事業所得を生ずべき業務を開始した納税者が、その年分から所得税の青色申告の承認を受けようとする場合、原則として、その業務を開始した日から（　　　）以内に、青色申告承認申請書を納税地の所轄税務署長に提出しなければならない。 三択

(1) 2カ月　　(2) 3カ月　　(3) 6カ月

[2022年5月試験]

解答解説

6 答 (2)　納税者が死亡した場合には、死亡した人の遺族(相続人)が、相続の開始が
あったことを知った日の翌日から**4**カ月以内に、死亡した人の所得について
確定申告を行います(準確定申告)。したがって、本問の場合は、20X2年12
月20日が準確定申告書の提出期限となります。

解答解説

7 答 ○　青色申告ができる所得は、**不動産**所得、**事業**所得、**山林**所得の3つです。

8 答 (1)　青色申告をしようとする場合、青色申告をしようとする年の**3**月**15**日ま
でに「青色申告承認申請書」を納税地の所轄税務署長に提出しなければなり
ません。その年の1月16日以後に開業する場合は、開業した日(業務を開始し
た日)から**2**カ月以内に「青色申告承認申請書」を提出しなければなりません。

青色申告の要件
★ **不動産** 所得、**事業** 所得、**山林** 所得がある人
★「青色申告承認申請書」を税務署に提出していること
★一定の帳簿書類を備えて、取引を適正に記録し、保存(保存期間は **7**年間)していること

9 事業所得または（　①　）を生ずべき事業を営む青色申告者が、正規の簿記の原則に従い取引を記録した帳簿を備え、貸借対照表、損益計算書を添付した確定申告書をその提出期限までに提出することに加えて、電子申告または電子帳簿保存を行った場合、最高（　②　）の青色申告特別控除の適用を受けることができる。 三択

- (1)　①譲渡所得　　　②10万円
- (2)　①山林所得　　　②65万円
- (3)　①不動産所得　　②65万円

[2017年5月試験 改]

---

10 不動産所得のみを有する青色申告者は、その事業の規模にかかわらず、最高65万円の青色申告特別控除の適用を受けることができる。 OX

[2021年1月試験]

---

11 所得税において、青色申告者に損益通算してもなお控除しきれない損失の金額（純損失の金額）が生じた場合、その損失の金額を翌年以後最長で（　　　）繰り越して、翌年以後の所得金額から控除することができる。 三択

- (1)　3年間　　(2)　5年間　　(3)　7年間

[2023年5月試験]

解答解説

9 **答** (3)　　**事業**所得または事業的規模の**不動産**所得のある人が、正規の簿記の原則に もとづいて作成された貸借対照表と損益計算書を添付した確定申告書を提出 期限までに提出し、さらに電子申告または電子帳簿保存を行った場合、最高 **65**万円の青色申告特別控除の適用を受けることができます。

10 **答** ✕　　事業的規模の不動産所得のある人が、一定の要件を満たした場合には最高 **65**万円の青色申告特別控除の適用を受けることができますが、事業的規模 ではない不動産所得の場合には最高**10**万円の控除となります。

11 **答** (1)　　青色申告者に損益通算してもなお控除しきれない損失の金額(純損失の金額) が生じた場合、その損失の金額を翌年以後最長で**3**年間繰り越して、翌年以 後の所得金額から控除することができます。

青色申告の主な特典	
青色申告特別控除	青色申告によって、所得金額から**55**万円（電子申告等要件を満たした場合は**65**万円）または**10**万円を控除することができる ★事業的規模ではない不動産所得、期限後申告の場合などは**10**万円の控除となる
青色事業専従者給与の必要経費の算入	青色事業専従者に支払った給与のうち適正な金額は、必要経費に算入できる
純損失の繰越控除、繰戻還付	★純損失が生じた場合、その純損失を翌年以降**3**年間にわたって各年の所得から控除することができる ★損失額を前年の所得から控除して前年分の所得税の還付を受けることができる

個人1 次の設例に基づいて、下記の各問に答えなさい。　[2023年9月試験　第3問 改]

《設 例》

　小売店を営む個人事業主であるAさんは、開業後直ちに青色申告承認申請書と青色事業専従者給与に関する届出書を所轄税務署長に対して提出している青色申告者である。

〈Aさんとその家族に関する資料〉

Aさん　　　（45歳）：個人事業主（青色申告者）

妻Bさん　　（40歳）：Aさんが営む事業に専ら従事している。2024年中に、青色事業専従者として、給与収入90万円を得ている。

長男Cさん（15歳）：中学生。2024年中の収入はない。

母Dさん　（73歳）：2024年中の収入は、公的年金の老齢給付のみであり、その収入金額は120万円である。

〈Aさんの2024年分の収入等に関する資料〉

(1) 事業所得の金額　　　　　　　　　　：580万円（青色申告特別控除後）

(2) 一時払変額個人年金保険（10年確定年金）の解約返戻金

　　契約年月　　　　　　　　　　　　　：2016年10月

　　契約者（＝保険料負担者）・被保険者：Aさん

　　死亡保険金受取人　　　　　　　　　：妻Bさん

　　解約返戻金額　　　　　　　　　　　：480万円

　　正味払込保険料　　　　　　　　　　：400万円

※妻Bさん、長男Cさんおよび母Dさんは、Aさんと同居し、生計を一にしている。

※Aさんとその家族は、いずれも障害者および特別障害者には該当しない。

※Aさんとその家族の年齢は、いずれも2024年12月31日現在のものである。

※上記以外の条件は考慮せず、各問に従うこと。

問1 所得税における青色申告制度に関する以下の文章の空欄①〜③に入る語句または数値の組合せとして、次のうち最も適切なものはどれか。

ⅰ）「事業所得の金額の計算上、青色申告特別控除として最高（ ① ）万円を控除することができます。（ ① ）万円の青色申告特別控除の適用を受けるためには、事業所得に係る取引を正規の簿記の原則に従い記帳し、その記帳に基づいて作成した貸借対照表、損益計算書その他の計算明細書を添付した確定申告書を法定申告期限内に提出することに加えて、e-Taxによる申告（電子申告）または電子帳簿保存を行う必要があります。なお、確定申告書を法定申告期限後に提出した場合、青色申告特別控除額は最高（ ② ）万円となります」

ⅱ）「青色申告者が受けられる税務上の特典として、青色申告特別控除のほかに、青色事業専従者給与の必要経費算入、純損失の３年間の繰越控除、純損失の繰戻還付、棚卸資産の評価について（ ③ ）を選択することができることなどが挙げられます」

⑴ ①55　②10　③低価法
⑵ ①65　②10　③低価法
⑶ ①65　②55　③定額法

問2 Aさんの2024年分の所得税の課税に関する次の記述のうち、最も適切なものはどれか。

⑴ 「Aさんが受け取った一時払変額個人年金保険の解約返戻金は、源泉分離課税の対象となります」

⑵ 「Aさんは、妻Bさんに係る配偶者控除の適用を受けることができ、その控除額は38万円です」

⑶ 「Aさんは、母Dさんに係る扶養控除の適用を受けることができ、その控除額は58万円です」

問3 Aさんの2024年分の所得税における総所得金額は、次のうちどれか。

⑴ 580万円
⑵ 595万円
⑶ 610万円

問1 答 (2)

①…事業所得や事業的規模の不動産所得にかかる取引を正規の簿記の原則にしたがって記帳し、その記帳にもとづいて作成した貸借対照表、損益計算書等を添付した確定申告書を法定申告期限内に提出することに加えて、e-Taxによる申告(電子申告)または電子帳簿保存を行った場合には、**65万円**の青色申告特別控除を受けることができます。

②…期限後申告など、上記①以外の場合には**10万円**の控除となります。

③…青色申告者の特典には、青色申告特別控除のほか、青色事業専従者給与の必要経費算入、純損失の3年間の繰越控除、純損失の繰戻還付、棚卸資産の評価について**低価法**(売上原価を計算するさいの期末棚卸資産を原価と時価の低いほうで評価する方法)を選択できることなどがあります。

問2 答 (3)

(1)…一時払の変額個人年金保険等を契約から5年以内に解約した場合の解約返戻金は、金融類似商品として20.315%の源泉分離課税となりますが、本問の一時払変額個人年金保険は5年超の解約であるため、金融類似商品に該当せず、**一時所得**として総合課税の対象となります。

(2)…妻Bさんは、青色事業専従者として給与を受けているので、Aさんは配偶者控除の適用を受けることはできません。

(3)…65歳以上の人が受け取る公的年金等が330万円以下の場合、公的年金等控除額は110万円です。母Dさんが受け取った公的年金等(老齢給付)は120万円なので、母Dさんの合計所得金額は10万円(120万円−110万円)となります。合計所得金額が48万円以下で、70歳以上、同居のため、同居老親として**58万円**の扶養控除の適用を受けることができます。

問3 答 (2)

一時払変額個人年金保険の解約返戻金は一時所得として課税されます。

$$\text{一時所得}=\text{総収入金額}-\text{支出金額}-\underset{\text{最高50万円}}{\text{特別控除額}}$$

また、一時所得を総所得金額に算入するさいには、一時所得の金額を**2分の1**にします。したがって、Aさんの総所得金額は次のようになります。

一時所得:480万円−400万円−50万円=30万円

総所得金額:$\underset{\text{事業所得}}{\underline{580\text{万円}}}+30\text{万円}\times\dfrac{1}{2}=595\text{万円}$

個人2 次の設例に基づいて、下記の各問に答えなさい。　［2022年1月試験　第3問 ㊆］

《設　例》

　会社員のAさんは、妻Bさん、長女Cさんおよび長男Dさんとの4人家族である。長女Cさんは、2024年に大学を卒業し、地元企業に就職した。また、Aさんは、2024年中に妻Bさんの入院・手術・通院に係る医療費を支払ったため、医療費控除の適用を受けたいと思っている。

〈Aさんとその家族に関する資料〉
　Aさん　　　（51歳）：会社員
　妻Bさん　　（49歳）：専業主婦。2024年中の収入はない。
　長女Cさん（23歳）：会社員。2024年中に給与収入240万円を得ている。
　長男Dさん（19歳）：大学生。2024年中にアルバイトにより給与収入70万円を得ている。

〈Aさんの2024年分の収入等に関する資料〉
　(1)　給与収入の金額：720万円
　(2)　一時払変額個人年金保険（10年確定年金）の解約返戻金
　　　契約年月　　　　　　　　　　：2016年9月
　　　契約者（＝保険料負担者）・被保険者：Aさん
　　　死亡給付金受取人　　　　　　：妻Bさん
　　　解約返戻金額　　　　　　　　：600万円
　　　一時払保険料　　　　　　　　：500万円

※妻Bさん、長女Cさんおよび長男Dさんは、Aさんと同居し、生計を一にしている。
※Aさんとその家族は、いずれも障害者および特別障害者には該当しない。
※Aさんとその家族の年齢は、いずれも2024年12月31日現在のものである。

※上記以外の条件は考慮せず、各問に従うこと。

問1　Aさんの2024年分の所得税における総所得金額は、次のうちどれか。

(1)　563万円
(2)　588万円
(3)　638万円

〈資料〉給与所得控除額

給与収入金額		給与所得控除額
万円超　　　万円以下		
〜　　180		収入金額×40%－10万円　（55万円に満たない場合は、55万円）
180　〜　360		収入金額×30%＋8万円
360　〜　660		収入金額×20%＋44万円
660　〜　850		収入金額×10%＋110万円
850　〜		195万円

問2　Aさんの2024年分の所得税における所得控除に関する以下の文章の空欄①〜③に入る数値の組合せとして、次のうち最も適切なものはどれか。

> ⅰ）「Aさんが適用を受けることができる配偶者控除の額は、（　①　）万円です」
> ⅱ）「長女Cさんの合計所得金額は（　②　）万円を超えますので、Aさんは長女Cさんに係る扶養控除の適用を受けることはできません」
> ⅲ）「Aさんが適用を受けることができる長男Dさんに係る扶養控除の額は、（　③　）万円です」

⑴　①38　　②48　　③63
⑵　①38　　②103　　③48
⑶　①48　　②103　　③63

問3　Aさんの2024年分の所得税における医療費控除および確定申告に関する次の記述のうち、最も適切なものはどれか。

⑴　「Aさんが、妻Bさんの通院時に自家用車で送迎していた場合、その際にかかったガソリン代や駐車料金は、医療費控除の対象となる医療費の範囲に含まれます」

⑵　「Aさんが2024年中に支払った医療費の総額が20万円を超えていない場合、医療費控除額は算出されません」

⑶　「Aさんは、医療費控除の適用を受けない場合であっても、総所得金額に算入される一時所得の金額が20万円を超えるため、所得税の確定申告をしなければなりません」

問1 答 (1)

　一時払変額個人年金保険の解約返戻金は一時所得として課税されます。

　また、一時所得を総所得金額に算入するさいには、一時所得の金額を**2分の1**にします。

　したがって、Aさんの総所得金額は次のようになります。

　　給与所得控除額：720万円×10％＋110万円＝182万円

　　給与所得：720万円－182万円＝538万円

　　一時所得：600万円－$\underset{\text{一時払保険料}}{500万円}$－$\underset{\text{特別控除額}}{50万円}$＝50万円

　　総所得金額：538万円＋50万円×$\dfrac{1}{2}$＝563万円

問2 答 (1)

①…Aさんの合計所得金額が1,000万円以下なので、Aさんは配偶者控除の適用を受けることができます。合計所得金額が900万円以下の人の場合、配偶者控除額は**38万円**となります。

②…長女Cさんの合計所得金額は**48万円**(給与収入でいうと103万円)を超えているので、長女Cさんにかかる扶養控除の適用を受けることはできません。

③…長男Dさんは、19歳(19歳以上23歳未満)なので、特定扶養親族として**63万円**の扶養控除の適用を受けることができます。

問3 答 (3)

(1)…通院時に自家用車で送迎した場合のガソリン代や駐車場代は医療費控除の対象となりません。

(2)…支払った医療費の総額が「20万円」ではなく、「**10万円**(または総所得金額等の5％)」以下の場合には、医療費控除額は算出されません。

(3)…給与所得、退職所得以外の所得が20万円を超える場合、所得税の確定申告が必要です。Aさんは一時所得(総所得金額に算入される一時所得)が20万円を超えるため、所得税の確定申告が必要です。

　　　総所得金額に算入される一時所得：50万円×$\dfrac{1}{2}$＝25万円 ＞ 20万円

《設 例》

　会社員のAさんは、妻Bさん、長女Cさんおよび長男Dさんとの4人家族である。Aさんは、2024年8月、国内銀行に預け入れていた外貨定期預金を満期時に円貨で払い戻しており、その際に為替差損が生じている。なお、雑所得の金額の前の「▲」は赤字であることを表している。

〈Aさんとその家族に関する資料〉
　Aさん　　　　（52歳）：会社員
　妻Bさん　　　（50歳）：2024年中に、パートタイマーとして給与収入80万円を得
　　　　　　　　　　　　　ている。
　長女Cさん　　（24歳）：大学院生。2024年中の収入はない。
　長男Dさん　　（20歳）：大学生。2024年中の収入はない。

〈Aさんの2024年分の収入等に関する資料〉
　(1)　給与収入の金額　　：820万円
　(2)　不動産所得の金額：　30万円
　(3)　雑所得の金額(外貨定期預金に係る為替差損)：▲5万円
　(注)　Aさんは、外貨定期預金の預入時および預入期間中に為替予約を締結し
　　　ていない。

　※妻Bさん、長女Cさんおよび長男Dさんは、Aさんと同居し、生計を一にし
　　ている。
　※Aさんとその家族は、いずれも障害者および特別障害者には該当しない。
　※Aさんとその家族の年齢は、いずれも2024年12月31日現在のものである。

　※上記以外の条件は考慮せず、各問に従うこと。

問1　Aさんの2024年分の所得税の確定申告に関する次の記述のうち、最も適切なものはどれか。

(1)　「所得税の確定申告書は、原則として、2月16日から3月31日までの間に、Aさんの住所地を所轄する税務署長に提出してください」

(2)　「Aさんは、不動産所得の金額が20万円を超えていますので、所得税の確定申告をしなければなりません」

(3) 「Aさんは、所得税の確定申告をすることにより、外貨定期預金の為替差損の金額を、不動産所得の金額と損益通算することができます」

問2 Aさんの2024年分の所得税における総所得金額は、次のうちどれか。

(1) 653万円
(2) 658万円
(3) 663万円

〈資料〉給与所得控除額

給与収入金額		給与所得控除額
万円超	万円以下	
～	180	収入金額×40% － 10万円（55万円に満たない場合は、55万円）
180 ～	360	収入金額×30% ＋ 8万円
360 ～	660	収入金額×20% ＋ 44万円
660 ～	850	収入金額×10% ＋ 110万円
850 ～		195万円

問3 Aさんの2024年分の所得税における所得控除に関する以下の文章の空欄①～③に入る数値の組合せとして、次のうち最も適切なものはどれか。

ⅰ）「妻Bさんの合計所得金額は（　①　）万円以下となりますので、Aさんは配偶者控除の適用を受けることができます。Aさんが適用を受けることができる配偶者控除の額は、（　②　）万円です」
ⅱ）「Aさんが適用を受けることができる扶養控除の額は、（　③　）万円です」

(1) ①38　②48　③38
(2) ①48　②48　③76
(3) ①48　②38　③101

問1 答 (2)

(1)…所得税の確定申告期間は原則として、翌年の **2** 月 **16** 日から **3** 月 **15** 日までです。

(3)…外貨定期預金の為替差損は、雑所得の損失に該当します。雑所得の損失は他の所得と損益通算することはできません。

問2 答 (2)

　　Aさんの総所得金額は、給与所得と不動産所得で計算します（雑所得の損失は他の所得と損益通算することができないので、雑所得はゼロとなります）。

給与所得控除額：820万円×10％＋110万円＝192万円
給与所得：820万円－192万円＝628万円
総所得金額：628万円＋<u>30万円</u>＝658万円
　　　　　　　　　　　不動産所得

問3 答 (3)

①…配偶者控除の適用を受けるには、配偶者の合計所得金額が **48** 万円（給与所得でいうと103万円）以下でなければなりません。

②…Aさんの合計所得金額は900万円以下なので、配偶者控除額は **38** 万円となります。

③…長女Cさんは24歳（24歳以上）なので、長女Cさんにかかる扶養控除額は **38** 万円です。また、長男Dさんは20歳（19歳以上23歳未満）なので、特定扶養親族として **63** 万円の扶養控除の適用を受けることができます。したがって、Aさんが適用を受けることができる扶養控除の額は **101** 万円（38万円＋63万円）です。

保険1 次の設例に基づいて、下記の各問に答えなさい。　[2022年5月試験　第4問㊤]

――――――――――――――《設　例》――――――――――――――

　会社員のAさんは、妻Bさん、長女Cさんおよび長男Dさんとの4人家族である。Aさんは、2024年中に「ふるさと納税」の制度を初めて利用し、8つの地方自治体に計10万円の寄附を行っている。

〈Aさんとその家族に関する資料〉
　Aさん　　　（45歳）　：　会社員
　妻Bさん　　（44歳）　：　2024年中に、パートタイマーとして給与収入85万円
　　　　　　　　　　　　　　を得ている。
　長女Cさん（20歳）　：　大学生。2024年中の収入はない。
　長男Dさん（10歳）　：　小学生。2024年中の収入はない。

〈Aさんの2024年分の収入等に関する資料〉
　(1) 給与収入の金額　：800万円
　(2) 一時払変額個人年金保険（10年確定年金）の解約返戻金
　　　契約年月　　　　　　　　　　　：2015年10月
　　　契約者（＝保険料負担者）・被保険者：Aさん
　　　死亡保険金受取人　　　　　　　：妻Bさん
　　　解約返戻金額　　　　　　　　　：600万円
　　　正味払込保険料　　　　　　　　：500万円

※妻Bさん、長女Cさんおよび長男Dさんは、Aさんと同居し、生計を一にしている。
※Aさんとその家族は、いずれも障害者および特別障害者には該当しない。
※Aさんとその家族の年齢は、いずれも2024年12月31日現在のものである。

※上記以外の条件は考慮せず、各問に従うこと。

問1 Aさんの2024年分の所得税における総所得金額は、次のうちどれか。

(1) 610万円
(2) 635万円
(3) 900万円

〈資料〉給与所得控除額

給与収入金額		給与所得控除額
万円超	万円以下	
	～ 180	収入金額×40％－10万円（55万円に満たない場合は、55万円）
180	～ 360	収入金額×30％＋8万円
360	～ 660	収入金額×20％＋44万円
660	～ 850	収入金額×10％＋110万円
850	～	195万円

問2 Aさんの2024年分の所得税における所得控除に関する以下の文章の空欄①～③に入る数値の組合せとして、次のうち最も適切なものはどれか。

> ⅰ）「妻Bさんの2024年分の合計所得金額は30万円です。妻Bさんの合計所得金額は（　①　）万円以下となりますので、Aさんは配偶者控除の適用を受けることができます。Aさんが適用を受けることができる配偶者控除の額は、（　②　）万円です」
> ⅱ）「Aさんが適用を受けることができる扶養控除の額は、（　③　）万円です」

(1) ① 48　② 38　③ 63
(2) ① 48　② 26　③ 76
(3) ① 103　② 38　③ 38

問3 Aさんの2024年分の所得税の課税等に関する次の記述のうち、最も適切なものはどれか。

(1) 「Aさんが受け取った一時払変額個人年金保険の解約返戻金は、源泉分離課税の対象となります」
(2) 「総所得金額に算入される一時所得の金額が20万円を超えるため、Aさんは所得税の確定申告をしなければなりません」
(3) 「Aさんは、所得税の確定申告をすることで、ふるさと納税で寄附した10万円の全額について、2024年分の所得税額から控除されます」

問1 答 (2)

一時払変額個人年金保険の解約返戻金は一時所得として課税されます。

一時所得：600万円 − <u>500万円</u> − <u>50万円</u>＝50万円
正味払込保険料 特別控除額

　したがって、Aさんの所得は給与所得と一時所得(50万円)となります。なお、一時所得はその2分の1を他の所得と合算します。

給与所得控除額：800万円×10％＋110万円＝190万円

給与所得：800万円−190万円＝610万円

総所得金額：610万円＋50万円×$\dfrac{1}{2}$＝635万円

問2 答 (1)

①…妻Bさんの合計所得金額は**48**万円以下であるため、Aさんは配偶者控除の適用を受けることができます。

②…Aさんの合計所得金額が900万円以下(問1より635万円)なので、Aさんが適用できる配偶者控除の額は**38**万円です。

③…長女Cさんは、20歳(19歳以上23歳未満)なので、特定扶養親族として**63**万円の扶養控除の適用を受けることができます。長男Dさんは10歳(16歳未満)なので扶養控除の適用はありません。したがって、Aさんが適用できる扶養控除の額は**63**万円です。

問3 答 (2)

(1)…一時払いの変額個人年金保険等を契約から5年以内に解約した場合の解約返戻金は、金融類似商品として20.315％の源泉分離課税の対象となりますが、本問の一時払変額個人年金保険は5年超で解約しているため、金融類似商品に該当せず、一時所得として総合課税の対象となります。

(2)…給与所得と退職所得以外の所得金額が**20**万円を超えるときは、確定申告をする必要があります。なお、給与所得と退職所得以外の所得が一時所得のみの場合には、一時所得に2分の1を掛けた金額(総所得金額に算入される金額)が20万円を超えるときに確定申告が必要となります。本問では一時所得が50万円(問1より)で、総所得金額に算入される金額が20万円を超える(50万円×$\dfrac{1}{2}$＝25万円)ので、Aさんは所得税の確定申告をしなければなりません。

(3)…所得税の確定申告をすることによって「**ふるさと納税で寄附した金額−2,000円**」で計算した金額を、寄附金控除として2024年分の所得税額から控除することができます(全額ではありません)。

─────────────《設 例》─────────────

　個人事業主であるAさんは、開業後直ちに青色申告承認申請書と青色事業専従者給与に関する届出書を所轄税務署長に対して提出している青色申告者である。Aさんは、2024年中に終身保険の解約返戻金を受け取っている。

〈Aさんとその家族に関する資料〉
　Aさん　　　　（50歳）：個人事業主(青色申告者)
　妻Bさん　　　（47歳）：Aさんの事業に専ら従事し、2024年中に、青色事業専従者として給与収入80万円を得ている。
　長女Cさん　（21歳）：大学生。2024年中に、塾講師のアルバイトとして給与収入90万円を得ている。
　二女Dさん　（17歳）：高校生。2024年中の収入はない。

〈Aさんの2024年分の収入等に関する資料〉
　(1)　事業所得の金額　　　　　　　　　　：450万円(青色申告特別控除後)
　(2)　終身保険の解約返戻金
　　　契約年月　　　　　　　　　　　　　：2012年5月
　　　契約者(＝保険料負担者)・被保険者：Aさん
　　　死亡保険金受取人　　　　　　　　　：妻Bさん
　　　解約返戻金額　　　　　　　　　　　：240万円
　　　正味払込保険料　　　　　　　　　　：270万円

※妻Bさん、長女Cさんおよび二女Dさんは、Aさんと同居し、生計を一にしている。
※Aさんとその家族は、いずれも障害者および特別障害者には該当しない。
※Aさんとその家族の年齢は、いずれも2024年12月31日現在のものである。
※上記以外の条件は考慮せず、各問に従うこと。

問1 所得税における青色申告制度に関する以下の文章の空欄①〜③に入る数値の組合せとして、次のうち最も適切なものはどれか。

> i）「事業所得の金額の計算上、青色申告特別控除として最高（ ① ）万円を控除することができます。（ ① ）万円の青色申告特別控除の適用を受けるためには、事業所得に係る取引を正規の簿記の原則に従い記帳し、その記帳に基づいて作成した貸借対照表、損益計算書その他の計算明細書を添付した確定申告書を法定申告期限内に提出することに加えて、e-Taxによる申告（電子申告）または電子帳簿保存を行う必要があります。なお、確定申告書を法定申告期限後に提出した場合、青色申告特別控除額は最高（ ② ）万円となります」
>
> ii）「青色申告者が受けられる税務上の特典として、青色申告特別控除のほかに、青色事業専従者給与の必要経費算入、純損失の（ ③ ）年間の繰越控除、純損失の繰戻還付、棚卸資産の評価について低価法を選択することができることなどが挙げられます」

(1) ①55　②10　③7
(2) ①65　②55　③7
(3) ①65　②10　③3

問2 Aさんの2024年分の所得税における所得控除に関する次の記述のうち、最も不適切なものはどれか。

(1) 「妻Bさんは青色事業専従者として給与の支払を受けているため、Aさんは、配偶者控除の適用を受けることができません」
(2) 「長女Cさんは、特定扶養親族に該当するため、Aさんは、長女Cさんについて63万円の扶養控除の適用を受けることができます」
(3) 「二女Dさんは、控除対象扶養親族に該当しないため、Aさんは、二女Dさんについて扶養控除の適用を受けることができません」

問3 Aさんの2024年分の所得税における総所得金額は、次のうちどれか。

(1) 420万円
(2) 450万円
(3) 690万円

問1 答 (3)

①…事業所得や事業的規模の不動産所得にかかる取引を正規の簿記の原則にしたがって記帳し、その記帳にもとづいて作成した貸借対照表、損益計算書等を添付した確定申告書を法定申告期限内に提出することによって、青色申告特別控除として最高55万円を控除することができます。さらに、e-Taxによる申告(電子申告)または電子帳簿保存を行った場合には、最高65万円の青色申告特別控除を受けることができます。

②…期限後申告の場合の青色申告特別控除額は10万円です。

③…青色申告者の特典には、青色申告特別控除の適用、青色事業専従者給与の必要経費算入、純損失の3年間の繰越控除などがあります。

問2 答 (3)

(1)…青色事業専従者として給与の支払いを受けている場合には、配偶者控除の適用を受けることはできません。

(2)…長女Cさんは21歳(19歳以上23歳未満)で、合計所得金額が48万円以下(給与収入でいうと103万円以下)であるため、特定扶養親族として、63万円の扶養控除の適用を受けることができます。

(3)…二女Dさんは17歳(16歳以上19歳未満)であるため、一般の扶養親族として、38万円の扶養控除の適用を受けることができます。

問3 答 (2)

　　終身保険の解約返戻金は一時所得となります。

　　一時所得は「**総収入金額－支出金額－特別控除額(最高50万円)**」で求めますが、本問では総収入金額(解約返戻金:240万円)より支出金額(正味払込保険料:270万円)のほうが多いので、一時所得はマイナス(損失)となります。一時所得の損失は損益通算の対象とならないので、Aさんの合計所得金額は事業所得の450万円のみとなります。

資産1 個人事業主として不動産賃貸業を営む山本さんは、FPで税理士でもある倉田さんに2024年分の所得税より確定申告書の作成を依頼することにした。山本さんの2024年分の収入および必要経費が下記〈資料〉のとおりである場合、山本さんの2024年分の不動産所得の金額(青色申告特別控除前の金額)として、正しいものはどれか。

〈資料〉

> [山本さんの2024年分の収入および必要経費]
>   ・収入
>   家賃　380万円(未収家賃・前受家賃は発生していない)
>   礼金　20万円(全額返還を要しない)
>   敷金　60万円(退去時に全額返還する予定である)
>   ・必要経費
>   210万円
>
> ※山本さんは2024年分の所得税から青色申告の承認を受けている。

(1)　250万円
(2)　190万円
(3)　170万円

[2020年1月試験　第5問　問11 改]

資産1 解答解説

答 (2)

返還を要する敷金は、収入金額に算入しません。

不動産所得：380万円＋20万円－210万円＝190万円
　　　　　　　家賃　　　礼金　　必要経費

資産2 会社員の室井さんは、2024年中に勤務先を定年退職した。室井さんの退職に係るデータが下記〈資料〉のとおりである場合、室井さんの所得税に係る退職所得の金額として、正しいものはどれか。なお、室井さんは役員であったことはなく、退職は障害者になったことに基因するものではない。また、前年以前に受け取った退職金はないものとする。

〈資料〉

［室井さんの退職に係るデータ］
支給された退職一時金：4,500万円
勤続年数：38年

［参考：退職所得控除額の求め方］

勤続年数	退職所得控除額
20年以下	40万円×勤続年数（80万円に満たない場合には、80万円）
20年超	800万円＋70万円×（勤続年数－20年）

(1) 2,440万円

(2) 2,060万円

(3) 1,220万円

［2021年1月試験　第5問　問11 ㉘］

資産2 解答解説

答 (3)

　退職所得は、「（収入金額－退職所得控除額）× $\frac{1}{2}$」で計算します。なお、本問の勤続年数は38年なので、退職所得控除額は勤続年数20年超の計算式を用いて計算します。

　退職所得控除額：800万円＋70万円×（38年－20年）＝2,060万円

　退職所得：（4,500万円－2,060万円）× $\frac{1}{2}$ ＝1,220万円

資産3 西里さんは、2024年7月に新築のアパートを購入し、新たに不動産賃貸業を開始した。購入したアパートの建物部分の情報は下記〈資料〉のとおりである。西里さんの2024年分の所得税における不動産所得の金額の計算上、必要経費に算入する減価償却費の金額として、正しいものはどれか。

〈資料〉

取得価額：75,000,000円
取得年月：2024年7月
耐用年数：47年
不動産賃貸の用に供した月：2024年7月

〈耐用年数表（抜粋）〉

耐用年数	定額法の償却率	定率法の償却率
47年	0.022	0.043

(1) 825,000円
(2) 1,612,500円
(3) 1,650,000円

[2021年5月試験　第5問　問10 改]

資産3 解答解説

答 (1)

　建物は定額法によって、当年中に使用した分だけ月割りで減価償却費を計上します。
　本問の建物は7月から使用しているので、7月から12月末までの6カ月分で減価償却費を計算します。

減価償却費：$75,000,000円 \times 0.022 \times \dfrac{6カ月}{12カ月} = 825,000円$

資産4 飲食店を営む個人事業主の天野さんは、2024年11月に器具を購入し、事業の用に供している。天野さんの2024年分の所得税における事業所得の金額の計算上、必要経費に算入すべき減価償却費の金額として、正しいものはどれか。なお、器具の取得価額は90万円、2024年中の事業供用月数は2ヵ月、耐用年数は5年とする。また、天野さんは個人事業を開業して以来、器具についての減価償却方法を選択したことはない。

〈耐用年数表(抜粋)〉

法定耐用年数	定額法の償却率	定率法の償却率
5年	0.200	0.400

〈減価償却費の計算方法〉

取得価額×償却率×事業供用月数÷12ヵ月

(1)　30,000円

(2)　60,000円

(3)　180,000円

[2022年5月試験　第5問　問11 ㊺]

資産4 解答解説

答 (1)

器具や備品の減価償却方法は、定額法または定率法から選定することができますが、減価償却方法を選定しなかった場合には、**定額**法(法定償却方法)により減価償却を行います。

減価償却費：$900,000円 \times 0.200 \times \dfrac{2ヵ月}{12ヵ月} = 30,000円$

資産5 佐野さんの2024年分の収入は、下記〈資料〉のとおりである。〈資料〉の空欄（ア）と（イ）にあてはまる所得の種類の組み合わせとして最も適切なものはどれか。

〈資料〉

所得区分	収入等の内容	備考
（ ア ）	剰余金の分配20万円	上場株式等の利益剰余金に係る分配である。
（ イ ）	受取保険金100万円	保険期間20年の一時払養老保険の満期保険金（契約者・保険料負担者は佐野さん）。一時金で受け取っている。

(1) （ア）利子所得　　（イ）一時所得
(2) （ア）配当所得　　（イ）雑所得
(3) （ア）配当所得　　（イ）一時所得

[2023年1月試験　第5問　問11]

資産5 解答解説

答 **(3)**

㋐…上場株式等の利益剰余金にかかる分配は、**配当**所得に該当します。
㋑…一時金で受け取った、保険期間20年の一時払養老保険の満期保険金は **一時** 所得に該当します。

資産 6 杉山さんは2024年中に勤務先を退職し、個人事業主として美容室を始めた。杉山さんの2024年分の各種所得の金額が下記〈資料〉のとおりである場合、杉山さんの2024年分の所得税における総所得金額として正しいものはどれか。なお、杉山さんの2024年中の所得は〈資料〉に記載されている所得以外にはないものとする。

〈資料〉

> [杉山さんの2024年分の所得の金額]
> 　　事業所得の金額　360万円
> 　　給与所得の金額　200万円（退職した勤務先から受給したもので、給与所得控除後の金額である）
> 　　退職所得の金額　100万円（退職した勤務先から受給したもので、退職所得控除後の残額の1／2相当額である）

(1) 660万円
(2) 560万円
(3) 460万円

[2022年9月試験　第5問　問12 改]

資産 6 解答解説

答 (2)

　　退職所得は分離課税のため、総所得金額には含めません。したがって、本問の総所得金額は事業所得（360万円）と給与所得（200万円）で計算します。

　　総所得金額：360万円＋200万円＝560万円

資産7 会社員の大垣さんの2024年分の所得等が下記〈資料〉のとおりである場合、大垣さんが2024年分の所得税の確定申告をする際に、給与所得と損益通算できる損失の金額として、正しいものはどれか。なお、▲が付された所得の金額は、その所得に損失が発生していることを意味するものとする。

〈資料〉

所得または損失の種類	所得金額	備考
給与所得	800万円	勤務先からの給与であり、年末調整は済んでいる。
不動産所得	▲200万円	収入金額：300万円　必要経費：500万円 ＊必要経費の中には、土地等の取得に要した借入金の利子が50万円ある。
雑所得	▲10万円	副業で行っている執筆活動に係る損失

(1) ▲200万円
(2) ▲160万円
(3) ▲150万円

[2022年1月試験　第5問　問12 改]

資産7 解答解説

答 (3)

　他の所得と損益通算できるのは、**不動産**所得、**事業**所得、**山林**所得、**譲渡**所得から生じた損失です。なお、不動産所得から生じた損失のうち、土地等の取得に要した借入金利子は損益通算の対象となりません。

　損益通算できる損失：300万円－（500万円－50万円）＝▲150万円

資産⑧ 下記〈資料〉の３人の会社員のうち、2024年分の所得税において確定申告を行う必要がない者は誰か。なお、〈資料〉に記載のあるデータに基づいて解答することとし、記載のない条件については一切考慮しないこととする。

〈資料：３人の収入等に関するデータ（2024年12月31日時点）〉

氏名	年齢	給与収入（年収）	勤務先	備考
飯田大介	35歳	500万円	SA食品会社	・勤務先の給与収入以外に一時所得の金額が10万円ある。 ・勤務先で年末調整を受けている。
山根正樹	40歳	800万円	SB銀行	・収入は勤務先の給与収入のみである。 ・勤務先で年末調整を受けている。 ・2024年中に住宅を取得し、同年分から住宅借入金等特別控除の適用を受けたい。
伊丹正志	52歳	2,300万円	SC商事	・収入は勤務先の給与収入のみである。

※給与収入（年収）は2024年分の金額である。

(1) 飯田大介

(2) 山根正樹

(3) 伊丹正志

［2021年9月試験　第5問　問12 改］

資産⑧ 解答解説

答 (1)

(1)…給与所得、退職所得以外の所得金額が **20万円**を超える人は、給与所得者でも確定申告が必要です。飯田大介さんは、給与収入以外に一時所得の金額がありますが、金額が10万円（20万円以下）なので、確定申告は不要です。

(2)…住宅借入金等特別控除（住宅ローン控除）の適用初年度は、給与所得者でも確定申告が必要です。山根正樹さんは2024年中に住宅を取得し、同年分から住宅借入金等特別控除の適用を受けたいとのことなので、確定申告が必要です。

(3)…その年の給与等の金額が **2,000万円**を超える人は、給与所得者でも確定申告が必要です。伊丹正志さんは2024年中の給与収入が2,300万円（2,000万円超）なので、確定申告が必要です。

資産9 下記〈資料〉に基づき、目黒昭雄さんの2024年分の所得税を計算する際の所得控除に関する次の記述のうち、最も適切なものはどれか。

〈資料〉

氏名	続柄	年齢	2024年分の所得等	備考
目黒　昭雄	本人（世帯主）	50歳	給与所得620万円	会社員
聡美	妻	48歳	給与所得100万円	パート
幸一	長男	21歳	所得なし	大学生
浩二	二男	14歳	所得なし	中学生

※2024年12月31日時点のデータである。

※家族は全員、昭雄さんと同居し、生計を一にしている。

※障害者または特別障害者に該当する者はいない。

(1) 妻の聡美さんは控除対象配偶者となり、昭雄さんは38万円を控除することができる。

(2) 長男の幸一さんは特定扶養親族となり、昭雄さんは63万円を控除することができる。

(3) 二男の浩二さんは一般の扶養親族となり、昭雄さんは38万円を控除することができる。

[2023年5月試験　第5問　問11 改]

資産9 解答解説

答 (2)

(1)…妻の聡美さんの合計所得金額(給与所得)が100万円(48万円超)なので、控除対象配偶者となりません。

(2)…長男の幸一さんは21歳(19歳以上23歳未満)なので、特定扶養親族として**63万円**の扶養控除の適用を受けることができます。

(3)…二男の浩二さんは14歳(16歳未満)なので、扶養控除の適用を受けることはできません。

資産⑩ 会社員の浅見守さんが2024年中に支払った医療費等が下記〈資料〉のとおりである場合、守さんの2024年分の所得税の確定申告における医療費控除の金額として、正しいものはどれか。なお、守さんの2024年分の所得は給与所得700万円のみであり、支払った医療費等はすべて守さんおよび生計を一にする妻のために支払ったものである。また、医療費控除の金額が最も大きくなるよう計算することとし、「特定一般用医薬品等購入費を支払った場合の医療費控除の特例」は考慮しないこととする。

〈資料〉

支払年月	医療等を受けた人	内容	支払金額
2024年1月	守さん	人間ドック代（※）	50,000円
2024年2月～3月	守さん	入院費用（※）	220,000円
2024年8月	妻	健康増進のためのビタミン剤の購入代	30,000円
2024年9月	妻	風邪のため市販の風邪薬の購入代	3,000円

（※）人間ドックの結果、重大な疾病が発見され同年2月より治療のため入院した。この入院により医療保険による給付金を8万円受給している。

(1) 93,000円
(2) 173,000円
(3) 193,000円

［2021年9月試験　第5問　問11 ㊹］

資産⑩ 解答解説

答 (1)

❶ 2024年1月の人間ドック代は、人間ドックの結果、重大な疾病が発見され、治療を行っているので、医療費控除の対象となります。

❷ 2024年2月～3月の入院費用は、医療費控除の対象となります。

❸ 2024年8月の健康増進のためのビタミン剤の購入代は、医療費控除の対象となりません。

❹ 2024年9月の市販の風邪薬の購入代は、医療費控除の対象となります。

納税者本人の総所得金額等が200万円以上の場合、医療費控除の金額は「**実際に支払った医療費の金額−保険金等で補てんされる金額−10万円**」で計算します。

医療費控除額：（❶50,000円＋❷220,000円−80,000円＋❹3,000円）
医療保険の給付金

−100,000円＝93,000円

資産11 所得税における医療費控除に関する次の記述の空欄（ア）～（ウ）にあてはまる語句の組み合わせとして、正しいものはどれか。

・医療費控除の金額は以下のとおり計算される。
　「実際に支払った医療費の金額の合計額－保険金等で補てんされる金額－
　（　ア　）」
　ただし、納税者本人のその年の総所得金額等が200万円未満の場合は
　（　ア　）ではなく、総所得金額等の（　イ　）相当額となる。
・医療費控除の金額の上限は（　ウ　）である。

---

(1)　（ア）5万円　　（イ）10％　　（ウ）200万円
(2)　（ア）10万円　（イ）5％　　（ウ）100万円
(3)　（ア）10万円　（イ）5％　　（ウ）200万円

［2019年1月試験　第5問　問11］

資産11 解答解説

答 (3)

㋐…医療費控除の金額は**「実際に支払った医療費の金額の合計額－保険金等で補てんされる金額－10万円」**で計算されます。

㋑…ただし、納税者本人のその年の総所得金額等が200万円未満の場合は「10万円」ではなく、総所得金額等の**5％**相当額となります。

㋒…医療費控除の金額の上限は**200万円**です。

資産 12 落合さんは、個人でアパートの賃貸をしている青色申告者である。落合さんの2024年分の所得および所得控除が下記〈資料〉のとおりである場合、落合さんの2024年分の所得税額として、正しいものはどれか。なお、落合さんに〈資料〉以外の所得はなく、復興特別所得税や税額控除、源泉徴収税額、予定納税等については一切考慮しないこととする。

〈資料〉

[2024年分の所得]
不動産所得の金額　580万円
※必要経費や青色申告特別控除額を控除した後の金額である。

[2024年分の所得控除]
所得控除の合計額　130万円

〈所得税の速算表〉

課税される所得金額	税率	控除額
1,000円 から　　 1,949,000円 まで	5%	0円
1,950,000円 から　　 3,299,000円 まで	10%	97,500円
3,300,000円 から　　 6,949,000円 まで	20%	427,500円
6,950,000円 から　　 8,999,000円 まで	23%	636,000円
9,000,000円 から　 17,999,000円 まで	33%	1,536,000円
18,000,000円 から　 39,999,000円 まで	40%	2,796,000円
40,000,000円 以上	45%	4,796,000円

(注)課税される所得金額の1,000円未満の端数は切捨て

(1)　900,000円

(2)　732,500円

(3)　472,500円

[2023年1月試験　第5問　問12 改]

答 (3)

　　所得税は、所得金額の合計(課税標準)から所得控除を差し引いて課税所得金額を計
算し、課税所得金額に税率を掛けて求めます。
　　　課税所得金額：5,800,000円－1,300,000円＝4,500,000円
　　　所得税：4,500,000円×20％－427,500円＝472,500円

資産13 給与所得者である浜松さんは、2024年中に住宅ローンを利用してマンションを購入し、直ちに居住を開始した。浜松さんは所得税で住宅借入金等特別控除(以下「住宅ローン控除」という)の適用を受けたいと考え、FPで税理士でもある工藤さんに相談をした。工藤さんが行った住宅ローン控除に関する次の説明のうち、最も不適切なものはどれか。

(1) 「住宅ローンの返済期間が5年以上でなければ適用を受けることができません。」

(2) 「住宅の床面積が40㎡以上50㎡未満の場合、その年分の合計所得金額が1,000万円以下でなければ適用を受けることができません。」

(3) 「給与所得者の場合、住宅ローン控除の適用を受ける最初の年は確定申告をしなければなりませんが、翌年以降は年末調整により住宅ローン控除の適用を受けることができます。」

［2020年9月試験　第5問　問13 ㊹］

資産13 解答解説

答 (1)

(1)…住宅ローンの返済期間が **10** 年以上でなければ、住宅ローン控除の適用を受けることができません。

(2)…住宅の床面積が40㎡以上50㎡未満の場合は、その年分の合計所得金額が **1,000** 万円以下でなければ、住宅ローン控除の適用を受けることができません。なお、住宅の床面積が50㎡以上の場合は、その年分の合計所得金額が2,000万円以下でなければ、住宅ローン控除の適用を受けることができません。

(3)…給与所得者の場合、住宅ローン控除の適用を受ける最初の年は確定申告をしなければなりませんが、翌年以降は年末調整により住宅ローン控除の適用を受けることができます。

不動産

「教科書」CHAPTER05 不動産に対応する学科問題と実技問題のうち、よく出題される問題を確認しておきましょう。

学科 試験ではこの科目から〇×問題が5題、三択問題が5題出題されます。
本書の取扱いは次のとおりです。

〇X … 〇×問題です。
正しいものには〇を、誤っているものには×をつけてください。

三択 … 三択問題です。
（　）内にあてはまる最も適切なものを選んでください。

実技 実技問題です。

特におさえておきたい内容

学科

1 不動産の基本 「教科書」CH.05 SEC.01	■**土地の価格** ・公示価格　　　　・基準地標準価格 ・固定資産税評価額　・相続税評価額 ■**鑑定評価の方法** ・取引事例比較法 ・原価法 ・収益還元法 ■**不動産の登記** ・登記簿の構成 ・不動産登記の効力 ・仮登記
2 不動産の取引 「教科書」CH.05 SEC.02	■**宅地建物取引業法** ・宅地建物取引業 ・媒介契約 ・重要事項の説明 ■**不動産の売買契約に関するポイント** ・手付金 ・担保責任 ・壁芯面積と内法面積

1 宅地の相続税評価の基礎となる路線価は、路線（道路）に面する標準的な宅地の1㎡当たりの価額である。⭕❌　　　　　　　　　［2017年9月試験］

---

2 相続税路線価は、地価公示の公示価格の（　①　）を価格水準の目安として設定されており、（　②　）のホームページで閲覧可能な路線価図で確認することができる。三択

(1) ① 70% ② 国土交通省
(2) ① 80% ② 国税庁
(3) ① 90% ② 国税庁　　　　　　　　　　　　　　　　　　［2023年5月試験］

---

3 都道府県地価調査の基準地の標準価格は、毎年（　①　）を価格判定の基準日として調査され、都道府県知事により毎年（　②　）頃に公表される。三択

(1) ① 1月1日　　② 3月
(2) ① 1月1日　　② 9月
(3) ① 7月1日　　② 9月　　　　　　　　　　　　　　　［2019年9月試験］

---

4 土地・家屋に係る固定資産税の課税標準となる価格は、原則として、（　　）ごとの基準年度において評価替えが行われる。三択

(1) 2年　　(2) 3年　　(3) 5年　　　　　　　　　　　［2018年9月試験］

5 不動産の価格を求める鑑定評価の手法のうち、（　　）は、価格時点における対象不動産の再調達原価を求め、この再調達原価について減価修正を行って対象不動産の試算価格を求める手法である。三択

(1) 原価法　　(2) 取引事例比較法　　(3) 収益還元法　［2015年9月再試験］

解答解説

1 答 ○　路線価は、路線(道路)に面する標準的な宅地の1㎡あたりの価額です。

2 答 (2)　相続税評価額は、公示価格の**80%**を価格水準の目安としており、国税庁のホームページで閲覧可能な路線価図で確認することができます。

3 答 (3)　基準地の標準価格の基準日は、毎年**7月1日**で、都道府県知事により毎年**9月**頃に公表されます。

4 答 (2)　固定資産税評価額は**3年**に一度評価替えが行われます。

土地の価格

	公示価格	基準地標準価格	固定資産税評価額	相続税評価額(路線価)
基準日	1月1日(毎年)	7月1日(毎年)	1月1日(3年に一度評価替え)	1月1日(毎年)
決定機関	国土交通省	都道府県	市町村	国税庁
評価割合	100%	100%	70%	80%

解答解説

5 答 (1)　原価法は、価格時点における対象不動産の再調達原価に減価修正を行って対象不動産の試算価格を求める手法です。

鑑定評価の方法

取引事例比較法	似たような取引事例を参考にして、それに修正、補正を加えて価格を求める方法
原価法	再調達原価を求め、それに減価修正を加えて価格を求める方法
収益還元法	対象不動産が将来生み出すであろう純収益と最終的な売却価格から現在の価格を求める方法

6 土地の登記記録の表題部には、所有権に関する事項が記録される。⭕❌

[2021年9月試験]

- -

7 不動産の登記事項証明書の交付を請求することができる者は、当該不動産の所有者に限られる。⭕❌

[2022年1月試験]

- -

8 土地の売買において、所有権の移転が発生したものの、登記申請に必要な書類が提出できないなどの手続上の要件が備わっていない場合、仮登記をすることができる。この仮登記をすることで、その後に行う本登記の順位は（　①　）、所有権の移転を第三者に対抗すること（　②　）。三択

- (1)　①保全され　　　　②ができる
- (2)　①保全されるが　　②はできない
- (3)　①保全されないが　②はできる

[2019年5月試験]

- -

9 土地の登記記録において、（　①　）に関する事項は権利部（甲区）に記録され、（　②　）に関する事項は権利部（乙区）に記録される。三択

- (1)　①所有権　　②抵当権
- (2)　①賃借権　　②抵当権
- (3)　①賃借権　　②所有権

[2022年9月試験]

解答解説

6 答 ✕ 不動産登記記録の表題部には、不動産の所在地、面積などが記録されます。所有権に関する事項は**権利部甲区**に記録されます。

7 答 ✕ 不動産の登記事項証明書の交付は、手数料を支払えば誰でも請求することができます。

8 答 (2) 仮登記によって、その後に行う本登記の順位は**保全されますが**、仮登記には対抗力はないので、所有権の移転を第三者に対抗することは**できません**。

不動産登記簿の構成

表題部		不動産の所在地、面積、構造などが記録される
権利部	甲区	所有権に関する事項（所有権の保存・移転・差押え・仮処分など）が記録される
	乙区	所有権以外の権利（抵当権、賃借権など）に関する事項が記録される

不動産登記の効力

★ 対抗力 がある

★ 公信力 はない

仮登記

★将来の本登記のために仮登記をすることによって登記の 順位 を保全することができる

★仮登記には 対抗力 はない

9 答 (1) 不動産の登記記録において、**所有権**に関する登記事項は権利部**甲区**に記録され、**抵当権**や**賃借権**に関する登記事項は権利部**乙区**に記録されます。

問題 宅地建物取引業法

1 アパートやマンションの所有者が、当該建物を賃貸して家賃収入を得るためには、宅地建物取引業の免許を取得しなければならない。**○×**

[2023年5月試験]

2 宅地建物取引業者は、買主が宅地建物取引業者ではない宅地・建物の売買の媒介に際して、当該宅地・建物の買主に対して、売買契約が成立するまでの間に、宅地建物取引士をして、宅地建物取引業法第35条に規定する重要事項について、これらの事項を記載した書面を交付して（電磁的方法による提供を含む）説明させなければならない。**○×** [2018年5月試験 改]

3 宅地建物取引士が宅地建物取引業法第35条に規定する重要事項の説明をするときは、説明の相手方に対し、宅地建物取引士証を提示しなければならない。**○×**

[2018年1月試験]

4 宅地建物取引業法において、宅地建物取引業者が依頼者と締結する宅地または建物の売買の媒介契約のうち、専任媒介契約の有効期間は、最長（　　　）である。**三択**

(1)　1カ月　　(2)　3カ月　　(3)　6カ月 [2023年1月試験]

5 宅地建物取引業法上の媒介契約のうち、（　①　）では、依頼者は他の宅地建物取引業者に重ねて媒介の依頼をすることができるが、（　②　）では、依頼者は他の宅地建物取引業者に重ねて媒介の依頼をすることが禁じられている。**三択**

(1)　①一般媒介契約　　　②専任媒介契約
(2)　①専任媒介契約　　　②一般媒介契約
(3)　①専任媒介契約　　　②専属専任媒介契約 [2021年9月試験]

解答解説

1 答 ✕ 「自ら貸借」の場合には宅地建物取引業の免許は不要です。

2 答 ◯ 宅地建物取引業者は、契約が成立するまで(契約前)に、お客さん(宅地建物取引業者を除く)に対して、一定の重要事項を書面を交付(または電磁的方法により提供)して説明しなければなりません。なお、この説明は宅地建物取引士が行わなければなりません。

3 答 ◯ 宅地建物取引士は、重要事項の説明をするときは、宅地建物取引士証を提示して行わなければなりません。

4 答 (2) 専任媒介契約の有効期間は、最長で**3**カ月です。

5 答 (1) 一般媒介契約では、依頼者は他の宅地建物取引業者に重ねて媒介の依頼をすることができますが、専任媒介契約では依頼者は他の宅地建物取引業者に重ねて媒介の依頼をすることができません。

媒介契約の種類と内容

		一般媒介契約	専任媒介契約	専属専任媒介契約
依頼者側	同時に複数の業者に依頼	◯	✕	✕
	自己発見取引	◯	◯	✕
業者側	依頼者への報告義務	なし	**2**週間に**1**回以上	**1**週間に**1**回以上
	指定流通機構への物件登録義務	なし	契約日から**7**日以内(休業日を除く)	契約日から**5**日以内(休業日を除く)
契約の有効期間		規制なし	**3**カ月以内	**3**カ月以内

6 不動産の売買契約において、買主が売主に解約手付を交付した場合、売主は、買主が契約の履行に着手するまでは、受領した手付と同額を買主に償還することで、契約の解除をすることができる。**○×** [2021年1月試験]

7 宅地建物取引業者は、自ら売主となる宅地または建物の売買契約の締結に際して、買主が宅地建物取引業者でない場合、売買代金の額の2割を超える額の手付金を受領することができない。**○×** [2022年5月試験]

8 民法の規定によれば、不動産の売買契約において、売主が種類または品質について、契約の内容に適合しない目的物を買主に引き渡し、担保責任を負うときは、買主は不適合を知った時から（　　）以内にその旨を売主に通知しない場合には、買主は原則として当該不適合を理由に売主に担保責任を追及できない。**三択**

(1) 1年　　(2) 2年　　(3) 5年　　　　　　　　　[2019年5月試験 改]

9 住宅の品質確保の促進等に関する法律の規定によれば、新築住宅の売主が住宅の構造耐力上主要な部分の瑕疵担保責任を負う期間は、原則として、物件の引渡日から5年間とされている。**○×** [2019年9月試験]

解答解説

6 答 ✕   解約手付を交付した場合、売主は、買主が契約の履行に着手するまでは、受領した手付の**2倍**の金額を買主に現実に提供することで、契約の解除をすることができます。

> **手付による契約の解除**
> ★いったん結んだ契約を買主側から解除する場合には、手付金を**放棄**
> ★いったん結んだ契約を売主側から解除する場合には、手付金の**2倍**の金額を買主に現実に提供
> ★**相手方**が履行に着手したあとは手付による解除はできない

7 答 ○   宅地建物取引業者が売主となる場合、買主（宅地建物取引業者を除く）から受け取る手付金は売買代金の**20**%（**2割**）が上限となります。

8 答 ①   不動産の売買契約において、売主が種類または品質について、契約の内容に適合しない目的物を買主に引き渡し、担保責任を負うときは、買主は不適合を知った時から**1年**以内にその旨を売主に通知しない場合には、買主は原則として当該不適合を理由に売主に担保責任を追及できなくなります。

9 答 ✕   住宅の品質確保の促進等に関する法律の規定によれば、新築住宅の売主が住宅の構造耐力上主要な部分の瑕疵担保責任を負う期間は、原則として、物件の引渡日から**10**年間とされています。

問題 借地借家法

1 借地借家法における定期借地権のうち、（ ）は、居住の用に供する建物の所有を目的として設定することができない。**三択**

(1) 一般定期借地権
(2) 事業用定期借地権等
(3) 建物譲渡特約付借地権

[2022年9月試験]

2 借地借家法上の定期借地権のうち、（ ）の設定を目的とする契約は、公正証書によってしなければならない。**三択**

(1) 一般定期借地権
(2) 事業用定期借地権等
(3) 建物譲渡特約付借地権

[2021年9月試験]

3 借地借家法に規定されている定期借地権のうち、いわゆる一般定期借地権では、借地上の建物は用途の制限がなく、存続期間を（ ）以上として設定するものであり、その設定契約は公正証書による等書面（電磁的記録を含む）により作成する。**三択**

(1) 20年 (2) 30年 (3) 50年

[2020年9月試験 改]

4 借地借家法において、事業用定期借地権等は、専ら事業の用に供する建物の所有を目的とし、存続期間を（ ）として設定する借地権である。**三択**

(1) 10年以上20年未満
(2) 10年以上50年未満
(3) 50年以上

[2022年1月試験]

解答解説

1 答 (2)　**事業用定期借地権等**は事業の用に供する建物の所有を目的とするもので、居住用建物の所有を目的として設定することはできません。

2 答 (2)　**事業用定期借地権等**の設定を目的とする契約は、公正証書によってしなければなりません。

3 答 (3)　一般定期借地権では、契約の存続期間を**50年以上**とし、契約は公正証書などの**書面**(電磁的記録を含む)によって行わなければなりません。

4 答 (2)　事業用定期借地権等の存続期間は**10年以上50年未満**です。

普通借地権と定期借地権

	普通借地権	定期借地権		
		一般 定期借地権	事業用 定期借地権	建物譲渡特約付 借地権
契約の 存続期間	**30**年以上	**50**年以上	**10**年以上 **50**年未満	**30**年以上
更新	最初の更新は 20年以上 2回目以降は 10年以上	なし	なし	なし
利用目的 (建物の種類)	制限なし	制限なし	**事業**用建物のみ (**居住**用建物は×)	制限なし
契約方法	制限なし	特約は**書面**による (電磁的記録も可)	**公正証書**に限る	制限なし
契約期間 満了時	原則として 更地で返す	原則として 更地で返す	原則として 更地で返す	建物付き で返す

5 借地借家法上、定期建物賃貸借契約(定期借家契約)を締結するためには、建物の賃貸人は、あらかじめ、建物の賃借人に対し、建物の賃貸借は契約の更新がなく、期間の満了により当該建物の賃貸借は終了することについて、その旨を記載した書面を交付(または賃借人の承諾を得て電磁的方法により提供)して説明しなければならない。 **○×**

[2021年9月試験 改]

---

6 借地借家法において、定期建物賃貸借契約(定期借家契約)では、貸主に正当の事由があると認められる場合でなければ、貸主は、借主からの契約の更新の請求を拒むことができないとされている。 **○×**

[2022年5月試験]

---

7 借地借家法の規定によれば、建物の賃貸借契約(定期建物賃貸借契約を除く)において、(   )未満の期間を賃貸借期間として定めた場合、期間の定めがない賃貸借とみなされる。 **三択**

(1) 1年　　(2) 1年6カ月　　(3) 2年

[2019年1月試験]

---

8 借地借家法によれば、定期建物賃貸借契約(定期借家契約)の賃貸借期間が1年以上である場合、賃貸人は、原則として、期間満了の1年前から(   )前までの間に、賃借人に対して期間満了により契約が終了する旨の通知をしなければ、その終了を賃借人に対抗することができない。 **三択**

(1) 1カ月　　(2) 3カ月　　(3) 6カ月

[2023年5月試験]

解答解説

5 答 ○　定期借家契約を締結するためには、賃貸人は賃借人に対して事前に定期借家権である旨の説明を書面を交付(または電磁的方法により提供)して行わなければなりません。

6 答 ✕　定期借家契約(本問の場合)では、契約期間の終了後、契約が更新されずに終了します。なお、普通借家契約の場合には、契約の期間終了後、賃貸人が正当な事由をもって更新の拒絶をしなければ、契約は更新されます。

7 答 (1)　普通借家契約において、1年未満の期間を契約期間として定めた場合には、期間の定めのない賃貸借とみなされます。

8 答 (3)　定期借家契約において、契約期間が1年以上の場合には、賃貸人は、期間満了の1年前から6カ月前までの間に、賃借人に対して期間の満了により賃貸借が終了する旨の通知をしなければ、その終了を賃借人に対抗することができません。

普通借家権と定期借家権

	普通借家権	定期借家権
契約の存続期間	**1年以上** (1年未満の契約期間の場合、「期間の定めのない契約」とみなされる)	契約で定めた期間 (1年未満の契約も可)
更新	期間終了によって契約も終了。ただし、貸主が正当な事由をもって更新の拒絶をしない限り、契約は存続	契約の更新はされずに終了。 (契約期間が1年以上の場合には、貸主は期間終了の1年から6カ月前の間に借主に対して契約が終了する旨の通知をしなければならない)
契約方法	制限なし	**書面**による (電磁的記録も可)

9 建物の区分所有等に関する法律において、規約の変更は、区分所有者および議決権の各（　　）以上の多数による集会の決議によらなければならない。三択

(1)　3分の2　　(2)　4分の3　　(3)　5分の4　　　　[2021年5月試験]

---

10 建物の区分所有等に関する法律（区分所有法）によれば、集会においては、区分所有者および議決権の各（　　）以上の多数により、区分所有建物を取り壊し、その敷地上に新たに建物を建築する旨の決議（建替え決議）をすることができる。三択

(1)　3分の2　　(2)　4分の3　　(3)　5分の4　　　　[2023年1月試験]

11 都市計画法において、市街化調整区域とは、おおむね10年以内に計画的に市街化を図るべき区域である。○×　　　　[2021年5月試験]

---

12 都市計画法によれば、市街化区域については、用途地域を定めるものとし、市街化調整区域については、原則として用途地域を定めないものとされている。○×　　　　[2023年9月試験]

---

13 都市計画法において、市街化区域内で行う開発行為は、その規模にかかわらず、都道府県知事等の許可を受けなければならない。○×

[2023年1月試験]

---

14 都市計画法の規定によれば、市街化区域内において行う開発行為で、その規模が（　　）以上である場合、原則として都道府県知事等の許可を受けなければならない。三択

(1)　200㎡　　(2)　400㎡　　(3)　1,000㎡　　　　[2019年1月試験]

解答解説

9 答 ②　規約の設定・変更・廃止などは、区分所有者および議決権の各**4**分の**3**以上の多数による決議によらなければなりません。

10 答 ③　建替えは、区分所有者および議決権の各**5**分の**4**以上の多数による決議によらなければなりません。

集会の決議要件

主な決議事項	必要な賛成数
一般的事項	区分所有者および議決権の各 **過半数**
規約の設定、変更、廃止　など	区分所有者および議決権の各 **4** 分の **3** 以上
建替え	区分所有者および議決権の各 **5** 分の **4** 以上

解答解説

11 答 ✕　市街化調整区域は市街化を抑制すべき区域です。すでに市街地を形成している区域およびおおむね**10**年以内に計画的に市街化を図るべき区域は**市街化区域**です。

12 答 ◯　市街化区域については、用途地域を定めますが、市街化調整区域には、原則として用途地域を定めません。

13 答 ✕　市街化区域においては、**1,000**㎡以上の開発行為を行う場合、都道府県知事等の許可が必要です。

14 答 ③　市街化区域においては、**1,000**㎡以上の開発行為を行う場合、都道府県知事等の許可が必要です。

開発許可制度

区域	開発許可が必要な開発行為の面積
市街化区域	**1,000**㎡以上
市街化調整区域	規模にかかわらず
非線引区域	3,000㎡以上

15 建築基準法によれば、建築物の敷地が2つの異なる用途地域にわたる場合、その全部について、建築物の用途制限がより厳しい用途地域の建築物の用途に関する規定が適用される。 **○✕**

[2023年9月試験]

16 建築基準法上、都市計画区域および準都市計画区域内において、建築物の敷地は、原則として、幅員（ ① ）以上の道路に（ ② ）以上接していなければならない。 **三択**

(1) ①4m　②1m
(2) ①4m　②2m
(3) ①6m　②3m

[2021年9月試験]

17 都市計画区域内にある幅員4m未満の道で、建築基準法第42条第2項により道路とみなされるものについては、原則として、その中心線からの水平距離で（　　）後退した線がその道路の境界線とみなされる。 **三択**

(1) 2m
(2) 3m
(3) 4m

[2021年1月試験]

18 下記の200㎡の敷地に建築面積100㎡、延べ面積150㎡の2階建ての住宅を建築した場合、当該建物の建蔽率は（　　）である。 **三択**

(1) 50%
(2) 75%
(3) 100%

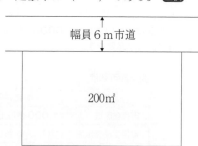

幅員6m市道

200㎡

[2020年1月試験]

解答解説

15 答 ✕　建築物の敷地が２つの異なる用途地域にまたがる場合、**過半**を占めるほう（面積が**大きいほう**）の用途地域の制限を受けます。

16 答 (2)　建築基準法上、建築物の敷地は、原則として、幅員４ｍ以上の道路に２ｍ以上接していなければなりません。

17 答 (1)　幅員が４ｍ未満の道路である２項道路の場合、原則として道路の中心線から２ｍ下がった線が、その道路の境界線とみなされます。

> **接道義務とセットバック**
>
> ★建築物の敷地は原則として幅員４ｍ以上の道路に２ｍ以上接していなければならない
>
> ★幅員が４ｍ未満の道路である２項道路の場合、原則として道路の中心線から２ｍ下がった線が、その道路の境界線とみなされる（セットバック）

18 答 (1)　建蔽率とは、敷地面積に対する建築物の建築面積の割合をいいます。

$$建蔽率：\frac{100㎡}{200㎡} = 0.5 \rightarrow 50\%$$

19 建築基準法の規定によれば、建蔽率の限度が80％の近隣商業地域内で、かつ、防火地域内にある耐火建築物については、建蔽率に関する制限の規定は適用されない。**○✕** [2019年1月試験]

20 建築基準法の規定によれば、特定行政庁の指定する角地にある敷地に建築物を建築する場合、その敷地の（　　）の上限は、都市計画で定められた値に10％が加算される。**三択**

(1) 高さ制限　　(2) 建蔽率　　(3) 容積率　　　　　[2015年1月試験 改]

21 建築物が防火地域および準防火地域にわたる場合においては、原則として、その全部について（　　）内の建築物に関する規定が適用される。**三択**

(1) 防火地域
(2) 準防火地域
(3) 敷地の過半が属する地域　　　　　　　　　　　[2019年9月試験]

22 建築基準法上、容積率とは、建築物の建築面積の敷地面積に対する割合をいう。**○✕** [2021年9月試験]

23 幅員6mの市道に12m接する200㎡の敷地に、建築面積が120㎡、延べ面積が180㎡の2階建ての住宅を建築する場合、この住宅の容積率は、（　　）となる。**三択**

(1) 60％　　(2) 66％　　(3) 90％　　　　　　　[2020年9月試験]

解答解説

19 答 ○　建蔽率が80%とされている地域内で、防火地域内にある耐火建築物等は建蔽率の制限がありません。

20 答 (2)　建築物の敷地が特定行政庁の指定する角地にある場合には、**建蔽率**について**10%**加算(緩和)されます。

> **建蔽率の緩和**
>
> ★下記❶、❷のいずれかを満たせば建蔽率が**10**％緩和される
> ❶建蔽率の最高限度が**80**％とされている地域**外**で、**防火**地域内にある**耐火**建築物等
> ❷準防火地域内にある建築物で耐火建築物等または準耐火建築物等
>
> ★特定行政庁が指定する**角地**の場合には、建蔽率が**10**％緩和される

21 答 (1)　防火地域と準防火地域にまたがって建築物を建てる場合、原則として、その全部について**防火**地域(規制の厳しいほう)の規制が適用されます。

22 答 ✕　容積率とは、敷地面積に対する**延べ面積**(各階の床面積合計)の割合をいいます。

23 答 (3)　容積率とは、敷地面積に対する**延べ面積**(各階の床面積合計)の割合をいいます。

容積率：$\dfrac{180㎡}{200㎡}=0.9 \to 90\%$

24 建築基準法の規定によれば、第一種低層住居専用地域内の建築物には、原則として、北側斜線制限（同法第56条に規定する建築物の高さ制限）が適用される。**○✕**

［2017年5月試験］

---

25 建築基準法によれば、第一種低層住居専用地域内の建築物の高さは、原則として（　　）のうち当該地域に関する都市計画において定められた建築物の高さの限度を超えてはならないとされている。**三択**

(1) 10mまたは12m

(2) 10mまたは20m

(3) 12mまたは15m

［2023年5月試験］

26 市街化区域内において、所有する農地を自宅の建築を目的として宅地に転用する場合、あらかじめ（　　）に届出をすれば都道府県知事等の許可は不要である。**三択**

(1) 農業委員会

(2) 市町村長

(3) 国土交通大臣

［2023年5月試験］

解答解説

24 答 ○ 　第一種低層住居専用地域内の建築物には、北側斜線制限が適用されます。

> **北側斜線制限**
> ★住宅地における日当たりを確保するための制限
> ★住宅地（第一種・第二種低層住居専用地域、田園住居地域、第一種・第二種中高層住居専用地域）のみ適用される

25 答 (1) 　第一種・第二種低層住居専用地域内および田園住居地域内では、原則として建築物の高さは**10m**または**12m**のうち、都市計画で定めた高さを超えることはできません。

解答解説

26 答 (1) 　農地を農地以外の土地に転用する場合には、原則として**都道府県知事等**の許可が必要ですが、市街化区域内にある農地の場合には、あらかじめ**農業委員会**に届出をすれば、都道府県知事等の許可は不要となります。

問題 不動産取得税

1 贈与により不動産を取得した場合、不動産取得税は課されない。 ⭕❌

[2021年5月試験]

---

2 新築の戸建て住宅の取得に対する不動産取得税の課税標準の算定上、「不動産取得税の課税標準の特例」の適用を受けることにより、固定資産税評価額から最高で1,500万円を控除することができる。 ⭕❌

[2019年5月試験]

---

3 不動産取得税の課税標準は、原則として（　　　）である。 三択

(1) 公示価格
(2) 固定資産課税台帳に登録された価格
(3) 通常の取引価額

[2017年9月試験]

問題 消費税

4 居住の用に供する住宅の貸付（貸付期間が1カ月に満たないものを除く）には、消費税が課されない。 ⭕❌

[2012年9月試験]

問題 固定資産税

5 「住宅用地に対する固定資産税の課税標準の特例」は、自己の居住用家屋の敷地である宅地にのみ適用されるため、賃貸アパートの敷地である宅地については適用されない。 ⭕❌

[2021年9月試験]

解答解説

1 答 **×**　　相続や**法人の合併**によって不動産を取得した場合には、不動産取得税は課されませんが、贈与によって不動産を取得した場合には、不動産取得税は課されます。

2 答 **×**　　一定の新築住宅の取得について、「不動産取得税の課税標準の特例」の適用を受けることにより、固定資産税評価額から控除できる金額は最高で**1,200**万円です。

3 答 **(2)**　　不動産取得税の課税標準は、原則として**固定資産税評価額**(固定資産課税台帳に登録された価格)です。

不動産取得税のポイント	
課税主体	不動産がある都道府県（地方税）
課税標準	**固定資産税評価額**
税率	原則は4%、2027年3月31日までに土地や住宅を取得した場合は**3**%
課税標準の特例	宅地の場合…課税標準が**2分の1**になる
	新築住宅の場合…課税標準から最高で**1,200**万円を控除できる

解答解説

4 答 **○**　　居住用住宅(貸付期間が1カ月以上のもの)の貸付けには消費税が課されません。ほかに、土地の譲渡・貸付けにも消費税は課されません。

解答解説

5 答 **×**　　「住宅用地に対する固定資産税の課税標準の特例」は、賃貸アパートの敷地である宅地についても適用されます。

学科
不動産 CH 05

SEC
04
不動産の税金

問題 **固定資産税**

6 土地・家屋の固定資産税の納税義務者は、原則として、毎年（　　）現在において当該土地・家屋の所有者として固定資産課税台帳に登録されている者である。**三択**

(1) 1月1日　　(2) 4月1日　　(3) 7月1日　　　　　　　[2014年1月試験]

---

7 固定資産税における小規模住宅用地（住宅用地で住宅1戸につき200㎡以下の部分）の課税標準については、当該住宅用地に係る固定資産税の課税標準となるべき価格の（　　）の額とする特例がある。**三択**

(1) 2分の1　　(2) 4分の1　　(3) 6分の1　　　　　　[2022年9月試験]

---

8 認定長期優良住宅ではない2階建ての新築住宅に係る固定資産税については、「新築された住宅に対する固定資産税の減額」の適用を受けることにより、新たに固定資産税が課されることとなった年度から3年度分に限り、床面積（　①　）㎡までの部分に相当する税額が（　②　）に減額される。**三択**

(1) ① 50　　②4分の1
(2) ①100　　②3分の1
(3) ①120　　②2分の1　　　　　　　　　　　　　[2019年5月試験]

問題 **都市計画税**

9 都市計画税は、都市計画区域のうち、原則として、市街化区域内に所在する土地・家屋の所有者に対して課される。**OX**　　　　　[2014年5月試験]

解答解説

6 答 (1)　固定資産税の納税義務者は、毎年１月１日現在において土地・家屋の所有者として固定資産課税台帳に登録されている人です。

7 答 (3)　固定資産税における小規模住宅用地(住宅用地で住宅１戸につき200㎡以下の部分)の課税標準については、課税標準となるべき価格の６分の１の額とする特例があります。

8 答 (3)　住宅を新築等した場合で、一定の条件を満たしたときは、新築後３年間(本問の場合)または５年間、120㎡までの部分について税額が２分の１に軽減される特例があります。

固定資産税のポイント

課税主体	不動産がある市町村（地方税）
納税義務者	毎年 **1** 月 **1** 日に固定資産課税台帳に所有者として登録されている人
課税標準	固定資産税評価額
税率	1.4%（標準税率）
課税標準の特例	小規模住宅用地（200㎡以下の部分）…課税標準が **6** 分の **1** になる 一般住宅用地（200㎡超の部分）……課税標準が **3** 分の **1** になる
新築住宅の税額軽減特例	住宅を新築等した場合で、一定の条件を満たしたときは、新築後 **3** 年間または **5** 年間、120㎡までの部分について税額が **2** 分の **1** に軽減される

解答解説

9 答 ○　都市計画税の納税義務者は、原則として、**市街化区域**内にある土地・家屋の所有者です。

10 個人が賃貸アパートの敷地および建物を売却したことにより生じた所得は、不動産所得となる。◯✕　　　　　　　　　　　　　　[2018年1月試験]

---

11 Aさんが、取得日が2019年10月1日の土地を譲渡する場合、その譲渡日が2024年1月1日以降であれば、当該譲渡は、所得税における長期譲渡所得に区分される。◯✕　　　　　　　　　　[2021年1月試験 改]

---

12 所得税の計算において、個人が土地を譲渡したことによる譲渡所得が長期譲渡所得に区分されるためには、土地を譲渡した年の1月1日における所有期間が（　　）を超えていなければならない。三択

(1)　5年　　(2)　10年　　(3)　20年　　　　　　　　　[2023年1月試験]

---

13 個人が土地を譲渡するために、その土地の上にある老朽化した建物を取り壊した場合の取壊し費用は、所得税における譲渡所得の金額の計算上、譲渡費用となる。◯✕　　　　　　　　　　　　　[2017年9月試験]

---

14 個人が土地を譲渡したことによる譲渡所得の金額の計算において、譲渡した土地の取得費が不明である場合、譲渡収入金額の（　　）相当額を取得費とすることができる。三択

(1)　5％　　(2)　10％　　(3)　15％　　　　　　　　[2021年5月試験]

解答解説

10 答 × 　土地や建物を売却したことにより生じた所得は**譲渡**所得となります。

11 答 × 　譲渡した年の1月1日時点の所有期間が**5年超**の場合、長期譲渡所得に該当します。取得日が2019年10月1日の場合、2024年1月1日時点では5年超とはならないため、当該譲渡は短期譲渡所得に区分されます。

12 答 (1) 　譲渡した年の1月1日時点の所有期間が**5年超**であるものは長期譲渡所得に区分され、**5年以下**であるものは短期譲渡所得に区分されます。

> **短期譲渡所得と長期譲渡所得**
>
> 譲渡した年の**1月1日**時点の所有期間が $\begin{cases} 5\,\text{年以下} \rightarrow 短期譲渡所得 \\ 5\,\text{年　超} \rightarrow 長期譲渡所得 \end{cases}$

13 答 ○ 　土地を譲渡するために、その土地の上にある老朽化した建物を取り壊した場合の取壊し費用は、譲渡所得の金額の計算上、譲渡費用となります。

譲渡所得＝収入金額－（取得費＋譲渡費用）

14 答 (1) 　取得費が不明な場合には、譲渡収入金額の5％相当額を取得費とすることができます。なお、取得費が「譲渡収入金額×5％」よりも低い場合、譲渡収入金額の5％相当額を取得費とすることができます。

15 「居住用財産を譲渡した場合の3,000万円の特別控除」の適用を受けるためには、譲渡した居住用財産の所有期間が譲渡した日の属する年の1月1日において10年を超えていなければならない。**○✕**　　[2021年5月試験]

16 「居住用財産を譲渡した場合の3,000万円の特別控除」は、自己が居住していた家屋を配偶者や子に譲渡した場合には、適用を受けることができない。**○✕**　　[2019年1月試験]

17 自己が居住していた家屋を譲渡する場合、その家屋に居住しなくなった日から（　①　）を経過する日の属する年の（　②　）までに譲渡しなければ、「居住用財産を譲渡した場合の3,000万円の特別控除」の適用を受けることができない。**三択**

(1)　①3年　　②3月15日
(2)　①3年　　②12月31日
(3)　①5年　　②12月31日　　　　　　　　　　[2023年9月試験]

18 「被相続人の居住用財産（空き家）に係る譲渡所得の特別控除の特例」の適用を受けるためには、相続税の申告期限までに当該譲渡を行わなければならない。**○✕**　　[2018年5月試験]

19 個人が相続により取得した被相続人の居住用家屋およびその敷地を譲渡し、「被相続人の居住用財産（空き家）に係る譲渡所得の特別控除の特例」の適用を受けるためには、譲渡資産の譲渡対価の額が6,000万円以下であることなどの要件を満たす必要がある。**○✕**　　[2023年5月試験]

解答解説

15 答 ✕　「居住用財産を譲渡した場合の3,000万円の特別控除」は、譲渡した居住用財産の所有期間にかかわらず適用することができます。

16 答 ○　「居住用財産を譲渡した場合の3,000万円の特別控除」は、配偶者、父母、子などへの譲渡の場合には適用を受けることができません。

17 答 (2)　「居住用財産を譲渡した場合の3,000万円の特別控除」の適用を受ける場合、自己が居住しなくなった日から**3**年経過する日の属する年の**12**月**31**日までに家屋を譲渡していなければなりません。

居住用財産の3,000万円の特別控除	
ポイント	★譲渡した居住用財産の所有期間が短期でも長期でも適用できる ★控除後の課税譲渡所得がゼロとなる場合も確定申告が必要
主な 適用要件	★居住用財産であること ★配偶者、父母、子などへの譲渡ではないこと ★自己が居住しなくなった日から**3**年経過する日の属する年の**12**月**31**日までに譲渡していること ★前年、前々年にこの特例を受けていないこと

18 答 ✕　相続開始日から**3**年を経過する年の12月31日までに譲渡していれば、「空き家にかかる譲渡所得の特別控除」の適用を受けることができます。

19 答 ✕　「空き家にかかる譲渡所得の特別控除」の適用を受けるためには、譲渡対価が**1億円**以下でなければなりません。

20 被相続人の居住用家屋およびその敷地を相続により取得した被相続人の長男が、当該家屋およびその敷地を譲渡し、「被相続人の居住用財産（空き家）に係る譲渡所得の特別控除の特例」の適用を受けた場合、譲渡所得の金額の計算上、最高（　　）を控除することができる。 三択

(1)　2,000万円　　(2)　3,000万円　　(3)　5,000万円　　[2021年9月試験]

---

21 個人が自宅の土地および建物を譲渡し、「居住用財産を譲渡した場合の長期譲渡所得の課税の特例」（軽減税率の特例）の適用を受けた場合、当該譲渡に係る課税長期譲渡所得金額のうち、（　①　）以下の部分については、所得税および復興特別所得税（　②　）、住民税4％の税率で課税される。 三択

(1)　①6,000万円　　②10.21％
(2)　①1億円　　　　②10.21％
(3)　①1億円　　　　②15.315％　　[2022年5月試験]

解答解説

20 答 (2) 「空き家にかかる譲渡所得の特別控除」の控除額は最高 **3,000** 万円です。

空き家にかかる譲渡所得の特別控除	
特別控除額	最高 **3,000** 万円
主な適用要件	★マンションなど区分所有建物でないこと ★相続開始日から **3** 年を経過する年の **12** 月 **31** 日までに譲渡していること ★譲渡対価が **1** 億円以下であること

21 答 (1) 譲渡した年の **1** 月 **1** 日時点の所有期間が **10** 年超の居住用財産を譲渡した場合、課税長期譲渡所得金額が **6,000** 万円以下の部分につき、軽減税率(所得税 **10**%、復興特別所得税 **0.21**%、住民税 **4**%)で計算することができます。なお、**6,000** 万円超の部分については長期譲渡所得の税率(所得税 **15**%、住民税 **5**%、復興特別所得税 0.315%)で計算します。

居住用財産の軽減税率の特例	
軽減税率	課税長期譲渡所得が **6,000** 万円以下の部分 →所得税 **10**%、住民税 **4**%、復興特別所得税 **0.21**%
主な適用要件	★譲渡した年の **1** 月 **1** 日時点の所有期間が **10** 年超の居住用財産であること

学科
不動産 CH 05

SEC
04
不動産の税金

22 個人が自宅の土地および建物を譲渡し、「特定の居住用財産の買換えの場合の長期譲渡所得の課税の特例」の適用を受けるためには、譲渡した年の1月1日において譲渡資産の所有期間が（ ① ）を超えていることや、譲渡資産の譲渡対価の額が（ ② ）以下であることなどの要件を満たす必要がある。三択

(1) ① 5 年　　② 1 億円

(2) ① 5 年　　② 1 億 6,000 万円

(3) ① 10 年　　② 1 億円

[2023 年 5 月試験]

23 「特定居住用財産の譲渡損失の損益通算及び繰越控除の特例」の適用を受けた場合、損益通算を行っても控除しきれなかった譲渡損失の金額について繰越控除が認められるのは、譲渡の年の翌年以後、最長で（ 　 ）以内である。三択

(1) 　3 年　　(2) 　5 年　　(3) 　10 年

[2018 年 9 月試験]

解答解説

22 答 (3)　「特定居住用財産の買換えの特例」の適用を受けるためには、譲渡した年の1月1日において譲渡資産の所有期間が**10年**を超えていることや、当該譲渡資産の譲渡対価の額が**1億円**以下であることなどの要件を満たす必要があります。

特定居住用財産の買換えの特例	
主な 適用要件	★譲渡した年の1月1日時点の所有期間が **10年超**で居住期間が **10年**以上であること ★譲渡対価の額が **1億** 円以下であること ★新たに購入した居住用財産の床面積が **50** ㎡以上であること

23 答 (1)　「特定居住用財産の譲渡損失の損益通算および繰越控除の特例」の適用を受けた場合、損益通算を行っても控除しきれなかった譲渡損失の金額について繰越控除が認められるのは、譲渡の年の翌年以後、最長で**3年**以内です。

問題 不動産の有効活用の事業手法

1 土地の有効活用において、一般に、土地所有者が入居予定の事業会社から建設資金を借り受けて、事業会社の要望に沿った店舗等を建設し、その店舗等を事業会社に賃貸する手法を、事業用定期借地権方式という。 **○X** [2021年9月試験]

2 土地の有効活用方式のうち、一般に、土地所有者が土地の全部または一部を拠出し、デベロッパーが建設費等を拠出して、それぞれの出資比率に応じて土地・建物に係る権利を取得する方式を、（　　　）という。 **三択**

(1) 事業受託方式
(2) 建設協力金方式
(3) 等価交換方式 [2020年9月試験]

問題 不動産投資利回り

3 不動産投資の採算性を示す指標の1つである（　　　）は、年間賃料収入を投資額で除して算出する。 **三択**

(1) 単純利回り　　(2) ネット利回り　　(3) 内部収益率 [2014年1月試験]

4 投資総額1億2,000万円で購入した賃貸用不動産の年間収入の合計額が1,050万円、年間費用の合計額が300万円である場合、この投資の純利回り（NOI利回り）は、（　　　）である。 **三択**

(1) 2.50%　　(2) 6.25%　　(3) 8.75% [2023年1月試験]

解答解説

1 答 ✕　土地所有者が入居予定の事業会社から建設資金を借り受けて、店舗等を建設し、その店舗等を事業会社に賃貸する手法を**建設協力金方式**といいます。

2 答 (3)　土地所有者が土地の全部または一部を拠出し、デベロッパーが建設費等を拠出して、それぞれの出資比率に応じて土地・建物にかかる権利を取得する方式を、**等価交換方式**といいます。

不動産の有効活用の事業手法

自己建設方式	土地の所有者が自分で企画、資金調達、建築等を行う方法
事業受託方式	土地活用の事業全体をデベロッパーに任せてしまう方法
建設協力金方式	土地の所有者が、入居予定のテナントから保証金（建設協力金）を預かって、建物の建設費にあてる方法
土地信託方式	信託銀行に土地を信託する方法
等価交換方式	土地の所有者が土地を提供し、その土地にデベロッパーが建物を建て、完成後の土地と建物の権利を資金提供割合で分ける方法
定期借地権方式	定期借地権を設定して、土地を賃貸する方法

解答解説

3 答 (1)　年間賃料収入を投資額で割って算出した指標は**単純利回り**です。

$$単純利回り：\frac{年間収入}{投資額} \times 100$$

4 答 (2)　純利回り(NOI利回り)は、年間収入から年間費用を差し引いた金額（純収入）を投資額で割って算出します。

$$純利回り：\frac{年間収入-年間費用}{投資額} \times 100$$

$$純利回り：\frac{1,050万円-300万円}{1億2,000万円} \times 100 = 6.25\%$$

個人1 次の設例に基づいて、下記の各問に答えなさい。　　[2023年1月試験　第4問]

- - - - - - - - - - - - - - - -《設例》- - - - - - - - - - - - - - - -

　Aさん（51歳）は、3年前に父親の相続により取得した甲土地を所有している。相続開始前から現在に至るまで月極駐車場として賃貸しているが、収益性は低い。甲土地は、最寄駅から徒歩3分に位置し、周辺では戸建て住宅や低層マンションが建ち並んでいる。

　Aさんは、先日、知人の不動産会社の社長から「大手ドラッグストアのX社が駅周辺での新規出店にあたり、甲土地に興味を示している。X社は建設協力金方式を望んでいるが、契約形態は事業用定期借地権方式でもよいと言っている。この機会に、甲土地の有効活用について考えてみてはどうか」との提案を受けた。

〈甲土地の概要〉

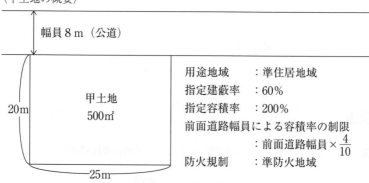

用途地域	：準住居地域
指定建蔽率	：60%
指定容積率	：200%
前面道路幅員による容積率の制限	：前面道路幅員×$\frac{4}{10}$
防火規制	：準防火地域

・指定建蔽率および指定容積率とは、それぞれ都市計画において定められた数値である。
・特定行政庁が都道府県都市計画審議会の議を経て指定する区域ではない。

※上記以外の条件は考慮せず、各問に従うこと。

問1 甲土地に耐火建築物を建築する場合の①建蔽率の上限となる建築面積と②容積率の上限となる延べ面積の組合せとして、次のうち最も適切なものはどれか。

(1) ①300㎡ ②1,000㎡
(2) ①350㎡ ②1,000㎡
(3) ①350㎡ ②1,600㎡

問2 X社が提案する建設協力金方式に関する次の記述のうち、最も不適切なものはどれか。

(1) 「建設協力金方式とは、X社が建設資金をAさんに貸し付け、この資金を利用してAさんが建設した店舗をX社に賃貸する手法です。建設資金は、契約期間中に賃料と相殺する形で返済するのが一般的です」
(2) 「建設協力金方式により建設した店舗は、相続税額の計算上、貸家として評価されます。また、甲土地は貸家建付地として評価されます」
(3) 「建設協力金方式により建設した店舗は、契約期間満了後にX社が撤去し、Aさんに甲土地を更地で返還するのが一般的です。Aさんは、甲土地を手放さずに安定した賃料収入を得ることができます」

問3 X社が提案する事業用定期借地権方式に関する次の記述のうち、最も適切なものはどれか。

(1) 「事業用定期借地権方式とは、X社が甲土地を一定期間賃借し、X社が店舗を建設する手法です。Aさんは、店舗の建設資金を負担することなく、安定した地代収入を得ることができます」
(2) 「事業用定期借地権について、契約期間満了時にX社から契約の更新の請求があった場合、Aさんは、正当な事由がない限り、この請求を拒絶することができません。甲土地の利用状況が長期間にわたり固定化されるというデメリットがあります」
(3) 「地代の改定方法や契約期間中に中途解約する場合の取扱いなど、契約内容を事前に精査しておく必要があります。事業用定期借地権の設定契約は、必ずしも公正証書による必要はありませんが、書面により作成する必要があります」

問1 答 (2)

①…建蔽率の上限となる建築面積は、甲土地の面積に指定建蔽率を掛けて計算します。また、準防火地域内に耐火建築物を建てることから建蔽率が10%緩和されます。したがって、甲土地の建蔽率は70%（60%＋10%）となります。

建蔽率の上限となる建築面積：500㎡×70%＝350㎡

②…前面道路の幅員が12m未満の場合、指定容積率（200%）と前面道路の幅員に法定乗数を掛けた率のうち、いずれか**小さい**ほうが容積率の上限となります。

❶指定容積率：200%

❷$8m × \dfrac{4}{10} = 320\%$

❸❶＜❷より容積率の上限は200%

❹容積率の上限となる延べ面積：500㎡×200%＝1,000㎡

問2 答 (3)

(3)…本肢は定期借地権方式の説明です。建設協力金方式は、土地の所有者が、入居予定のテナントから保証金（建設協力金）を預かって、建物の建設費にあてる方法です。

問3 答 (1)

(2)…事業用定期借地権は、存続期間を **10** 年以上 **50** 年未満とする必要があり、更新はありません。

(3)…事業用定期借地権の設定を目的とする契約は、**公正証書**によってしなければなりません。

個人2 次の設例に基づいて、下記の各問に答えなさい。 [2023年5月試験 第4問]

《設 例》

Aさん(53歳)は、13年前に父親の相続により取得した自宅(建物およびその敷地である甲土地)に居住している。Aさんは、自宅の設備が古くなってきたことや老後の生活のことも考え、自宅を売却し、駅前のマンションを購入して転居することを検討している。

先日、Aさんが知り合いの不動産会社の社長に相談したところ、「甲土地のある駅周辺は再開発が進んでおり、居住用建物について相応の需要が見込まれる。自宅を売却するのもよいと思うが、甲土地で賃貸マンション経営をすることも検討してみてはどうか」とアドバイスを受けた。

〈甲土地の概要〉

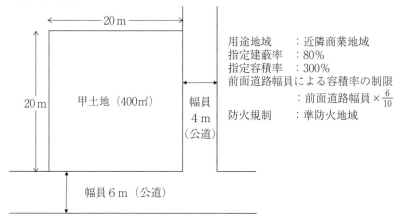

用途地域 ：近隣商業地域
指定建蔽率 ：80%
指定容積率 ：300%
前面道路幅員による容積率の制限
：前面道路幅員×$\frac{6}{10}$
防火規制 ：準防火地域

・甲土地は、建蔽率の緩和について特定行政庁が指定する角地である。
・指定建蔽率および指定容積率とは、それぞれ都市計画において定められた数値である。
・特定行政庁が都道府県都市計画審議会の議を経て指定する区域ではない。

※上記以外の条件は考慮せず、各問に従うこと。

問1 甲土地に賃貸マンション(耐火建築物)を建築する場合の①建蔽率の上限となる建築面積と②容積率の上限となる延べ面積の組合せとして、次のうち最も適切なものはどれか。

(1) ① 360㎡ ② 960㎡
(2) ① 400㎡ ② 960㎡
(3) ① 400㎡ ② 1,200㎡

問2 自宅（建物およびその敷地である甲土地）の譲渡に関する以下の文章の空欄 ①～③に入る語句の組合せとして、次のうち最も適切なものはどれか。

> 「Aさんが駅前のマンションに転居し、その後、居住していない現在の自宅を譲渡した場合に、Aさんが『居住用財産を譲渡した場合の3,000万円の特別控除の特例』の適用を受けるためには、Aさんが居住しなくなった日から（ ① ）を経過する日の属する年の12月31日までに現在の自宅を譲渡すること等の要件を満たす必要があります。また、『居住用財産を譲渡した場合の長期譲渡所得の課税の特例』（軽減税率の特例）の適用を受ける場合、現在の自宅の譲渡に係る課税長期譲渡所得金額のうち、（ ② ）以下の部分については、所得税および復興特別所得税（ ③ ）、住民税4％の税率で課税されます」

(1) ① 3年 ② 6,000万円 ③ 10.21％
(2) ① 3年 ② 1億円 ③ 15.315％
(3) ① 5年 ② 1億円 ③ 10.21％

問3 自己建設方式による甲土地の有効活用に関する次の記述のうち、最も適切なものはどれか。

(1) 「自己建設方式は、Aさんがマンション等の建築資金の調達や建築工事の発注、建物の管理・運営を自ら行う方式です。Aさん自らが貸主となって所有するマンションの賃貸を行うためには、あらかじめ宅地建物取引業の免許を取得する必要があります」
(2) 「Aさんが甲土地に賃貸マンションを建築した場合、相続税の課税価格の計算上、甲土地は貸家建付地として評価されます」
(3) 「Aさんが甲土地に賃貸マンションを建築した場合、甲土地に係る固定資産税の課税標準を、住宅1戸につき200㎡までの部分（小規模住宅用地）について課税標準となるべき価格の2分の1の額とする特例の適用を受けることができます」

問1 答 (3)

①…準防火地域内に耐火建築物を建てることから、建蔽率が **10**%緩和されます。また、特定行政庁が指定する角地の場合、さらに **10**%緩和されます。したがって、甲土地の建蔽率は100%(80%+10%+10%)となります。

建蔽率の上限となる建築面積：400㎡×100%＝400㎡

②…前面道路(2つ以上の道路に面している場合には幅が広いほう)の幅員が12m未満の場合、❶指定容積率(300%)と❷前面道路の幅員に法定乗数を掛けた率のうち、いずれか **小さい**ほうが容積率の上限となります。

　　　　❶指定容積率：300%

　　　　❷6m×$\dfrac{6}{10}$＝360%

　　　　❸❶<❷より、❶300%

　　　　❹容積率の上限となる延べ面積：400㎡×300%＝1,200㎡

問2 答 (1)

①……「居住用財産の3,000万円の特別控除」の適用を受けるには、居住しなくなった日から **3**年を経過する日の属する年の12月31日までに譲渡しなければなりません。

②③…「居住用財産の軽減税率の特例」を受けた場合、課税長期譲渡所得金額のうち、**6,000**万円以下の部分については、所得税および復興特別所得税 **10.21**%、住民税4%の税率で課税されます。

問3 答 (2)

(1)…建物の所有者が、自ら貸主となって建物の賃貸を行う場合(自ら貸借の場合)は、宅地建物取引業には該当しないので、宅地建物取引業の免許は不要です。

(2)…Aさんが所有する土地に建物を建て、その建物を賃貸した場合の、(賃貸している)建物を貸家、土地を **貸家建付地** といい、相続税の課税価格の計算上、土地は **貸家建付地** として評価されます(相続税の評価についてはCHAPTER06で学習します)。

(3)…固定資産税の住宅用地の課税標準の特例では、小規模住宅用地(200㎡以下の部分)について、課税標準が **6**分の1の額となります。

《設 例》

Aさん(55歳)は、昨年、父親の相続によりX市内の実家(甲土地および建物)を取得した。法定相続人は、長男のAさんのみであり、相続に係る申告・納税等の手続は完了している。

Aさんは、別の都市に自宅を所有し、家族と居住しているため、相続後に空き家となっている実家(築45年)の売却を検討している。しかし、先日、友人の不動産会社の社長から、「甲土地は、最寄駅から徒歩5分の好立地にあり、相応の住宅需要が見込める。自己建設方式による賃貸マンションの建築を検討してみてはどうか」との提案があったことで、甲土地の有効活用にも興味を持ち始めている。

〈甲土地の概要〉

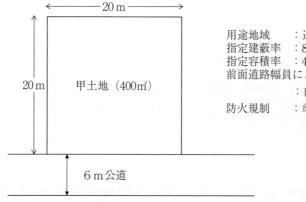

用途地域　　　：近隣商業地域
指定建蔽率　　：80%
指定容積率　　：400%
前面道路幅員による容積率の制限
　　　　　　　：前面道路幅員×$\frac{6}{10}$
防火規制　　　：準防火地域

・指定建蔽率および指定容積率とは、それぞれ都市計画において定められた数値である。
・特定行政庁が都道府県都市計画審議会の議を経て指定する区域ではない。

※上記以外の条件は考慮せず、各問に従うこと。

問1 甲土地に耐火建築物を建築する場合の①建蔽率の上限となる建築面積と② 容積率の上限となる延べ面積の組合せとして、次のうち最も適切なものはどれか。

(1) ① 360㎡ ② 1,440㎡
(2) ① 360㎡ ② 1,600㎡
(3) ① 400㎡ ② 1,600㎡

問2 「被相続人の居住用財産（空き家）に係る譲渡所得の特別控除の特例」（以下、「本特例」という）に関する次の記述のうち、最も不適切なものはどれか。

(1) 「本特例の適用を受けるためには、相続した家屋について、1981年5月31日以前に建築されたこと、相続開始直前において被相続人以外に居住をしていた人がいなかったことなどの要件を満たす必要があります」
(2) 「本特例の適用を受けるためには、譲渡の対価の額が5,000万円以下でなければなりません」
(3) 「本特例の適用を受けるためには、確定申告書にＸ市から交付を受けた被相続人居住用家屋等確認書を添付する必要があります」

問3 甲土地の有効活用等に関する次の記述のうち、最も適切なものはどれか。

(1) 「自己建設方式とは、Ａさんが所有する土地の上に、事業者が建設資金を負担してマンション等を建設し、完成した建物の住戸等をＡさんと事業者がそれぞれの出資割合に応じて取得する手法です」
(2) 「甲土地が貸付事業用宅地等に該当すれば、『小規模宅地等についての相続税の課税価格の計算の特例』の適用を受けることができます。貸付事業用宅地等は、相続税の課税価格の計算上、330㎡までの部分について50％の減額が受けられます」
(3) 「Ａさんが金融機関から融資を受けて賃貸マンションを建築した場合、Ａさんの相続における相続税額の計算上、当該借入金の残高は債務控除の対象となります」

問1 答 (1)

①…準防火地域内に耐火建築物を建てることから、建蔽率が10%緩和されます。したがって、甲土地の建蔽率は90%(80%+10%)となります。
　　建蔽率の上限となる建築面積：400㎡×90%＝360㎡
②…前面道路の幅員が12m未満の場合、❶指定容積率(400%)と❷前面道路の幅員に法定乗数を掛けた率のうち、いずれか**小さい**ほうが容積率の上限となります。
　　❶指定容積率：400%
　　❷ $6\,\text{m} \times \dfrac{6}{10} = 360\%$
　　❸❶＞❷より、❷360%
　　❹容積率の上限となる延べ面積：400㎡×360%＝1,440㎡

問2 答 (2)

(2)…「空き家にかかる譲渡所得の特別控除」の適用を受けるためには、譲渡対価の額が**1億円**以下でなければなりません。

問3 答 (3)

(1)…自己建設方式とは、土地の所有者が自分で企画、資金調達、建築等を行う方法です。選択肢は等価交換方式の説明です。
(2)…「小規模宅地等の相続税の課税価格の計算の特例」の適用を受けた場合、貸付事業用宅地等は、相続税の課税価格の計算上、**200**㎡までの部分について**50**％の減額を受けることができます(相続税の評価についてはCHAPTER06で学習します)。
(3)…相続人が承継した被相続人の債務(借入金やその他負債)は相続税の計算上、債務控除の対象となり、資産(プラスの財産)から控除することができます(債務控除についてはCHAPTER06で学習します)。

不動産

資産1 公的な土地評価に関する下表の空欄（ア）〜（ウ）にあてはまる語句の組み合わせとして、最も適切なものはどれか。

価格の種類	公示価格	相続税路線価	固定資産税評価額
所管	（　ア　）	＊＊＊	（　イ　）
評価割合	―	公示価格の （　ウ　）程度	公示価格の 70％程度
実施目的	一般の土地取引 の指標等	相続税等の 財産評価の基礎	固定資産税等の 課税標準の基礎

※問題作成の都合上、表の一部を空欄（＊＊＊）としている。

(1) （ア）総務省　　　　　（イ）市町村（東京23区は東京都）　　（ウ）70％
(2) （ア）国土交通省　　　（イ）市町村（東京23区は東京都）　　（ウ）80％
(3) （ア）国土交通省　　　（イ）国税庁　　　　　　　　　　　　（ウ）90％

[2022年1月試験　第3問　問6]

資産1 解答解説

答 (2)

表を埋めると、次のとおりです。

価格の種類	公示価格	相続税路線価	固定資産税評価額
所管	**国土交通省**	**国税庁**	**市町村** （東京23区は東京都）
評価割合	―	公示価格の **80％**程度	公示価格の 70％程度
実施目的	一般の土地取引 の指標等	相続税等の 財産評価の基礎	固定資産税等の 課税標準の基礎

331

資産2 建物の登記記録に関する下表の空欄（ア）〜（ウ）にあてはまる記録事項の組み合わせとして、正しいものはどれか。

〈建物登記記録の構成〉

建物登記記録	表題部	（　ア　）	
	権利部	甲区	（　イ　）
		乙区	（　ウ　）

(1)　（ア）所有権保存登記　　　（イ）所有権移転登記　　　（ウ）抵当権設定登記
(2)　（ア）建物の所在や構造　　（イ）所有権保存登記　　　（ウ）所有権移転登記
(3)　（ア）建物の所在や構造　　（イ）所有権移転登記　　　（ウ）抵当権設定登記

［2021年9月試験　第4問　問6］

資産2 解答解説

答 (3)

㋐…表題部には、建物の所在や構造が記録されます。
㋑…権利部甲区には、所有権に関する事項（所有権の移転、保存など）が記録されます。
㋒…権利部乙区には、所有権以外の権利（抵当権、賃借権など）に関する事項が記録されます。

資産③ 下記は、宅地建物の売買・交換において、宅地建物取引業者と交わす媒介契約の種類とその概要についてまとめた表である。下表の空欄（ア）〜（ウ）にあてはまる語句または数値の組み合わせとして、最も適切なものはどれか。なお、自己発見取引とは、自ら発見した相手方と売買または交換の契約を締結する行為を指すものとする。

	一般媒介契約	専任媒介契約	専属専任媒介契約
複数業者への重複依頼	可	不可	不可
自己発見取引	可	（ イ ）	不可
依頼者への業務処理状況報告義務	（ ア ）	2週間に1回以上	1週間に1回以上
指定流通機構への登録義務	なし	媒介契約締結日の翌日から7営業日以内	媒介契約締結日の翌日から（ ウ ）営業日以内

(1) （ア）なし 　　　　　（イ）可 　　　（ウ）5
(2) （ア）3週間に1回以上 （イ）不可 　（ウ）5
(3) （ア）3週間に1回以上 （イ）可 　　（ウ）3

資産③ 解答解説

答 (1)

空欄を埋めると、次のとおりです。

	一般媒介契約	専任媒介契約	専属専任媒介契約
複数業者への重複依頼	可	不可	不可
自己発見取引	可	**可**	不可
依頼者への業務処理状況報告義務	**なし**	2週間に1回以上	1週間に1回以上
指定流通機構への登録義務	なし	媒介契約締結日の翌日から7営業日以内	媒介契約締結日の翌日から**5**営業日以内

資産4 下表は、定期借地権について、まとめた表である。下表の空欄（ア）～（ウ）にあてはまる数値または語句の組み合わせとして、適切なものはどれか。

種類	一般定期借地権	事業用定期借地権等	建物譲渡特約付借地権
借地借家法	第22条	第23条	第24条
存続期間	（　ア　）年以上	10年以上50年未満	30年以上
契約方法	公正証書等の書面（電磁的記録を含む）	（　イ　）	制限なし
契約終了時の建物	原則として借地人は建物を取り壊して土地を返還する	原則として借地人は建物を取り壊して土地を返還する	（　ウ　）が建物を買い取る

(1) （ア）30　　（イ）公正証書　　（ウ）借地人
(2) （ア）50　　（イ）制限なし　　（ウ）土地所有者
(3) （ア）50　　（イ）公正証書　　（ウ）土地所有者

［2022年5月試験　第3問　問7 ㊹］

資産4 解答解説

答 (3)

空欄を埋めると、次のとおりです。

種類	一般定期借地権	事業用定期借地権等	建物譲渡特約付借地権
借地借家法	第22条	第23条	第24条
存続期間	**50年以上**	10年以上50年未満	30年以上
契約方法	公正証書等の書面（電磁的記録を含む）	**公正証書**	制限なし
契約終了時の建物	原則として借地人は建物を取り壊して土地を返還する	原則として借地人は建物を取り壊して土地を返還する	**土地所有者**が建物を買い取る

資産 5 借地借家法に基づく普通借家権に関する以下の記述の空欄（ア）〜（ウ）に入る語句の組み合わせとして、最も適切なものはどれか。

存続期間	
期間の定めがある場合	契約で期間を定める場合、（　ア　）以上とする。（　ア　）未満の期間を定めた場合、期間の定めがないものとみなされる。
期間の定めがない場合	随時解約の申し入れをすることが可能である。 ・賃貸人からの解約の申し入れ 　申し入れの日から（　イ　）経過したときに契約は終了する。ただし、賃貸人からの解約の申し入れには正当事由を要する。 ・賃借人からの解約の申し入れ 　申し入れの日から（　ウ　）経過したときに契約は終了する。

(1)　（ア）1年　　（イ）3ヵ月　　（ウ）1ヵ月
(2)　（ア）1年　　（イ）6ヵ月　　（ウ）3ヵ月
(3)　（ア）2年　　（イ）6ヵ月　　（ウ）3ヵ月

実技
不動産 CH 05

3 資産設計提案業務
【日本FP協会】

資産 5 解答解説

答 **(2)**

表を埋めると、次のとおりです。

存続期間	
期間の定めがある場合	契約で期間を定める場合、（ア **1年**）以上とする。（ア **1年**）未満の期間を定めた場合、期間の定めがないものとみなされる。
期間の定めがない場合	随時解約の申し入れをすることが可能である。 ・賃貸人からの解約の申し入れ 　申し入れの日から（イ **6月**）経過したときに契約は終了する。 　ただし、賃貸人からの解約の申し入れには正当事由を要する。 ・賃借人からの解約の申し入れ 　申し入れの日から（ウ **3カ月**）経過したときに契約は終了する。

資産6 建築基準法に従い、下記〈資料〉の土地に建築物を建築する場合、その土地に対する建築物の建築面積の最高限度として、正しいものはどれか。なお、記載のない条件については一切考慮しないこととする。

〈資料〉

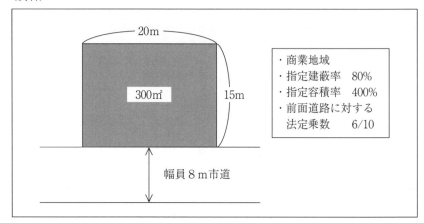

（1）　240㎡

（2）　1,200㎡

（3）　1,440㎡

［2021年5月試験　第4問　問5］

資産6 解答解説

答 (1)

　　　建築面積の最高限度を求めるときは、建蔽率を用います。
　　　建築面積の最高限度：300㎡×80％＝240㎡

資産7 建築基準法に従い、下記〈資料〉の土地に建築物を建築する場合の延べ面積（床面積の合計）の最高限度として、正しいものはどれか。なお、記載のない条件については一切考慮しないこととする。

〈資料〉

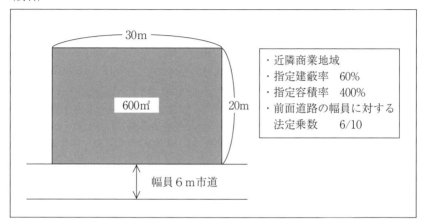

- ・近隣商業地域
- ・指定建蔽率　60%
- ・指定容積率　400%
- ・前面道路の幅員に対する法定乗数　6/10

幅員6m市道

(1) 360㎡

(2) 2,160㎡

(3) 2,400㎡

[2021年1月試験　第3問　問5]

資産7 解答解説

答 (2)

　延べ面積の最高限度を求めるときは、容積率を用います。また、前面道路の幅員が12m未満の場合、❶指定容積率(400%)と❷前面道路の幅員×法定乗数のうち、いずれか**小さい**ほうが容積率の上限となります。

　❶指定容積率：400%

　❷6m×$\dfrac{6}{10}$＝360%

　❸❶＞❷より、❷360%

　❹容積率の上限となる延べ面積：600㎡×360%＝2,160㎡

資産8 下記〈資料〉の甲土地の建築面積の最高限度を算出する基礎となる敷地面積として、正しいものはどれか。なお、この土地の存する区域は特定行政庁が指定する区域に該当しないものとし、その他記載のない条件については一切考慮しないこととする。

〈資料〉

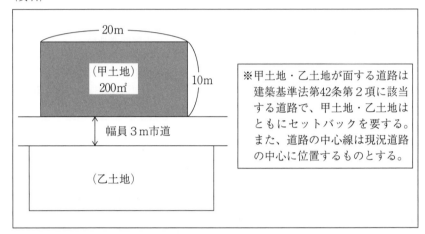

※甲土地・乙土地が面する道路は建築基準法第42条第2項に該当する道路で、甲土地・乙土地はともにセットバックを要する。また、道路の中心線は現況道路の中心に位置するものとする。

(1) 120㎡
(2) 180㎡
(3) 190㎡

［2022年1月試験　第3問　問7］

資産8 解答解説

答 (3)

　建築基準法上、建築物の敷地は、原則として幅員4m以上の道路に2m以上接していなければなりません。幅員4m未満の2項道路では、道路の中心線から2m後退させた境界線までを道路とみなします（セットバック）。そして、セットバック部分は建築面積や延べ面積の計算上、敷地面積には算入しません。

　本問の場合、幅員が3mなので、道路の中心線から2m後退させると、0.5mがセットバックとなります。

　　セットバック部分：0.5m×20m＝10㎡
　　建築面積の最高限度を算出する基礎となる敷地面積：200㎡－10㎡＝190㎡

資産9 下記は、不動産の取得および保有に係る税金についてまとめた表である。下表の空欄（ア）～（ウ）にあてはまる語句の組み合わせとして、正しいものはどれか。

税金の種類	課税主体	納税義務者（原則）	課税標準（原則）
不動産取得税	都道府県	不動産の取得者。ただし、（　ア　）により取得した場合は非課税	固定資産税評価額
登録免許税	国	登記を受ける者	抵当権設定登記等を除き、（　イ　）
固定資産税	（　ウ　）	1月1日現在の固定資産の所有者	固定資産税評価額

(1)　（ア）贈与　（イ）相続税評価額　　　（ウ）市町村（東京23区は東京都）
(2)　（ア）相続　（イ）固定資産税評価額　（ウ）市町村（東京23区は東京都）
(3)　（ア）贈与　（イ）固定資産税評価額　（ウ）都道府県

[2020年9月試験　第3問　問7]

資産9 解答解説

答 **(2)**

⑦…**相続**や法人の合併により不動産を取得したときは、不動産取得税は非課税となります。

⑦…登録免許税の課税標準は原則として**固定資産税評価額**です（抵当権設定登記は債権金額です）。

⑦…固定資産税の課税主体は**市区町村**です。

資産10 井上さんは、下記〈資料〉の物件の購入を検討している。この物件の購入金額（消費税を含んだ金額）として正しいものはどれか。なお、〈資料〉に記載されている金額は消費税を除いた金額であり、消費税率は10%として計算すること。また、記載のない条件については一切考慮しないこととする。

〈資料〉

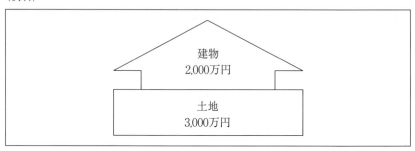

(1) 5,200万円
(2) 5,300万円
(3) 5,500万円

［2023年5月試験　第3問　問7］

資産10 解答解説

答 (1)

　　土地の売買取引には消費税はかかりませんが、建物の売買取引には消費税がかかります。
　　土地：3,000万円
　　建物：2,000万円×1.1＝2,200万円
　　合計：3,000万円＋2,200万円＝5,200万円

資産11 山田さんは、別荘として利用していた土地および建物を売却する予定である。売却に係る状況が下記〈資料〉のとおりである場合、所得税における次の記述の空欄（ア）、（イ）にあてはまる数値または語句の組み合わせとして、最も適切なものはどれか。

〈資料〉

・取得日：2014年1月10日 ・売却予定日：2024年9月30日 ・譲渡価額：3,000万円 ・購入価額：2,500万円 ・取得費：2,000万円 ・譲渡費用：200万円 ※特別控除額はないものとする。 ※所得控除は考慮しないものとする。

山田さんがこの土地および建物を売却した場合の譲渡所得の金額は（　ア　）万円となり、課税（　イ　）譲渡所得金額として扱われる。

(1) （ア）300 　　（イ）短期
(2) （ア）800 　　（イ）短期
(3) （ア）800 　　（イ）長期

［2022年9月試験　第5問　問11 ㊹］

答 (3)

譲渡所得は譲渡価額から取得費と譲渡費用を差し引いて計算します。
　　譲渡所得：3,000万円－(2,000万円＋200万円)＝800万円
また、取得日(2014年1月10日)から売却年の1月1日(2024年1月1日)までの期間が **5年超** なので、**長期** 譲渡所得(所有期間が5年超)となります。

06 相続・事業承継

「教科書」CHAPTER06 相続・事業承継に対応する学科問題と実技問題のうち、よく出題される問題を確認しておきましょう。

学科 試験ではこの科目から〇×問題が5題、三択問題が5題出題されます。
本書の取扱いは次のとおりです。

〇× … 〇×問題です。
正しいものには〇を、誤っているものには×をつけてください。
三択 … 三択問題です。
（　）内にあてはまる最も適切なものを選んでください。

実技 実技問題です。

特におさえておきたい内容

学科

1 相続の基本 「教科書」CH.06 SEC.01	■相続人　　　　　　■相続分 ■相続の承認と放棄 ■遺産分割 ■遺言 ・自筆証書遺言　・公正証書遺言　・秘密証書遺言 ■遺留分
2 相続税 「教科書」CH.06 SEC.02	■相続税の課税対象 ■相続税の非課税財産 ・生命保険金等の非課税額 ■債務控除 ■遺産に係る基礎控除 ■相続税額の2割加算 ■配偶者の税額軽減 ■相続税の申告と納付 ・納付期限　・延納　・物納

問題 相続人

1 相続において、実子と養子または嫡出子と嫡出でない子の区別によって、相続人の順位に違いはない。**○✕**

[2018年9月試験]

2 養子縁組（特別養子縁組を除く）が成立した場合、養子と実方の父母との親族関係は終了する。**○✕**

[2017年5月試験]

3 特別養子縁組が成立した場合、養子となった者と実方の父母との親族関係は終了する。**○✕**

[2023年5月試験]

問題 相続分

4 民法上、被相続人の嫡出子と嫡出でない子の法定相続分は同じである。**○✕**

[2018年1月試験]

5 下記の〈親族関係図〉において、Aさんの相続における子Bさんの法定相続分は、（　　）である。**三択**

〈親族関係図〉

(1) 3分の1　　(2) 4分の1　　(3) 6分の1

[2015年1月試験]

解答解説

1 ▶ 答 ○ 実子と養子、嫡出子と嫡出でない子の区別によって、相続人の順位に違いはありません。

2 ▶ 答 × 普通養子縁組では、養子と実父母との親族関係は終了しません。

3 ▶ 答 ○ 特別養子縁組では、原則として、養子と実父母との親族関係は終了します。

養子縁組の種類	
普通養子縁組	養子は実父母との親子関係を存続したまま、養父母との親子関係をつくる→実父母との親族関係は終了 **しない**
特別養子縁組	養子は実父母との親子関係を断ち切り、養父母との親子関係をつくる→原則として、実父母との親族関係は終了 **する**

解答解説

4 ▶ 答 ○ 民法上、被相続人の嫡出子と嫡出でない子の法定相続分は同じです。

5 ▶ 答 (3) 相続人が配偶者と子の場合の法定相続分は、配偶者2分の1、子2分の1です。子が複数人いる場合には、子の法定相続分を子の人数(本問では3人)で按分して各人の法定相続分を求めます。

子Bさんの法定相続分：$\frac{1}{2} \times \frac{1}{3} = \frac{1}{6}$

6 下記の〈親族関係図〉において、Aさんの相続における父Cさんの法定相続分は、（　　）である。三択

〈親族関係図〉

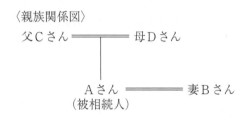

(1)　6分の1　　(2)　4分の1　　(3)　3分の1　　　　[2021年1月試験]

---

7 下記の〈親族関係図〉において、Aさんの相続における妻Bさんの法定相続分は、（　　）である。三択

〈親族関係図〉

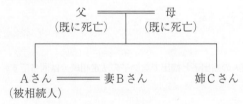

(1)　2分の1　　(2)　3分の2　　(3)　4分の3　　　　[2021年5月試験]

解答解説

6 　**答**　(1)　相続人が配偶者と直系尊属の場合の法定相続分は、配偶者**3**分の**2**、直系尊属**3**分の**1**です。

$$父Cさんの法定相続分：\frac{1}{3} \times \frac{1}{2} = \frac{1}{6}$$

7 　**答**　(3)　相続人が配偶者と兄弟姉妹の場合の法定相続分は、配偶者**4**分の**3**、兄弟姉妹**4**分の**1**です。したがって、妻Bさんの法定相続分は**4**分の**3**です。

学科
相続・事業承継
CH
06

法定相続分	
相続人	法定相続分
配 偶 者 の み	配偶者がすべて相続する
配 偶 者 と 子	配偶者**2**分の**1**、子**2**分の**1**
配偶者と直系尊属	配偶者**3**分の**2**、直系尊属**3**分の**1**
配偶者と兄弟姉妹	配偶者**4**分の**3**、兄弟姉妹**4**分の**1**

SEC
01
相続の基本

8 相続人は、原則として、自己のために相続の開始があったことを知った時から３カ月以内に、相続について単純承認または限定承認をしなければ、相続の放棄をしたものとみなされる。 **○×** 　　　［2023年1月試験］

---

9 相続人が複数人いる場合、相続の限定承認は、相続人全員が共同して行わなければならない。 **○×** 　　　［2015年1月試験］

---

10 相続人が相続の放棄をするには、原則として、自己のために相続の開始があったことを知った時から（ ① ）以内に、（ ② ）にその旨を申述しなければならない。 **三択**

(1) 　①３カ月　　　②家庭裁判所
(2) 　①３カ月　　　②所轄税務署長
(3) 　①６カ月　　　②所轄税務署長 　　　　　　　　［2022年5月試験］

11 相続人が複数いる場合、各相続人は、被相続人の遺言により相続分や遺産分割方法の指定がされていなければ、法定相続分どおりに相続財産を分割しなければならない。 **○×** 　　　［2021年9月試験］

---

12 遺産分割において、共同相続人の１人または数人が、遺産の一部または全部を相続により取得し、他の共同相続人に対して生じた債務を金銭などの財産で負担する方法を代償分割という。 **○×** 　　　［2019年1月試験］

解答解説

8 答 ✕　　相続人は、相続の開始があったことを知った時から３カ月以内に**相続の放棄**または**限定承認**をしなかった場合には単純承認したものとみなされます。

9 答 ◯　　限定承認は相続人全員で行わなければなりません。なお、相続放棄は単独でできます。

10 答 (1)　　相続放棄は、相続の開始があったことを知った日から**３カ月**以内に**家庭裁判所**に申述して行います。

相続の承認と放棄

単純承認 【原則】	被相続人の財産をすべて相続すること
限定承認	被相続人の資産の範囲内で負債を承継すること ★相続の開始があったことを知った時から**３**カ月以内に、相続人**全員**で家庭裁判所に申し出る
相続の放棄	被相続人の財産をすべて承継しないなど、相続人とならなかったものとすること ★相続の開始があったことを知った時から**３**カ月以内に、家庭裁判所に申し出る ★相続の放棄は**単独**でできる

解答解説

11 答 ✕　　協議分割（相続人全員の協議によって相続財産を分割する方法）によることもできます。

12 答 ◯　　代償分割は、共同相続人の１人または数人が遺産の一部または全部を相続により取得し、他の相続人に自分の財産で支払う方法です。

遺産分割の方法

現物分割	遺産を現物のまま分割する方法
換価分割	遺産の全部または一部をお金に換えて、そのお金を分割する方法
代償分割	ある相続人が遺産を現物で取得し、他の相続人に自分の財産で支払う方法

学科 相続・事業承継 CH 06

SEC 01 相続の基本

13 自筆証書遺言を作成する場合において、自筆証書に添付する財産目録については、所定の要件を満たせば、自書によらずにパソコンで作成しても差し支えない。 **○×**

[2020年1月試験 改]

14 自筆証書遺言書保管制度を利用して、法務局(遺言書保管所)に保管されている自筆証書遺言については、家庭裁判所による検認の手続を要しない。 **○×**

[2023年5月試験]

15 公正証書遺言を作成した公証人は、遺言者の相続の開始を知った後、その遺言書を家庭裁判所に提出して検認を請求しなければならない。 **○×**

[2018年5月試験]

16 公正証書遺言を作成する場合、証人（　①　）以上の立会いが必要であるが、遺言者の推定相続人は、この証人になること（　②　）。 **三択**

(1)　①1人　　②ができる
(2)　①2人　　②ができる
(3)　①2人　　②はできない

[2021年9月試験]

17 法定相続人である被相続人の（　　　）は、遺留分権利者とはならない。 **三択**

(1)　父母　　　(2)　兄弟姉妹　　　(3)　養子

[2023年1月試験]

解答解説

13 答 ○　自筆証書遺言は、遺言者が遺言の全文、日付、氏名を自書し、押印しますが、財産目録を添付する場合、毎ページに署名・押印をすれば、その目録は自書は不要となります。

14 答 ○　自筆証書遺言は原則として家庭裁判所による検認が必要ですが、法務局に保管されたものについては検認は不要です。

15 答 ×　公正証書遺言の場合、検認は不要です。

16 答 (3)　公正証書遺言の作成においては、２人以上の証人の立ち合いが必要ですが、❶未成年者、❷推定相続人や受遺者、❸❷の配偶者や直系血族は証人になれません。

遺言の種類とポイント	
自筆証書遺言	★遺言者が遺言の全文、日付、氏名を自書し、押印する ★財産目録は、毎葉に署名・押印をすればその目録は **自書不要** ★証人は **不要** ★検認は **必要**（法務局に保管した場合は不要） ★原本は **法務局** で保管することもできる
公正証書遺言	★証人は **2** 人以上必要 ★検認は **不要**
秘密証書遺言	★証人は **2** 人以上必要 ★検認は **必要**

学科
相続 CH
続・ 06
事業承継

SEC
01
相続の基本

解答解説

17 答 (2)　遺留分権利者となるのは、被相続人の配偶者、子およびその代襲相続人、直系尊属です。**兄弟姉妹**は遺留分権利者とはなりません。

遺留分

★兄弟姉妹には遺留分はない

★遺留分割合は、直系尊属のみが相続人である場合を除いて、被相続人の財産の **2** 分の **1**

18 下記の〈親族関係図〉において、遺留分を算定するための財産の価額が6億円である場合、長女Eさんの遺留分の金額は、（　　　）となる。 三択

〈親族関係図〉

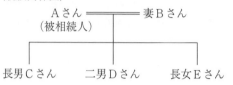

(1) 2,500万円
(2) 5,000万円
(3) 1億円

［2022年1月試験］

問題 成年後見制度

19 成年後見制度には法定後見制度と任意後見制度があり、法定後見制度には「後見」「保佐」「補助」の3つがある。 ○✕

［2017年9月試験］

解答解説

18 **答** (2)　遺留分は、直系尊属のみが遺留分権利者である場合を除いて、被相続人の財産の**2分の1**です。これに法定相続分を掛けて各人の遺留分を計算します。本問では相続人が配偶者と子なので、法定相続分は配偶者**2分の1**、子**2分の1**です。また、子は3人いるので、子1人の法定相続分は6分の1となります。

長女Eさんの法定相続分：$\dfrac{1}{2} \times \dfrac{1}{3} = \dfrac{1}{6}$

長女Eさんの遺留分：$\dfrac{1}{2} \times \dfrac{1}{6} = \dfrac{1}{12}$

長女Eさんの遺留分の金額：6億円 $\times \dfrac{1}{12} = 5,000$万円

解答解説

19 **答** ○　成年後見制度には、法定後見制度と任意後見制度があり、法定後見制度には「後見」「保佐」「補助」の3つがあります。

法定後見制度	
後見	精神上の障害によって判断能力を欠く常況にある人を保護する制度
保佐	精神上の障害によって判断能力が著しく不十分な人を保護する制度
補助	精神上の障害によって判断能力が不十分な人を保護する制度

学科 CH 06
相続・事業承継

SEC 01
相続の基本

問題 相続税の非課税財産

1 法定相続人が４人いる場合、相続税額の計算において、死亡保険金の非課税限度額は「600万円×法定相続人の数（４人）」の算式により算出する。 ◯✕

［2020年１月試験］

2 被相続人の死亡後３年以内に支給が確定した死亡退職金は、勤務先から遺族へ直接支払われるため、相続税の対象とならない。 ◯✕

［2012年９月試験］

3 相続税の計算において、相続人が受け取った死亡保険金の非課税限度額は、「（ ① ）×法定相続人の数」の算式により算出するが、相続人のうち相続の放棄をした者がいる場合、当該法定相続人の数は、相続を放棄した者を（ ② ）人数とされる。 三択

(1)　①500万円　　②含む
(2)　①500万円　　②含まない
(3)　①600万円　　②含む

［2018年５月試験］

解答解説

1 答 ✕　死亡保険金の非課税限度額は**「500万円×法定相続人の数」**です。

2 答 ✕　被相続人の死亡後3年以内に支給が確定した死亡退職金は、みなし相続財産となり、相続税の対象となります。

3 答 (1)　死亡保険金の非課税限度額は**「500万円×法定相続人の数」**です。また、死亡保険金の非課税限度額を計算するさいの法定相続人の数には、相続を放棄した人の数も**含めます**。

相続税計算上の法定相続人の数
★相続を放棄した人も「法定相続人の数」に含める
★養子がいる場合、被相続人に実子がいるときは「法定相続人の数」に含める養子の数は **1** 人まで、被相続人に実子がいないときは「法定相続人の数」に含める養子の数は **2** 人までとなる

学科
相続・事業承継　CH
06

SEC
02
相続税

355

4 相続税額の計算上、被相続人が生前に購入した墓碑の購入代金で、相続開始時において未払いであったものは、債務控除の対象となる。**⭕✕**

[2020年9月試験]

---

5 相続人が負担した被相続人に係る香典返戻費用は、相続税の課税価格の計算上、葬式費用として控除することができる。**⭕✕**　　[2023年5月試験]

---

6 初七日や四十九日などの法会に要した費用は、相続税の課税価格の計算上、葬式費用として控除することができる。**⭕✕**　　[2019年9月試験]

---

7 相続税を計算するときは、被相続人が残した債務(被相続人が死亡した時にあった債務で確実と認められるもの)を遺産総額から差し引くことができるが、（　　）については、差し引くことができない。**三択**

(1)　銀行等からの借入金
(2)　墓地購入の未払代金
(3)　被相続人の所得税の未納分　　　　　　　　　　　　[2018年1月試験]

問題 遺産に係る基礎控除

8 相続税額の計算における遺産に係る基礎控除額は、「3,000万円＋500万円×法定相続人の数」の算式により求められる。**⭕✕**　　[2019年9月試験 改]

---

9 相続税額の計算において、遺産に係る基礎控除額を計算する際の法定相続人の数は、相続人のうちに相続の放棄をした者がいる場合であっても、その放棄がなかったものとしたときの相続人の数とされる。**⭕✕**

[2022年9月試験]

解答解説

4 答 ✕ 　被相続人が生前に購入した墓碑等の購入代金で未払いのものは債務控除の対象となりません。

5 答 ✕ 　香典返戻費用は相続財産の価額から控除することはできません。

6 答 ✕ 　初七日や四十九日などの法会に要した費用は、相続税の課税価格の計算上、葬式費用として控除することはできません。

7 答 (2) 　墓地購入の未払代金は債務控除の対象となりません。

債務控除の対象となるものとならないもの		
	控除できるもの	控除できないもの
債　務	◯借入金 ◯未払いの医療費 ◯未払いの税金　など	✕(生前に購入した) 墓地等の未払金 ✕遺言執行費用 　　　　　　　　　など
葬式費用	◯通夜・告別式・火葬・ 　納骨費用 ◯死体捜索費用　など	✕香典返戻費用 ✕法要費用（初七日、四十九日等） 　　　　　　　　　など

解答解説

8 答 ✕ 　遺産に係る基礎控除額は「**3,000万円＋600万円×法定相続人の数**」で求めます。

9 答 ◯ 　遺産に係る基礎控除額を計算するさいの法定相続人の数には、相続を放棄した人の数も含めます。

10 下記の〈親族関係図〉において、被相続人Aさんの相続における相続税額の計算上、遺産に係る基礎控除額は（　　）である。 三択

〈親族関係図〉

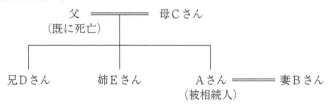

　(1)　4,200万円　　(2)　4,800万円　　(3)　5,400万円　　　［2023年1月試験］

---

11 下記の〈親族関係図〉において、Aさんの相続における相続税額の計算上、遺産に係る基礎控除額は（　　）である。なお、二男は相続の放棄をするものとする。 三択

〈親族関係図〉

　(1)　4,800万円　　(2)　5,400万円　　(3)　8,000万円　　　［2018年9月試験］

---

12 相続人が被相続人の配偶者、実子2人、特別養子縁組以外の縁組による養子2人の計5人である場合、相続税の計算における遺産に係る基礎控除額は、（　　）である。 三択

　(1)　4,800万円　　(2)　5,400万円　　(3)　6,000万円　　　［2017年5月試験 改］

解答解説

10 答 (1)　本問の法定相続人は妻Bさん、母Cさんの2人なので、遺産に係る基礎控除額は4,200万円（3,000万円＋600万円×2人）です。

11 答 (2)　遺産に係る基礎控除額の計算における法定相続人の数には、相続を放棄した人も含めます。したがって、本問の（遺産に係る基礎控除額を計算するさいの）法定相続人は、妻、長男、二男、三男の4人となるので、遺産に係る基礎控除額は5,400万円（3,000万円＋600万円×4人）です。

> **相続税計算上の法定相続人の数**
>
> ★相続を放棄した人も「法定相続人の数」に含める
>
> ★養子がいる場合、被相続人に実子がいるときは「法定相続人の数」に含める養子の数は**1**人まで、被相続人に実子がいないときは「法定相続人の数」に含める養子の数は**2**人までとなる

12 答 (2)　被相続人に実子がいる場合、法定相続人の数に含めることができる養子の数は**1**人までとなります。したがって、本問の（遺産に係る基礎控除額を計算するさいの）法定相続人は、配偶者、実子2人、養子1人の4人で計算するので、遺産に係る基礎控除額は5,400万円（3,000万円＋600万円×4人）です。

13 法定相続人である被相続人の兄が相続により財産を取得した場合、その者は相続税額の２割加算の対象となる。**OX**　　　　　　　　　　［2021年９月試験］

14 被相続人の相続開始前に死亡している被相続人の子を代襲して相続人となった被相続人の孫が相続により財産を取得した場合、相続税額の計算上、相続税額の２割加算の対象となる。**OX**　　　　　［2019年５月試験］

15 被相続人の直系卑属で当該被相続人の養子となっている者（いわゆる孫養子）は、代襲相続人である場合を除き、相続税額の（　　）加算の対象となる。**三択**

(1)　１割　　　(2)　２割　　　(3)　３割　　　　　　［2020年１月試験］

16 被相続人の（　　）が相続により財産を取得した場合、その者は相続税額の２割加算の対象となる。**三択**

(1)　兄弟姉妹　　　(2)　父母　　　(3)　孫（子の代襲相続人）　　［2023年５月試験］

解答解説

13 答 ○ 　被相続人の**配偶者**および１親等の血族（**子、父母**）以外の人が、相続または遺贈によって財産を取得した場合には、算出税額の２割が加算されます。したがって、被相続人の兄が相続により財産を取得した場合には、相続税の２割加算の対象となります。

14 答 ✕ 　子の代襲相続人である孫は２割加算の対象となりません。

15 答 ⑵ 　孫養子は２割加算の対象となります。

16 答 ⑴ 　兄弟姉妹は２割加算の対象となります。父母（直系尊属）は２割加算の対象となりません。孫は２割加算の対象となりますが、子の代襲相続人である孫の場合には２割加算の対象となりません。

> **相続税の２割加算**
>
> ★被相続人の配偶者および **1** 親等の血族（子、父母）以外の人が、相続または遺贈によって財産を取得した場合には、算出税額の **2割** が加算される
>
> ★子の代襲相続人である孫は２割加算の **対象外**

17 相続税の計算において、「配偶者に対する相続税額の軽減」の適用を受けるためには、相続が開始した日において被相続人との婚姻期間が20年以上でなければならない。**○✕**　　　　　　　　　　　　［2017年5月試験］

18 「配偶者に対する相続税額の軽減」の適用を受けることができる配偶者は、被相続人と法律上の婚姻の届出をした者に限られ、いわゆる内縁関係にある者は該当しない。**○✕**　　　　　　　　　　　［2023年5月試験］

19 「配偶者に対する相続税額の軽減」の適用を受けた場合、配偶者の相続税の課税価格が、相続税の課税価格の合計額に対する配偶者の法定相続分相当額または（　　　）のいずれか多い金額までであれば、原則として、配偶者が納付すべき相続税額は算出されない。**三択**

(1)　1億2,000万円　　　(2)　1億6,000万円　　　(3)　1億8,000万円

［2023年9月試験］

問題 未成年者控除

20 相続税額の計算上、未成年者控除額は、原則として、（　①　）万円に（　②　）未満の法定相続人が（　②　）に達するまでの年数を乗じて算出する。**三択**

(1)　①10　　②18歳
(2)　①5　　②20歳
(3)　①10　　②20歳　　　　　　　　　　　　　　　　［2020年9月試験 改］

解答解説

17 答 ✕ 「配偶者に対する相続税額の軽減」の適用を受けるにあたって、被相続人との婚姻期間は適用要件にありません。

18 答 ◯ 「配偶者に対する相続税額の軽減」の適用を受けることができる配偶者は、被相続人と法律上の婚姻関係を有する人に限られます。内縁関係にある人は該当しません。

19 答 (2) 配偶者が取得した財産が、❶配偶者の法定相続分、または❷1億6,000万円のいずれか**多い**金額までであれば、原則として、配偶者の納付すべき相続税額は算出されません。

学科 CH 06 相続・事業承継

解答解説

20 答 (1) 未成年者控除の額は、10万円にその未成年者が満18歳になるまでの年数を掛けて算出します。

未成年者控除＝(18歳－相続開始時の年齢)×10万円

SEC 02 相続税

21 相続税額の計算において、「配偶者に対する相続税額の軽減」の適用を受けることにより、納付すべき相続税額が算出されない場合、相続税の申告書を提出する必要はない。**⭕✗**

[2021年1月試験]

----

22 国内に住所を有するAさんが死亡した場合、Aさんの相続における相続税の申告書の提出先は、Aさんの死亡の時における住所地の所轄税務署長である。**⭕✗**

[2020年9月試験]

----

23 相続税は、相続税の申告書の提出期限までに金銭により一時に納付することが原則であるが、所定の要件を満たせば、延納による納付方法も認められる。**⭕✗**

[2018年9月試験]

----

24 相続税の申告書の提出は、原則として、その相続の開始があったことを知った日の翌日から（　　　）以内にしなければならない。**三択**

(1)　4カ月　　(2)　6カ月　　(3)　10カ月

[2018年5月試験]

解答解説

21 答 ✕　相続財産が基礎控除以下の場合には相続税の申告書を提出する必要はないのですが、「配偶者の税額軽減」の適用を受ける場合には、納付すべき相続税額がゼロになるときでも相続税の申告書を提出しなければなりません。

22 答 ◯　相続税の申告書の提出先は、被相続人の死亡時における住所地の所轄税務署長です。

23 答 ◯　相続税は、相続税の申告書の提出期限までに金銭一括納付するのが原則ですが、所定の要件を満たせば、延納も認められます。

24 答 (3)　相続税の申告期限は、相続の開始があったことを知った日の翌日から10カ月以内です。

> **相続税の申告**
>
> ★相続税の申告書は、相続の開始があったことを知った日の翌日から10カ月以内に 被相続人 の死亡時における住所地の所轄税務署長に提出する

学科 CH 06
相続・事業承継

SEC 02
相続税

365

問題 贈与の基本

1 贈与は、当事者の一方が財産を無償で相手方に与える意思表示をすれば、相手方が受諾しなくても、その効力が生じる。**OX**

[2022年1月試験]

2 書面によらない贈与契約は、その履行前であれば、各当事者は契約の解除をすることができる。**OX**

[2023年5月試験]

3 書面による贈与において、相続税法上、財産の取得時期は当該贈与契約の効力が発生した時とされる。**OX**

[2020年1月試験]

4 贈与契約における財産の取得時期は、原則として、書面による贈与の場合は（　①　）、書面によらない贈与の場合は（　②　）とされる。**三択**

(1)　①贈与契約の効力が発生した時　　②贈与の履行があった時
(2)　①贈与の履行があった時　　②贈与の意思表示をした時
(3)　①贈与契約の効力が発生した時　　②贈与の意思表示をした時

[2018年5月試験]

5 住宅ローンが残っているマンションを贈与し、受贈者がそのローン残高を引き継ぐといったように、受贈者に一定の債務を負担させる贈与契約を、負担付贈与契約という。**OX**

[2018年5月試験]

6 死因贈与は、贈与者が財産を無償で与える意思を表示することのみで成立し、贈与者の死亡によって効力を生じる。**OX**

[2022年9月試験]

7 個人が死因贈与によって取得した財産は、課税の対象とならない財産を除き、（　　）の課税対象となる。**三択**

(1)　贈与税　　(2)　相続税　　(3)　所得税

[2020年9月試験]

解答解説

1 答 ✕　贈与は、当事者の一方が財産を無償で相手方に与える意思表示をし、相手方が受諾することによって効力が生じます。

2 答 ○　書面によらない贈与は、履行前であれば各当事者が解除することができます。

3 答 ○　財産の取得時期は、書面による贈与では、贈与契約の効力が発生した時とされます。

4 答 (1)　財産の取得時期は、書面による贈与では、**贈与契約の効力が発生した時**、書面によらない贈与では**贈与の履行があった時**とされます。

贈与財産の取得時期
★書面による贈与…贈与契約の効力が生じたとき
★書面によらない贈与…贈与の履行があったとき

5 答 ○　受贈者に一定の義務を負わせる贈与契約を**負担付贈与契約**といいます。

6 答 ✕　死因贈与は、贈与者の死亡によって実現する贈与をいいます。死因「贈与」なので、贈与者が(「私が死んだらこれをあげるよ」という)意思を表示し、相手方が受諾することによって成立します。

7 答 (2)　死因贈与は贈与税ではなく、**相続税の課税対象**となります。

問題 みなし贈与財産

8 個人間において著しく低い価額の対価で財産の譲渡が行われた場合、原則として、その譲渡があった時の譲受財産の時価と支払った対価との差額に相当する金額について、贈与税の課税対象となる。**OX**

[2022年9月試験]

問題 贈与税の非課税財産

9 個人が法人からの贈与により取得する財産は、（　　　）の課税対象となる。**三択**

(1) 法人税　　(2) 贈与税　　(3) 所得税

[2023年5月試験]

問題 贈与税の基礎控除

10 子が同一年中に父と母のそれぞれから贈与を受けた場合、その年分の暦年課税による贈与税額の計算上、課税価格から控除する基礎控除額は、最高で220万円である。**OX** [2021年5月試験]

問題 贈与税の特例

11 贈与税の配偶者控除の適用を受けるためには、贈与を受けた日において、贈与者との婚姻期間が20年以上なければならない。**OX** [2021年5月試験]

解答解説

8 答 ○ 時価に比べて著しく低い価額で財産を譲り受けた場合、時価と実際に支払った金額との差額に贈与税が課されます。

解答解説

9 答 ③ 個人が法人から贈与を受けた財産は、**所得**税の課税対象となります。

贈与税の非課税財産
★扶養義務者から受け取った生活費や教育費のうち、通常必要と認められる金額
★社会通念上必要と認められる祝い金、香典、見舞い金
★法人から贈与された財産→ 所得 税の課税対象
★相続開始年に被相続人から受け取った贈与財産 → 相続 税の課税対象

解答解説

10 答 ✕ 贈与税の基礎控除は、贈与者の数にかかわらず、受贈者1人につき、最高**110万円**です。

贈与税の基礎控除
★受贈者1人につき、最高**110万円**

解答解説

11 答 ○ 贈与税の配偶者控除の適用を受けるためには、贈与者との婚姻期間が**20年以上**なければなりません。

学科
相続・事業承継 CH 06

SEC
03
贈与税

12 贈与税の配偶者控除は、婚姻期間が（ ① ）以上である配偶者から居住用不動産の贈与または居住用不動産を取得するための金銭の贈与を受け、所定の要件を満たす場合、贈与税の課税価格から贈与税の基礎控除額のほかに最高（ ② ）を控除することができる特例である。**三択**

(1) ①10年　　②2,500万円
(2) ①20年　　②2,500万円
(3) ①20年　　②2,000万円

[2023年1月試験]

---

13 贈与税の配偶者控除の適用を受ける場合、暦年課税の適用を受けている受贈者がその年に贈与税の申告で課税価格から控除することができる金額は、基礎控除額も含めて最高（ 　 ）である。**三択**

(1) 1,110万円　　(2) 2,000万円　　(3) 2,110万円　　[2018年1月試験]

---

14 2024年1月以後に相続時精算課税の適用を受けた場合、特定贈与者ごとに年110万円の基礎控除のほか、特別控除額として累計（ ① ）までの贈与には贈与税が課されず、その額を超えた部分については一律（ ② ）の税率により贈与税が課される。**三択**

(1) ①1,500万円　　②15%
(2) ①1,500万円　　②20%
(3) ①2,500万円　　②20%

[2021年1月試験 改]

解答解説

12 答 (3)　贈与税の配偶者控除は、婚姻期間が **20** 年以上である配偶者から居住用不動産の贈与または居住用不動産を取得するための金銭の贈与を受け、所定の要件を満たす場合、贈与税の課税価格から贈与税の基礎控除額とは別に **2,000** 万円を限度として控除することができるという特例です。

13 答 (3)　贈与税の配偶者控除は基礎控除と併用できるので、最高 **2,110** 万円（2,000万円＋110万円）を控除することができます。

贈与税の配偶者控除のポイント
★配偶者との婚姻期間が **20** 年以上あることが必要
★同じ配偶者からの贈与に対しては 1 回しか適用できない
★基礎控除（110万円）のほか **2,000** 万円を控除することができる（基礎控除とあわせて **2,110** 万円まで控除することができる）
★この特例を適用し、贈与税額が 0 円となる場合でも、贈与税の申告書の提出が必要

14 答 (3)　2024年 1 月以後、相続時精算課税の適用を受けた場合、年110万円の基礎控除のほか、累計 **2,500** 万円までの贈与には贈与税が課されず、それを超える額については一律 **20** ％の贈与税が課されます。

相続時精算課税制度のポイント
★贈与者は贈与年 1 月 1 日において **60** 歳以上の **直系尊属** であること
★受贈者は贈与年 1 月 1 日において **18** 歳以上の推定相続人である子（代襲相続人を含む）または孫であること
★特別控除額は、贈与者ごとに累計 **2,500** 万円※。それを超える分については一律 **20** ％の税率が適用される
★贈与者ごと、受贈者ごとに選択できる
★いったんこの制度を適用したらその贈与者からの贈与は暦年課税に戻れない
※2024年 1 月 1 日以後は特別控除前の課税価格から年間110万円を控除できる

15 直系尊属から住宅取得等資金の贈与を受けた場合の贈与税の非課税の適用を受けるためには、受贈者は、贈与を受けた（ ① ）において18歳以上であり、贈与を受けた年分の所得税に係る合計所得金額が（ ② ）でなければならない。**三択**

(1) ①日の属する年の1月1日 ②2,000万円以下
(2) ①日 ②2,000万円以下
(3) ①日の属する年の1月1日 ②3,000万円以下 　　[2018年5月試験 改]

16 「直系尊属から教育資金の一括贈与を受けた場合の贈与税の非課税」は、贈与を受けた年の前年分の受贈者の所得税に係る合計所得金額が1,000万円を超える場合、適用を受けることができない。**○✕** 　　[2022年5月試験]

17 「直系尊属から教育資金の一括贈与を受けた場合の贈与税の非課税」の適用を受けた場合、受贈者1人につき（ ① ）までは贈与税が非課税となるが、学校等以外の者に対して直接支払われる金銭については、（ ② ）が限度となる。**三択**

(1) ①1,000万円 ②500万円
(2) ①1,500万円 ②300万円
(3) ①1,500万円 ②500万円 　　[2023年9月試験]

18 「直系尊属から結婚・子育て資金の一括贈与を受けた場合の贈与税の非課税」の適用を受けた場合、受贈者1人につき（ 　 ）までは贈与税が非課税となる。**三択**

(1) 1,000万円 (2) 1,200万円 (3) 1,500万円 　　[2021年5月試験]

解答解説

15 答 **(1)**　「直系尊属から住宅取得等資金の贈与を受けた場合の贈与税の非課税」の適用を受けるためには、受贈者は贈与を受けた日の属する年の1月1日において18歳以上であり、贈与を受けた年分の所得税にかかる合計所得金額が**2,000**万円以下でなければなりません。

直系尊属から住宅取得等資金の贈与を受けた場合の非課税のポイント
★贈与者は 直系尊属 であること
★受贈者は満 **18** 歳以上で、贈与を受けた年の合計所得金額が **2,000** 万円以下であること
★適用住宅は床面積が **40** ㎡以上 **240** ㎡以下であること（ただし、床面積が40㎡以上50㎡未満の場合は受贈者の贈与を受けた年の合計所得金額が **1,000** 万円以下でなければならない）

---

16 答 **○**　「直系尊属から教育資金の一括贈与を受けた場合の贈与税の非課税」は、贈与を受けた年の前年分の受贈者の所得税にかかる合計所得金額が **1,000** 万円を超える場合、適用を受けることができません。

---

17 答 **(3)**　「直系尊属から教育資金の一括贈与を受けた場合の贈与税の非課税」の適用を受けた場合、受贈者1人につき **1,500** 万円までは贈与税が非課税となります。なお、学校等以外への支払いは **500** 万円が限度となります。

---

18 答 **(1)**　「直系尊属から結婚・子育て資金の一括贈与を受けた場合の贈与税の非課税」の適用を受けた場合、受贈者1人につき **1,000** 万円までは贈与税が非課税となります。

学科 CH
相続・事業承継 **06**

SEC
03
贈与税

19 贈与税の納付については、納期限までに金銭で納付することを困難とする事由があるなど、所定の要件を満たせば、延納または物納によることが認められている。 **OX**

[2019年1月試験]

---

20 贈与税の申告書は、原則として、贈与を受けた年の翌年の（ ① ）から3月15日までの間に、（ ② ）の住所地を所轄する税務署長に提出しなければならない。 **三択**

(1) ①2月1日　②受贈者
(2) ①2月16日　②贈与者
(3) ①2月16日　②受贈者

[2022年1月試験]

解答解説

19 答 ✕ 贈与税を納付期限までに金銭で一括納付できない場合で、一定の要件を満たしたときは、延納は認められますが、物納は認められません。

20 答 (1) 贈与税の申告書は、贈与を受けた年の翌年の**2月1日**から**3月15日**までの間に、**受贈者**の住所地を所轄する税務署長に提出しなければなりません。

贈与税の申告と納付のポイント
★申告期限は贈与を受けた年の翌年**2月1日**から**3月15日**まで
★申告書の提出先は、**受贈者**の住所地の所轄税務署長
★延納期間は最長**5**年
★贈与税では物納は認められていない

学科 CH
相続・事業承継 06

SEC
03
贈与税

問題 宅地の評価

1 国税庁が公表している路線価図において、路線に「300 C」と付されている場合、「C」の記号は、借地権割合が（　　）であることを示している。 **三択**

(1)　60%　　(2)　70%　　(3)　80% ［2021年5月試験］

2 自己の所有する土地に借地権を設定し、その上に借地人の建物がある場合、相続税評価上、その土地のことを貸家建付地という。 **OX**

［2010年9月試験 ㊹］

3 個人が、自己が所有する土地に賃貸マンションを建築して賃貸の用に供した場合、相続税額の計算上、当該敷地は貸宅地として評価される。 **OX**

［2022年5月試験］

4 貸宅地（借地権の目的となっている宅地）の相続税評価額は、「自用地としての価額×借地権割合」の算式により求められる。 **OX** ［2011年5月試験］

5 自用地としての価額が5,000万円、借地権割合が70%、借家権割合が30%、賃貸割合が100%の貸家建付地の相続税評価額は、（　　）である。 **三択**

(1)　1,500万円　　(2)　3,500万円　　(3)　3,950万円 ［2021年1月試験］

解答解説

1 答 (2)　路線価についている「A」から「G」の記号は借地権割合を表しています。Aは90%、Bは80%、Cは70%、Dは60%、Eは50%、Fは40%、Gは30%です。

2 答 ✕　自己の所有する土地に借地権を設定し、その上に借地人の建物がある場合、その土地のことを**貸宅地**といいます。

3 答 ✕　個人が所有する土地に賃貸マンションを建築して賃貸の用に供した場合の土地は**貸家建付地**として評価されます。

宅地の分類	
自 用 地	土地の所有者が自分のために使用している土地
借 地 権	宅地に借地権が設定されている場合の土地の賃借権
貸 宅 地	借地権が設定されている土地
貸家建付地	自分の宅地に賃貸物件を建てて他人に貸している場合の宅地

4 答 ✕　貸宅地の相続税評価額は、「**自用地評価額×(1-借地権割合)**」で求めます。

5 答 (3)　貸家建付地の相続税評価額は、「**自用地評価額×(1-借地権割合×借家権割合×賃貸割合)**」で求めます。

相続税評価額：5,000万円×(1-70%×30%×100%)＝3,950万円

宅地の評価	
借 地 権	自用地評価額×借地権割合
貸 宅 地	自用地評価額×(1-借地権割合)
貸家建付地	自用地評価額×(1-借地権割合×借家権割合×賃貸割合)

学科 CH
相続・事業承継 06

SEC
04
財産の評価

6 被相続人の配偶者が、被相続人の居住の用に供されていた宅地を相続により取得した後、当該宅地を相続税の申告期限までに売却した場合、当該宅地は、相続税の課税価格の計算上、特定居住用宅地等として「小規模宅地等についての相続税の課税価格の計算の特例」の適用を受けることができない。◯✕　　　　　　　　　　　　　　　　　　　　　　[2021年5月試験]

7 相続人が相続により取得した宅地が「小規模宅地等についての相続税の課税価格の計算の特例」における特定居住用宅地等に該当する場合、その宅地のうち（　①　）までを限度面積として、評価額の（　②　）相当額を減額した金額を、相続税の課税価格に算入すべき価額とすることができる。三択

 (1)　①200㎡　　②50%

 (2)　①330㎡　　②80%

 (3)　①400㎡　　②80%　　　　　　　　　　　　　　　[2023年1月試験]

8 相続人が相続により取得した宅地が「小規模宅地等についての相続税の課税価格の計算の特例」における特定事業用宅地等に該当する場合、その宅地のうち（　①　）までを限度面積として、評価額の（　②　）相当額を減額した金額を、相続税の課税価格に算入すべき価額とすることができる。三択

 (1)　①200㎡　　②50%

 (2)　①330㎡　　②80%

 (3)　①400㎡　　②80%　　　　　　　　　　　　　　　[2022年1月試験]

9 相続税の計算において、宅地が「小規模宅地等についての相続税の課税価格の計算の特例」における貸付事業用宅地等に該当する場合、その宅地のうち（　①　）までを限度面積として、評価額の（　②　）相当額を減額した金額を、相続税の課税価格に算入すべき価額とすることができる。三択

 (1)　①200㎡　　②50%

 (2)　①200㎡　　②80%

 (3)　①330㎡　　②80%　　　　　　　　　　　　　　　[2019年5月試験]

解答解説

6 答 ✕   被相続人の居住用の宅地を相続により配偶者が取得した場合には、申告期限までに売却していたとしても「特定居住用宅地等」として「小規模宅地等についての相続税の課税価格の計算の特例」の適用を受けることができます。

7 答 (2)   特定居住用宅地等に該当する場合、**330**㎡を限度に評価額の**80**%相当額を減額することができます。

8 答 (3)   特定事業用宅地等に該当する場合、**400**㎡を限度に評価額の**80**%相当額を減額することができます。

9 答 (1)   貸付事業用宅地等に該当する場合、**200**㎡を限度に評価額の**50**%相当額を減額することができます。

小規模宅地等の課税価格の計算の特例		
区　分	減額の対象となる限度面積	減額割合
特定居住用宅地等	**330**㎡	**80**%
特定事業用宅地等	**400**㎡	**80**%
貸付事業用宅地等	**200**㎡	**50**%

10 賃貸アパート等の貸家の用に供されている家屋の相続税評価額は、（　　）の算式により算出される。**三択**

(1) 自用家屋としての評価額×（1－借家権割合×賃貸割合）
(2) 自用家屋としての評価額×（1－借地権割合×賃貸割合）
(3) 自用家屋としての評価額×（1－借地権割合×借家権割合×賃貸割合）

［2020年9月試験］

11 上場株式の相続税評価額は、原則として、その株式が上場されている金融商品取引所の公表する課税時期の最終価格によって評価した価額と、その課税時期の属する月以前2カ月間の毎日の最終価格の平均額のうちいずれか高い価額となる。**○✕**　　　　［2018年1月試験］

12 20X1年5月11日（火）に死亡したAさんが所有していた上場株式Xを相続により取得した場合の1株当たりの相続税評価額は、下記の〈資料〉によれば、（　　）である。**三択**

〈資料〉上場株式Xの価格
20X1年3月の毎日の最終価格の月平均額：540円
20X1年4月の毎日の最終価格の月平均額：600円
20X1年5月の毎日の最終価格の月平均額：620円
20X1年5月11日（火）の最終価格　　　：600円

(1) 540円　　(2) 600円　　(3) 620円　　　　［2021年5月試験 **改**］

解答解説

10 答 (1)　貸家の相続税評価額は、「**自用家屋としての評価額×（1－借家権割合×賃貸割合）**」で求めます。

---

11 答 ✕　上場株式の相続税評価額は、以下のうちもっとも**低い**価額となります。

❶課税時期の最終価格
❷課税時期の属する月の毎日の最終価格の平均額
❸課税時期の属する月の前月の毎日の最終価格の平均額
❹課税時期の属する月の前々月の毎日の最終価格の平均額

---

12 答 (1)　上場株式の相続税評価額は、以下のうちもっとも**低い**価額となります。

❶課税時期の最終価格：600円
❷課税時期の属する月（5月）の毎日の最終価格の平均額：620円
❸課税時期の属する月の前月（4月）の毎日の最終価格の平均額：600円
❹課税時期の属する月の前々月（3月）の毎日の最終価格の平均額：540円

学科　CH
相続・事業承継　06

SEC
04
財産の評価

13 取引相場のない株式の相続税評価において、純資産価額方式とは、評価会社の株式の価額を、評価会社と事業内容が類似した上場会社の株価および配当金額、利益金額、純資産価額を基にして算出する方式である。⭕❌

[2020年1月試験]

14 取引相場のない株式の相続税評価において、類似業種比準方式における比準要素には、「1株当たりの配当金額」「1株当たりの利益金額」「1株当たりの純資産価額」がある。⭕❌

[2018年5月試験]

15 相続財産の評価において、相続開始時に保険事故が発生していない生命保険契約に関する権利の価額は、原則として、既払込保険料相当額によって評価する。⭕❌

[2019年5月試験]

解答解説

13 答 ✕　純資産価額方式とは、その会社の純資産額を相続税評価額（時価）で評価して、それを発行済株式数で割ることによって１株あたりの評価額を算定する方法をいいます。本肢は類似業種比準方式の説明です。

14 答 ◯　類似業種比準方式における比準要素には、「１株あたりの配当金額」「１株あたりの利益金額」「１株あたりの純資産価額」があります。

15 答 ✕　相続開始時に保険事故が発生していない生命保険契約に関する権利の価額は、**解約返戻金相当額**によって評価します。

学科
相続・事業承継　CH 06

SEC
04
財産の評価

個人 1 次の設例に基づいて、下記の各問に答えなさい。　[2023年1月試験　第5問 改]

《設 例》

　Aさんは、妻Bさん（70歳）と自宅で暮らしていたが、2024年12月に病気により死亡した。Aさんの葬儀が終わり、自宅の書斎で遺品を整理していた妻Bさんは、Aさんが残した自筆証書遺言を発見した。

〈Aさんの親族関係図〉

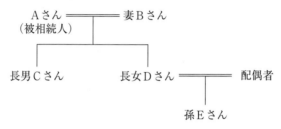

〈Aさんの主な相続財産（相続税評価額）〉

現預金	：	5,000万円
上場株式	：	8,000万円
自宅（敷地220㎡）	：	4,500万円（注）
自宅（建物）	：	1,000万円

（注）「小規模宅地等についての相続税の課税価格の計算の特例」適用前の金額

※上記以外の条件は考慮せず、各問に従うこと。

問 1 遺言に関する次の記述のうち、最も適切なものはどれか。

(1) 「自宅に保管されていたＡさんの自筆証書遺言については、遅滞なく、家庭裁判所に提出して、その検認を請求する必要があります」
(2) 「Ａさんの遺言による相続分の指定や遺贈によって相続人の遺留分が侵害された場合、その遺言は無効となります」
(3) 「Ａさんの遺言が、その方式の不備により無効となった場合、相続人は法定相続分どおりに遺産を分割しなければなりません」

問 2 Ａさんの相続に関する次の記述のうち、最も不適切なものはどれか。

(1) 「相続税額の計算上、遺産に係る基礎控除額は、『3,000万円＋600万円×法定相続人の数』の算式により算出されます」
(2) 「妻Ｂさんが自宅の敷地と建物を相続し、『小規模宅地等についての相続税の課税価格の計算の特例』の適用を受けた場合、自宅の敷地（相続税評価額4,500万円）について、相続税の課税価格に算入すべき価額を900万円とすることができます」
(3) 「相続税の申告書は、原則として、相続の開始があったことを知った日の翌日から3カ月以内に被相続人であるＡさんの死亡時の住所地を所轄する税務署長に提出しなければなりません」

問 3 Ａさんの相続に係る課税遺産総額（課税価格の合計額－遺産に係る基礎控除額）が1億円であった場合の相続税の総額は、次のうちどれか。

(1) 1,400万円
(2) 1,450万円
(3) 1,600万円

〈資料〉相続税の速算表（一部抜粋）

法定相続分に応ずる取得金額		税率	控除額
万円超	万円以下		
～	1,000	10%	—
1,000 ～	3,000	15%	50万円
3,000 ～	5,000	20%	200万円
5,000 ～	10,000	30%	700万円
10,000 ～	20,000	40%	1,700万円

問1 答 (1)

(1)…自筆証書遺言は、家庭裁判所の検認が必要です。

(2)…遺言によって遺留分が侵害された場合でも、遺言は無効になりません。

(3)…遺言が無効となった場合でも、相続人の全員の合意があれば法定相続分とは異なる遺産の分割をすることができます。

問2 答 (3)

(2)…妻Bさんが自宅の敷地と建物を相続した場合、自宅の敷地は特定居住用宅地等に該当します。特定居住用宅地等の限度面積は**330**㎡で、減額割合は**80**%です。したがって、妻Bさんが自宅の敷地について「小規模宅地等についての相続税の課税価格の計算の特例」の適用を受けた場合、減額される金額は3,600万円(4,500万円×80%)となり、相続税の課税価格に算入すべき価額は900万円(4,500万円−3,600万円)となります。

(3)…相続税の申告書の提出期限は、原則として、相続の開始があったことを知った日の翌日から**10**カ月以内です。

問3 答 (2)

　本問の相続人は妻Bさん、長男Cさん、長女Dさんの3人です。相続人が配偶者と子の場合の法定相続分は配偶者**2**分の**1**、子**2**分の**1**です。

❶妻Bさんの法定相続分：1億円×$\frac{1}{2}$＝5,000万円

❷❶にかかる相続税：5,000万円×20%−200万円＝800万円

❸長男Cさん、長女Dさんの法定相続分：1億円×$\frac{1}{2}$×$\frac{1}{2}$＝2,500万円

❹❸にかかる相続税：2,500万円×15%−50万円＝325万円

❺相続税の総額：800万円＋325万円×2人＝1,450万円

個人2 次の設例に基づいて、下記の各問に答えなさい。　　[2022年1月試験　第5問㉑]

《設 例》

Aさん(74歳)は、妻Bさん(72歳)とX市内で暮らしている。長男Cさん(44歳)は、妻と小学生の長女との3人で隣県にある賃貸マンションに住んでいる。Aさんは、長男Cさん家族の生活資金や孫の学費等について面倒を見てやりたいと思っており、現金の贈与を検討している。

〈Aさんの家族構成(推定相続人)〉

妻Bさん　(72歳)：Aさんと自宅で同居している。

長男Cさん(44歳)：会社員。妻と子の3人で賃貸マンションに住んでいる。

〈Aさんの主な所有財産(相続税評価額)〉

現預金　　　　　　：　　1億円

上場株式　　　　　：2,000万円

自宅(敷地300㎡)：8,000万円(注)

自宅(建物)　　　：　500万円

(注)「小規模宅地等についての相続税の課税価格の計算の特例」適用前の金額

※上記以外の条件は考慮せず、各問に従うこと。

問1　生前贈与に関する以下の文章の空欄①、②に入る数値の組合せとして、次のうち最も適切なものはどれか。

ⅰ)「Aさんが生前贈与を実行するにあたっては、暦年課税制度による贈与、相続時精算課税制度による贈与、教育資金の非課税制度を活用した贈与などが考えられます。仮に、Aさんからの2024年1月以後の贈与について、長男Cさんが相続時精算課税制度を選択した場合、年110万円の基礎控除のほか、累計で2,500万円までの贈与について贈与税は課されませんが、その額を超える部分については、一律（　①　）％の税率により贈与税が課されます」

ⅱ)「『直系尊属から教育資金の一括贈与を受けた場合の贈与税の非課税制度』の適用を受けた場合、受贈者1人につき（　②　）万円までは贈与税が非課税となります。ただし、学習塾などの学校等以外の者に対して直接支払われる金銭については、500万円が限度となります」

(1) ①25 ②1,500 　(2) ①20 ②1,500 　(3) ①25 ②1,000

問2　仮に、長男Cさんが暦年課税（各種非課税制度の適用はない）により、2024年10月中にAさんから現金900万円の贈与を受けた場合の贈与税額は、次のうちどれか。

(1)　147万円　　(2)　180万円　　(3)　191万円

〈資料〉贈与税の速算表（一部抜粋）

基礎控除後の課税価格		特例贈与財産		一般贈与財産	
		税率	控除額	税率	控除額
万円超	万円以下				
	～　200	10%	—	10%	—
200	～　300	15%	10万円	15%	10万円
300	～　400	15%	10万円	20%	25万円
400	～　600	20%	30万円	30%	65万円
600	～　1,000	30%	90万円	40%	125万円

個人2 解答解説

問1 答 (2)

①…2024年1月以後の贈与について相続時精算課税制度を選択した場合、年110万円の基礎控除のほか、累計で**2,500万円**まで贈与税は課されませんが、それを超える部分については一律**20**％の贈与税が課されます。

②…「直系尊属から教育資金の一括贈与を受けた場合の贈与税の非課税制度」の適用を受けた場合、受贈者1人につき**1,500万円**までは贈与税が非課税となります。

- -

問2 答 (1)

18歳以上の人が直系尊属から贈与を受けた場合、特例贈与財産に該当します。
基礎控除後の課税価格：900万円−110万円＝790万円
贈与税額：790万円×30％−90万円＝147万円

個人3 次の設例に基づいて、下記の各問に答えなさい。 ［2021年1月試験 第5問 ㊹］

《設 例》

　Ａさん（70歳）は、妻Ｂさん（70歳）との２人暮らしである。Ａさん夫妻には、子がいない。Ａさんは、妻Ｂさんに全財産を相続させたいと考えており、遺言書の準備を検討している。

〈Ａさんの親族関係図〉

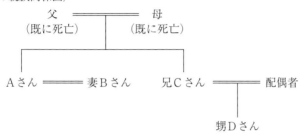

〈Ａさんの主な所有財産（相続税評価額）〉

1．現預金	:	7,500万円
2．上場株式	:	2,000万円
3．自宅敷地（250㎡）	:	8,000万円（注）
自宅建物	:	1,000万円
4．賃貸アパート敷地（250㎡）	:	5,000万円（注）
賃貸アパート建物（築８年・６室）	:	2,500万円
合計	:	2億6,000万円

（注）「小規模宅地等についての相続税の課税価格の計算の特例」適用前の金額

※上記以外の条件は考慮せず、各問に従うこと。

問1　遺言に関する次の記述のうち、最も不適切なものはどれか。

(1)　「遺言により、Ａさんの全財産を妻Ｂさんに相続させた場合、兄Ｃさんおよび甥Ｄさんが遺留分侵害額請求権を行使する可能性があります」

(2)　「Ａさんは、自身が作成した自筆証書遺言を法務局（遺言書保管所）に預けることができます」

(3)　「公正証書遺言は、証人２人以上の立会いのもと、遺言者が遺言の趣旨を公証人に口授し、公証人がこれを筆記して作成するものです」

問2　仮に、Aさんの相続が現時点（2024年9月24日）で開始し、Aさんの相続に係る課税遺産総額（課税価格の合計額−遺産に係る基礎控除額）が1億5,000万円であった場合の相続税の総額は、次のうちどれか。

⑴　3,100万円
⑵　3,350万円
⑶　4,300万円

〈資料〉相続税の速算表（一部抜粋）

法定相続分に応ずる取得金額		税率	控除額
万円超	万円以下		
〜	1,000	10%	−
1,000 〜	3,000	15%	50万円
3,000 〜	5,000	20%	200万円
5,000 〜	10,000	30%	700万円
10,000 〜	20,000	40%	1,700万円

問3　現時点（2024年9月24日）において、Aさんの相続が開始した場合に関する以下の文章の空欄①〜③に入る語句の組合せとして、次のうち最も適切なものはどれか。

i）「妻Bさんが自宅の敷地を相続により取得し、当該敷地の全部について、小規模宅地等についての相続税の課税価格の計算の特例の適用を受けた場合、減額される金額は（　①　）となります。なお、自宅の敷地について優先して本特例の適用を受けた場合、貸付事業用宅地等として適用を受けることができる面積は所定の算式により調整しなければなりません」

ii）「配偶者に対する相続税額の軽減の適用を受けた場合、妻Bさんが相続により取得した財産の金額が、配偶者の法定相続分相当額と1億6,000万円とのいずれか（　②　）金額までであれば、納付すべき相続税額は算出されません」

iii）「相続税の申告書の提出期限は、原則として、相続の開始があったことを知った日の翌日から（　③　）以内です」

⑴　① 6,400万円　　② 多い　　③ 10カ月
⑵　① 1,600万円　　② 少ない　③ 10カ月
⑶　① 6,400万円　　② 少ない　③ 4カ月

問1 答 (1)

(1)…兄弟姉妹には遺留分はないので、兄Cさんおよび甥Dさんが遺留分侵害額請求権を行使することはできません。

(2)…自筆証書遺言は法務局に預けることができます。この場合は検認は不要となります。

(3)…公正証書遺言は、証人が2人以上必要です。

問2 答 (2)

　本問の相続人は、妻Bさんと兄Cさんの2人です。

　相続人が配偶者と兄弟姉妹の場合、法定相続分は配偶者4分の3、兄弟姉妹4分の1となります。

❶妻Bさんの法定相続分：1億5,000万円 × $\frac{3}{4}$ ＝1億1,250万円

❷❶にかかる相続税：1億1,250万円 × 40％ － 1,700万円 ＝ 2,800万円

❸兄Cさんの法定相続分：1億5,000万円 × $\frac{1}{4}$ ＝ 3,750万円

❹❸にかかる相続税：3,750万円 × 20％ － 200万円 ＝ 550万円

❺相続税の総額：2,800万円 ＋ 550万円 ＝ 3,350万円

問3 答 (1)

①…特定居住用宅地等の限度面積は **330** ㎡で、減額割合は **80** ％です。したがって、妻Bさんが自宅の敷地の全部について小規模宅地等についての相続税の課税価格の計算の特例を受けた場合、減額される金額は6,400万円（8,000万円 × 80％）となります。

②…「配偶者に対する相続税額の軽減」の適用を受けた場合、配偶者が取得した財産の金額が、配偶者の法定相続分相当額と **1億6,000** 万円とのいずれか **多い**金額までであれば、納付すべき相続税額は算出されません。

③…相続税の申告書の提出期限は、相続の開始があったことを知った日の翌日から **10** カ月以内です。

保険❶ 次の設例に基づいて、下記の各問に答えなさい。 ［2021年9月試験 第5問 改］

―――――――《設 例》―――――――

　Aさん（70歳）は、妻Bさん（66歳）との2人暮らしである。Aさん夫妻には、子がいない。Aさんは、妻Bさんに全財産を相続させたいと考えており、自筆証書遺言の作成を検討している。

〈Aさんの親族関係図〉

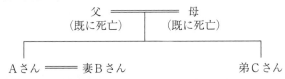

〈Aさんの主な所有財産（相続税評価額、下記の生命保険を除く）〉
　現預金　　　　　　：1億3,000万円
　自宅（敷地400㎡）：5,000万円（注）
　自宅（建物）　　　：2,500万円
　（注）「小規模宅地等についての相続税の課税価格の計算の特例」適用前の金額

〈Aさんが加入している一時払終身保険の内容〉
　契約者（＝保険料負担者）・被保険者：Aさん
　死亡保険金受取人　　　　　　　：妻Bさん
　死亡保険金額　　　　　　　　　：1,000万円

※上記以外の条件は考慮せず、各問に従うこと。

問1　自筆証書遺言等に関する次の記述のうち、最も適切なものはどれか。

⑴　「自筆証書遺言は、遺言者が、その遺言の全文、日付および氏名を自書し、これに押印して作成するものですが、自筆証書遺言に添付する財産目録については、パソコン等で作成することも認められています」

⑵　「自筆証書遺言は、所定の手続により、法務局（遺言書保管所）に保管することができます。法務局（遺言書保管所）に保管された自筆証書遺言は、相続開始後、相続人が遅滞なく、家庭裁判所に提出して、その検認の請求をしなければなりません」

⑶　「遺言により、Ａさんの全財産を妻Ｂさんが取得した場合、弟Ｃさんの遺留分を侵害することになります」

問2　Ａさんの相続に関する次の記述のうち、最も適切なものはどれか。

⑴　「妻Ｂさんが『配偶者に対する相続税額の軽減』の適用を受けるためには、Ａさんの相続開始時において、Ａさんとの婚姻期間が20年以上でなければなりません」

⑵　「妻Ｂさんが自宅の敷地を相続により取得し、『小規模宅地等についての相続税の課税価格の計算の特例』の適用を受けた場合、自宅の敷地（相続税評価額5,000万円）について、相続税の課税価格に算入すべき価額を1,000万円とすることができます」

⑶　「妻Ｂさんが受け取る一時払終身保険の死亡保険金は、みなし相続財産として相続税の課税対象となりますが、死亡保険金の非課税金額の規定の適用を受けることで、相続税の課税価格には算入されません」

問3　仮に、Ａさんの相続が現時点（2024年9月12日）で開始し、Ａさんの相続に係る課税遺産総額（課税価格の合計額－遺産に係る基礎控除額）が1億8,000万円であった場合の相続税の総額は、次のうちどれか。

⑴　4,000万円
⑵　4,400万円
⑶　5,500万円

〈資料〉相続税の速算表（一部抜粋）

法定相続分に応ずる取得金額		税率	控除額
万円超	万円以下		
～	1,000	10%	－
1,000　～	3,000	15%	50万円
3,000　～	5,000	20%	200万円
5,000　～	10,000	30%	700万円
10,000　～	20,000	40%	1,700万円

問1 答 (1)

(1)…自筆証書遺言は、遺言者が、遺言の全文、日付、氏名を自書し、押印して作成しますが、自筆証書遺言に添付する財産目録については、パソコン等で作成することも認められています。この場合、目録の毎ページに署名・押印する必要があります。

(2)…自筆証書遺言は法務局に保管することができ、この場合には検認は**不要**となります。

(3)…兄弟姉妹には遺留分はありません。

問2 答 (3)

(1)…「配偶者に対する相続税額の軽減」の適用にあたって、婚姻期間の要件はありません。

(2)…妻Bさんが自宅の敷地を相続により取得した場合、当該敷地は特定居住用宅地等に該当します。特定居住用宅地等は**330**㎡を限度として**80**％の評価減を受けることができます。

減額される金額：5,000万円×$\frac{330㎡}{400㎡}$×80％＝3,300万円

課税価格に算入される金額：5,000万円－3,300万円＝1,700万円

(3)…本問の相続人は妻Bさん、弟Cさんの2人なので、死亡保険金の非課税限度額は1,000万円(500万円×2人)となり、妻Bさんが受け取る死亡保険金(1,000万円)の全額が非課税となります(相続税の課税価格に算入されません)。

問3 答 (2)

相続税の総額は、相続人が法定相続分にしたがって相続財産を取得したものとして計算します。本問の場合、相続人が配偶者と兄弟姉妹なので、法定相続分は配偶者**4**分の**3**、兄弟姉妹**4**分の**1**となります。

❶妻Bさんの法定相続分：1億8,000万円×$\frac{3}{4}$＝1億3,500万円

❷❶にかかる相続税：1億3,500万円×40％－1,700万円＝3,700万円

❸弟Cさんの法定相続分：1億8,000万円×$\frac{1}{4}$＝4,500万円

❹❸にかかる相続税：4,500万円×20％－200万円＝700万円

❺相続税の総額：3,700万円＋700万円＝4,400万円

保険2 次の設例に基づいて、下記の各問に答えなさい。　[2022年5月試験　第5問 ㊖]

《設 例》

　Aさん(73歳)は、X市内の自宅で妻Bさん(72歳)との2人暮らしである。

　Aさんには、2人の子がいる。X市内の企業に勤務する二男Dさん(43歳)は、妻および孫Eさん(9歳)の3人で賃貸マンションに住んでいる。一方、長男Cさん(45歳)は、県外で働いており、X市に戻る予定はない。

　Aさんは、普段から身の回りの世話をしてくれる二男Dさんに対して、生活資金や孫の学費等について面倒を見てやりたいと思っており、現金の贈与を検討している。

　また、長男Cさんと二男Dさんの関係は悪くないものの、Aさんは、自身の相続が起こった際に遺産分割で争いが生じるのではないかと心配している。

〈Aさんの親族関係図〉

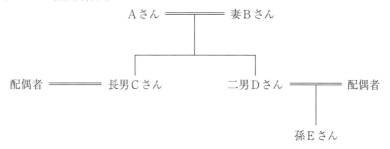

〈Aさんが加入している一時払終身保険の内容〉

契約者(＝保険料負担者)・被保険者：Aさん
死亡保険金受取人　　　　　　　　：妻Bさん
死亡保険金額　　　　　　　　　　：2,000万円

※上記以外の条件は考慮せず、各問に従うこと。

問1 Aさんの相続等に関する次の記述のうち、最も不適切なものはどれか。

(1) 「自筆証書遺言は、その遺言の全文および財産目録をパソコンで作成し、日付および氏名を自書して押印することで作成することができます」

(2) 「公正証書遺言は、証人2人以上の立会いのもと、遺言者が遺言の趣旨を公証人に口授し、公証人がこれを筆記して作成します」

(3) 「妻Bさんが受け取る一時払終身保険の死亡保険金は、みなし相続財産として相続税の課税対象となりますが、死亡保険金の非課税金額の規定の適用を受けることで、相続税の課税価格に算入される金額は、500万円となります」

問2 生前贈与に関する次の記述のうち、最も不適切なものはどれか。

(1) 「Aさんが二男Dさんに現金を贈与し、二男Dさんが暦年課税を選択した場合、その年にAさんから二男Dさんへ贈与した財産の価額が贈与税の基礎控除額を超えるときは、受贈者である二男Dさんが贈与税の申告書を提出しなければなりません」

(2) 「2024年中にAさんが二男Dさんに現金を贈与し、二男Dさんが相続時精算課税制度を選択した場合、110万円の基礎控除のほか、累計で2,500万円までの贈与について贈与税は課されません」

(3) 「『直系尊属から教育資金の一括贈与を受けた場合の贈与税の非課税』の適用を受けた場合、受贈者1人につき2,000万円までは贈与税が非課税となります」

問3 仮に、二男Dさんが暦年課税（各種非課税制度の適用はない）により、2024年中にAさんから現金600万円の贈与を受けた場合の贈与税額は、次のうちどれか。

(1) 68万円　　(2) 90万円　　(3) 114万円

〈資料〉贈与税の速算表（一部抜粋）

基礎控除後の課税価格		特例贈与財産	
		税率	控除額
万円超	万円以下		
〜	200	10%	－
200 〜	400	15%	10万円
400 〜	600	20%	30万円

問1 答 (1)

(1)…自筆証書遺言は、遺言の全文、日付、氏名を自書し、押印して作成しなければなりません。なお、添付する財産目録については、パソコン等で作成することも認められています。

(3)…本問の相続人は妻Bさん、長男Cさん、二男Dさんの3人なので、死亡保険金の非課税限度額は1,500万円（500万円×3人）となり、妻Bさんが受け取る死亡保険金（2,000万円）のうち500万円（2,000万円－1,500万円）が相続税の課税価格に算入されます。

問2 答 (3)

(3)…「直系尊属から教育資金の一括贈与を受けた場合の贈与税の非課税」の適用を受けた場合、受贈者1人につき**1,500万円**まで（学校等以外の者に支払われる金銭については500万円まで）は贈与税が非課税となります。

問3 答 (1)

贈与税の基礎控除は110万円です。
基礎控除後の課税価格：600万円－110万円＝490万円
贈与税額：490万円×20%－30万円＝68万円

《設例》

Aさんは、2024年10月5日に病気により死亡した。なお、二男Eさんは、Aさんの相続開始前に死亡している。

〈Aさんの親族関係図〉

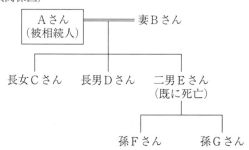

〈Aさんの相続財産（みなし相続財産を含む）〉

現金および預貯金	8,500万円
自宅（敷地300㎡）	6,000万円（「小規模宅地等についての相続税の課税価格の計算の特例」適用前の相続税評価額）
自宅（建物）	2,000万円（固定資産税評価額）
死亡保険金	4,000万円（契約者（＝保険料負担者）・被保険者はAさん、死亡保険金受取人は長女Cさん）

※上記以外の条件は考慮せず、各問に従うこと。

問1 Aさんの相続に関する以下の文章の空欄①～③に入る語句または数値の組合せとして、次のうち最も適切なものはどれか。

ⅰ）「孫Fさんおよび孫Gさんの法定相続分はそれぞれ（　①　）となります」
ⅱ）「Aさんの相続における遺産に係る基礎控除額は（　②　）万円となり、課税価格の合計額が遺産に係る基礎控除額を上回るため、相続税の申告が必要です」

iii）「相続税の申告書は、原則として、その相続の開始があったことを知った日の翌日から（　③　）カ月以内にAさんの死亡の時における住所地の所轄税務署長に提出しなければなりません」

(1)　① 8分の1　　② 5,400　　③ 10

(2)　① 12分の1　　② 5,400　　③ 4

(3)　① 12分の1　　② 6,000　　③ 10

問2　Aさんの相続に関する次の記述のうち、最も不適切なものはどれか。

(1)　「長女Cさんが受け取った死亡保険金は、みなし相続財産として相続税の課税対象となりますが、死亡保険金の非課税金額の規定の適用を受けることで、相続税の課税価格に算入される金額は1,500万円となります」

(2)　「妻Bさんが『配偶者に対する相続税額の軽減』の適用を受けた場合、原則として、妻Bさんの相続税の課税価格が、相続税の課税価格の合計額に対する配偶者の法定相続分相当額と1億6,000万円とのいずれか多い金額までであれば、納付すべき相続税額は算出されません」

(3)　「妻Bさんが自宅の敷地を相続により取得し、『小規模宅地等についての相続税の課税価格の計算の特例』の適用を受けた場合、自宅の敷地について課税価格に算入すべき価額は4,800万円となります」

問3　Aさんの相続に係る課税遺産総額（課税価格の合計額−遺産に係る基礎控除額）が7,200万円であった場合の相続税の総額は、次のうちどれか。

(1)　　900万円

(2)　　910万円

(3)　1,460万円

〈資料〉相続税の速算表（一部抜粋）

法定相続分に応ずる取得金額		税率	控除額
万円超	万円以下		
～	1,000	10%	－
1,000　～	3,000	15%	50万円
3,000　～	5,000	20%	200万円
5,000　～	10,000	30%	700万円

問1 答 (3)

①…孫Ｆさんと孫Ｇさんは、二男Ｅさんの代襲相続人なので、二男Ｅさんの法定相続分を２人で分けます。相続人が配偶者と子の場合、法定相続分は配偶者２分の１、子２分の１となります。

孫Ｆさんと孫Ｇさんの法定相続分：$\dfrac{1}{2} \times \dfrac{1}{3} \times \dfrac{1}{2} = \dfrac{1}{12}$

②…本問の相続人は妻Ｂさん、長女Ｃさん、長男Ｄさん、孫Ｆさん、孫Ｇさんの５人です。

基礎控除額：3,000万円＋600万円×5人＝6,000万円

③…相続税の申告書は、相続の開始があったことを知った日の翌日から**10**カ月以内に、被相続人の死亡時の住所地の所轄税務署長に提出しなければなりません。

- -

問2 答 (3)

(1)…死亡保険金の非課税限度額：500万円×5人＝2,500万円
　　　課税価格に算入される金額：4,000万円－2,500万円＝1,500万円

(2)…「配偶者に対する相続税額の軽減」の適用を受けた場合、配偶者が取得した財産の金額が、配偶者の法定相続分相当額と**1億6,000**万円とのいずれか**多**い金額までであれば、納付すべき相続税額は算出されません。

(3)…妻Ｂさんが自宅の敷地を相続により取得した場合、当該敷地は特定居住用宅地等に該当します。特定居住用宅地等は**330**㎡を限度として**80**％の評価減を受けることができます。

減額される金額：6,000万円×80％＝4,800万円
課税価格に算入される金額：6,000万円－4,800万円＝1,200万円

- -

問3 答 (1)

本問の場合、相続人が配偶者と子なので、法定相続分は配偶者２分の１、子２分の１となります。

❶妻Ｂさんの法定相続分：7,200万円×$\dfrac{1}{2}$＝3,600万円

❷❶にかかる相続税：3,600万円×20％－200万円＝520万円

❸長女Ｃさん、長男Ｄさんの法定相続分：7,200万円×$\dfrac{1}{2}$×$\dfrac{1}{3}$＝1,200万円

❹❸にかかる相続税：1,200万円×15％－50万円＝130万円

❺孫Ｆさん、孫Ｇさんの法定相続分：7,200万円×$\dfrac{1}{2}$×$\dfrac{1}{3}$×$\dfrac{1}{2}$＝600万円

❻❺にかかる相続税：600万円×10％＝60万円

❼相続税の総額：520万円＋130万円×2人＋60万円×2人＝900万円

相続・事業承継

> **資産１** 2024年９月２日に相続が開始された鶴見和之さん（被相続人）の〈親族関係図〉が下記のとおりである場合、民法上の相続人および法定相続分の組み合わせとして、最も適切なものはどれか。なお、記載のない条件については一切考慮しないものとする。

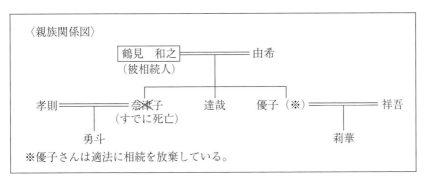

〈親族関係図〉

※優子さんは適法に相続を放棄している。

(1) 由希　1／2　　達哉　1／2

(2) 由希　1／2　　達哉　1／4　　勇斗　1／4

(3) 由希　1／2　　達哉　1／6　　勇斗　1／6　　莉華　1／6

[2023年９月試験　第６問　問13㉑]

資産１ 解答解説

答 (2)

　　相続を放棄した人は民法上の相続人となりません（相続放棄の場合には代襲相続もありません）。また、被相続人の子である奈津子さんは死亡しているため、その子（被相続人の孫）が代襲相続人となります。したがって、本問の相続人は、妻の由希さん、子の達哉さん、孫の勇斗さんの３人となります。

　　相続人が配偶者と子の場合、法定相続分は配偶者２分の１、子２分の１です。

由希さんの法定相続分：$\dfrac{1}{2}$

達哉さんの法定相続分：$\dfrac{1}{2} \times \dfrac{1}{2} = \dfrac{1}{4}$

勇斗さんの法定相続分：$\dfrac{1}{2} \times \dfrac{1}{2} = \dfrac{1}{4}$

資産2 2024年9月2日に相続が開始された関根直人さん（被相続人）の〈親族関係図〉が下記のとおりである場合、民法上の相続人および法定相続分の組み合わせとして、正しいものはどれか。なお、記載のない条件については一切考慮しないこととする。

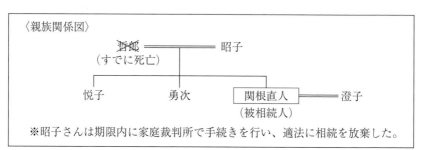

〈親族関係図〉

※昭子さんは期限内に家庭裁判所で手続きを行い、適法に相続を放棄した。

(1) 澄子 1／2 　悦子 1／4 　勇次 1／4
(2) 澄子 2／3 　悦子 1／6 　勇次 1／6
(3) 澄子 3／4 　悦子 1／8 　勇次 1／8

[2020年9月試験　第6問　問13 ㊹]

資産2 解答解説

答 (3)

　相続を放棄した人は民法上の相続人となりません。したがって、本問の相続人は、妻の澄子さん、姉の悦子さん、兄の勇次さんの3人となります。
　相続人が配偶者と兄弟姉妹の場合、法定相続分は配偶者4分の3、兄弟姉妹4分の1です。

　　澄子さんの法定相続分：$\dfrac{3}{4}$

　　悦子さんの法定相続分：$\dfrac{1}{4} \times \dfrac{1}{2} = \dfrac{1}{8}$

　　勇次さんの法定相続分：$\dfrac{1}{4} \times \dfrac{1}{2} = \dfrac{1}{8}$

資産3 2024年12月5日に相続が開始された皆川健太郎さん（被相続人）の〈親族関係図〉が下記のとおりである場合、民法上の相続人および法定相続分の組み合わせとして、正しいものはどれか。なお、記載のない条件については一切考慮しないこととする。

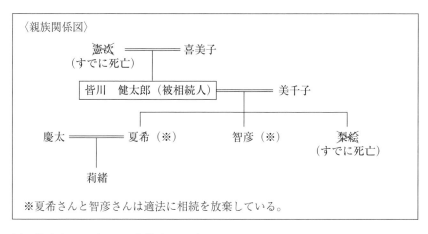

※夏希さんと智彦さんは適法に相続を放棄している。

(1) 美千子　2／3　　喜美子　1／3
(2) 美千子　1／2　　喜美子　1／2
(3) 美千子　1／2　　莉緒　1／2

[2023年1月試験　第6問　問13 改]

資産3 **解答解説**

答 (1)

　　被相続人の子である梨絵さんは死亡しており、夏希さんと智彦さんは相続を放棄しているので相続人になりません（相続放棄の場合には代襲相続もありません）。そのため、本問の相続人は、妻の美千子さんと母の喜美子さんの2人となります。
　　相続人が配偶者と直系尊属の場合、法定相続分は配偶者3分の2、直系尊属3分の1となります。

　　美千子さん：$\dfrac{2}{3}$

　　喜美子さん：$\dfrac{1}{3}$

資産4 相続開始後の各種手続きにおける下記〈資料〉の空欄（ア）、（イ）にあてはまる語句の組み合わせとして、最も適切なものはどれか。なお、記載のない事項については一切考慮しないこととする。

〈資料〉

手続きの種類	行うべき手続きの内容
相続の放棄または限定承認	原則として、相続の開始を知った時から3ヵ月以内に（ ア ）に申述書を提出
相続税の申告と納付	相続の開始を知った日の翌日から（ イ ）以内に被相続人の死亡時の住所地の所轄税務署長に申告書を提出

(1) （ア）地方裁判所　　（イ）6ヵ月
(2) （ア）地方裁判所　　（イ）10ヵ月
(3) （ア）家庭裁判所　　（イ）10ヵ月

［2023年1月試験　第6問　問14］

資産4 解答解説

答 (3)

(ア)…相続の放棄または限定承認をするには、相続の開始を知った時から**3**カ月以内に**家庭裁判所**に申述書を提出します。

(イ)…相続税の申告と納付は、相続の開始を知った日の翌日から**10**ヵ月以内に被相続人の死亡時の住所地の所轄税務署長に申告書を提出して行います。

資産5 今年80歳になる安西さんは、将来発生するであろう自身の相続について、遺産分割等でのトラブルを防ぐために遺言書の作成を検討しており、FPの高梨さんに相談をした。遺言書に関する高梨さんの次の説明のうち、最も適切なものはどれか。

(1) 「公正証書遺言を作成した後に、自筆証書遺言によって、先に作成した公正証書遺言を撤回することができます。」

(2) 「自筆証書遺言を作成した場合、原則として、遺言書の保管者または遺言書を発見した相続人は、遅滞なく遺言書を公証役場に提出して、その検認を請求する必要があります。」

(3) 「自筆証書遺言を作成する場合、遺言者と2人以上の証人が、各自これに署名し、押印をすることが必要です。」

[2022年5月試験　第6問　問13]

資産5 解答解説

答 (1)

(1)…遺言はいつでも全部または一部を撤回、変更することができます。遺言書が複数ある場合には、日付の**新しい**ものが有効となります。

(2)…自筆証書遺言や秘密証書遺言の場合には、**家庭裁判所**による検認が**必要**です。

(3)…自筆証書遺言の作成に証人は**不要**です。

実技
相続・事業承継 CH 06

3 資産設計提案業務【日本FP協会】

資産 6 落合さん（65歳）は、相続税の計算における生命保険金等の非課税限度額について、FPで税理士でもある佐野さんに質問をした。下記の空欄（ア）、（イ）にあてはまる数値または語句の組み合わせとして、最も適切なものはどれか。

〈佐野さんの回答〉
「被相続人の死亡によって相続人等が取得した生命保険金や損害保険金で、その保険料の全部または一部を被相続人が負担していたものは、相続税の課税対象となります。
この死亡保険金の受取人が相続人である場合、すべての相続人が受け取った保険金の合計額が次の算式によって計算した非課税限度額を超えるとき、その超える部分が相続税の課税対象になります。非課税限度額は『（　ア　）万円×（　イ　）の数』で求められます。」

(1)　（ア）300　　（イ）法定相続人
(2)　（ア）300　　（イ）生命保険契約
(3)　（ア）500　　（イ）法定相続人

［2023年9月試験　第6問　問14］

資産 6 解答解説

答 (3)

死亡保険金の非課税限度額は、「**500万円×法定相続人の数**」で求められます。

資産 7 村瀬高志さん(30歳)が2024年中に贈与を受けた財産の価額と贈与者は以下のとおりである。高志さんの2024年分の贈与税額として、正しいものはどれか。なお、2024年中において、高志さんはこれ以外の財産の贈与を受けておらず、相続時精算課税制度は選択していないものとする。

・高志さんの母からの贈与　　現金550万円
・高志さんの祖父からの贈与　現金 50万円
※上記の贈与は、住宅取得等資金や教育資金、結婚・子育てに係る資金の贈与ではない。

〈贈与税の速算表〉

(イ)18歳以上の者が直系尊属から贈与を受けた財産の場合(特例贈与財産、特例税率)

基礎控除後の課税価格		税率	控除額
	200万円 以下	10%	－
200万円 超	400万円 以下	15%	10万円
400万円 超	600万円 以下	20%	30万円
600万円 超	1,000万円 以下	30%	90万円
1,000万円 超	1,500万円 以下	40%	190万円
1,500万円 超	3,000万円 以下	45%	265万円
3,000万円 超	4,500万円 以下	50%	415万円
4,500万円 超		55%	640万円

(ロ)上記(イ)以外の場合(一般贈与財産、一般税率)

基礎控除後の課税価格		税率	控除額
	200万円 以下	10%	－
200万円 超	300万円 以下	15%	10万円
300万円 超	400万円 以下	20%	25万円
400万円 超	600万円 以下	30%	65万円
600万円 超	1,000万円 以下	40%	125万円
1,000万円 超	1,500万円 以下	45%	175万円
1,500万円 超	3,000万円 以下	50%	250万円
3,000万円 超		55%	400万円

(1)　68万円　　(2)　82万円　　(3)　90万円

答 (1)

母も祖父も直系尊属です。直系尊属から受けた贈与財産については、特例贈与財産として特例税率(イ)を用いて贈与税額を計算します。

基礎控除後の課税価格：550万円＋50万円－110万円＝490万円
贈与税額：490万円×20％－30万円＝68万円

資産 8 FPで税理士でもある長谷川さんは、池谷光雄さんと妻の紀子さんから贈与税の配偶者控除に関する相談を受けた。池谷さん夫婦からの相談内容に関する記録は下記〈資料〉のとおりである。この相談に対する長谷川さんの回答の空欄（ア）、（イ）にあてはまる数値の組み合わせとして、最も適切なものはどれか。

〈資料〉

［相談記録］
相談日：2024年5月3日
相談者：池谷光雄　様（57歳）　　池谷紀子　様（53歳）
相談内容：贈与税の配偶者控除を活用して、光雄様所有の居住用不動産を紀子様に贈与したいと考えている。贈与税の配偶者控除の適用要件や控除額について知りたい。

［長谷川さんの回答］
「贈与税の配偶者控除の適用を受けるためには、贈与があった日において、配偶者との婚姻期間が（　ア　）年以上であること等の所定の要件を満たす必要があります。また、贈与税の配偶者控除の額は、最高（　イ　）万円です。」

(1)　（ア）10　　（イ）1,000
(2)　（ア）20　　（イ）1,000
(3)　（ア）20　　（イ）2,000

［2023年5月試験　第6問　問14 改］

資産 8 解答解説

答 (3)

(ア)…贈与税の配偶者控除を受けるためには、配偶者との婚姻期間が**20**年以上なければなりません。

(イ)…贈与税の配偶者控除の額は、基礎控除とは別に最高**2,000**万円です。

資産 9 皆川真紀子さんは、夫から2024年5月に居住用不動産(財産評価額2,700万円)の贈与を受けた。真紀子さんは、この居住用不動産の贈与について、贈与税の配偶者控除の適用を受けることを検討している。真紀子さんが贈与税の配偶者控除の適用を最高限度額まで受けた場合の2024年分の贈与税の配偶者控除および基礎控除後の課税価格として、正しいものはどれか。なお、贈与税の配偶者控除の適用を受けるための要件はすべて満たしているものとする。また、真紀子さんは2024年中に、当該贈与以外の贈与を受けていないものとする。

(1) 90万円
(2) 590万円
(3) 700万円

［2020年1月試験　第6問　問15 ㊎］

資産 9 解答解説

答 (2)

　　贈与税の配偶者控除額は2,000万円で、基礎控除110万円と別に控除することができます。

　　課税価格：2,700万円－110万円－2,000万円＝590万円

資産⑩ FPで税理士でもある西山さんは、小山和夫さん(66歳)から相続時精算課税制度に関する相談を受けた。和夫さんからの相談内容に関する記録は、下記〈資料〉のとおりである。この相談に対する西山さんの回答の空欄(ア)、(イ)にあてはまる数値の組み合わせとして、正しいものはどれか。

〈資料〉

> [相談記録]
> 相談日:2024年9月3日
> 相談者:小山和夫　様(66歳)
> 相談内容:相続時精算課税制度を活用して、今年中に長男の小山豊様(35歳)に事業用資金として現金3,000万円を贈与したい。この贈与について相続時精算課税制度を適用した場合の贈与税の計算における控除額や税率について知りたい。なお、豊様は、和夫様からの贈与について相続時精算課税制度の適用を受けたことはない。

> [西山さんの回答]
> 「ご相談のあった贈与について相続時精算課税制度の適用を受ける場合、原則として、贈与をした年の1月1日において、贈与者である親や祖父母が（　ア　）歳以上、受贈者である子や孫が18歳以上であることが必要とされます。和夫様と豊様はこれらの要件を満たしていますので、所定の手続きをし、年110万円の基礎控除のほか、特別控除として最大2,500万円の控除を受けることができます。今年中に贈与を考えている現金の金額は3,000万円であり、2,610万円を超えています。この超えた部分については、（　イ　）％の税率を乗じて計算した贈与税が課されます。」

(1) （ア）60　　（イ）10
(2) （ア）65　　（イ）20
(3) （ア）60　　（イ）20

[2022年1月試験　第6問　問15 改]

資産⑩ 解答解説

答 (3)

(ア)…相続時精算課税制度の適用を受ける場合、贈与者である親や祖父母が**60**歳(贈与年の1月1日における年齢)以上でなければなりません。

(イ)…相続時精算課税制度の特別控除額を超える部分については一律**20**％の税率で贈与税が課されます。

資産11 下記〈資料〉の宅地の借地権（普通借地権）について、路線価方式による相続税評価額として、正しいものはどれか。なお、奥行価格補正率は1.0とし、記載のない条件については一切考慮しないこととする。

〈資料〉

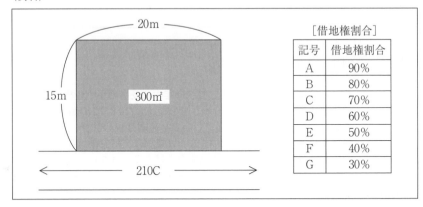

［借地権割合］

記号	借地権割合
A	90%
B	80%
C	70%
D	60%
E	50%
F	40%
G	30%

(1) 18,900千円
(2) 44,100千円
(3) 63,000千円

［2021年5月試験　第6問　問14］

資産11 解答解説

答 (2)

　借地権の評価額は「**自用地評価額×借地権割合**」で計算します。また、路線価方式の自用地評価額は「**路線価×奥行価格補正率×地積**」で計算します。本問の路線価は「210C」なので、借地権割合は70%（記号C）となります。

自用地評価額：210千円×1.0×300㎡＝63,000千円
　　　　　　　路線価
借地権評価額：63,000千円×70%＝44,100千円

資産12 下記〈資料〉の宅地（貸宅地）について、路線価方式による相続税評価額として、正しいものはどれか。なお、奥行価格補正率は1.0である。また、記載のない事項については、一切考慮しないこととする。

〈資料〉

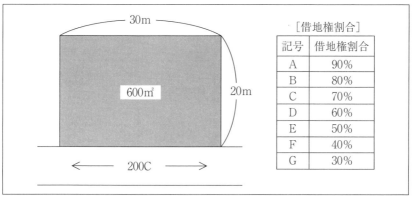

※貸宅地とは、借地権の設定されている宅地をいう。

(1) 36,000千円

(2) 84,000千円

(3) 120,000千円

［2012年1月試験　第6問　問14］

資産12 解答解説

答 (1)

　貸宅地の評価額は、「**自用地評価額×（1－借地権割合）**」で計算します。また、路線価方式の自用地評価額は「**路線価×奥行価格補正率×地積**」で計算します。本問の路線価は「200C」なので、借地権割合は70%（記号C）となります。

自用地評価額：<u>200千円</u>×1.0×600㎡＝120,000千円
　　　　　　　路線価

貸宅地評価額：120,000千円×（1－70%）＝36,000千円

資産13 下記〈資料〉の宅地(貸家建付地)について、路線価方式による相続税評価額（計算式を含む）として、正しいものはどれか。なお、奥行価格補正率は1.0である。また、記載のない条件については一切考慮しないこととする。

〈資料〉

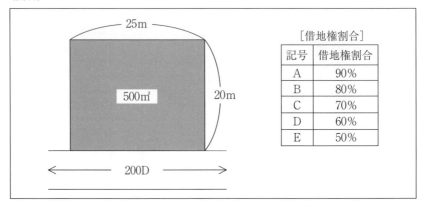

記号	借地権割合
A	90%
B	80%
C	70%
D	60%
E	50%

［借地権割合］

※普通住宅地区内にある宅地の上に賃貸アパートを建築し、各部屋を普通借家契約により貸し付けている。

※借家権割合は30%、賃貸割合は100%である。

(1) （200千円×1.0×500㎡）×（1－60%×100%）＝40,000千円

(2) （200千円×1.0×500㎡）×60%×100%＝60,000千円

(3) （200千円×1.0×500㎡）×（1－60%×30%×100%）＝82,000千円

［2013年9月試験　第6問　問14］

資産13 解答解説

答 (3)

　貸家建付地の評価額は、**「自用地評価額×（1－借地権割合×借家権割合×賃貸割合）」** で計算します。なお、路線価が「200D」なので、借地権割合は60%（記号D）となります。

自用地評価額：200千円×1.0×500㎡＝100,000千円
　　　　　　　　　路線価
貸家建付地評価額：100,000千円×（1－60%×30%×100%）
　　　　　　　　　＝82,000千円

資産14 近藤裕太さんは、同居している母の芳子さんについて将来発生するであろう相続に当たって、裕太さんと芳子さんが住む住宅の土地に係る小規模宅地等についての相続税の課税価格の計算の特例の適用について、FPで税理士でもある木内さんに相談をした。この相談に対する木内さんの回答の空欄（ア）、（イ）にあてはまる数値の組み合わせとして、正しいものはどれか。なお、芳子さんは当該住宅の土地以外に不動産は所有していないものとする。

［木内さんの回答］

「相続開始の直前において、被相続人の居住の用に供されていた宅地等は、所定の要件を満たせば、小規模宅地等についての相続税の課税価格の計算の特例の適用を受けることができます。その宅地等が特定居住用宅地等に該当する場合、（　ア　）㎡を限度として、相続税評価額を（　イ　）％減額できます。」

---

(1)　（ア）330　　（イ）50
(2)　（ア）330　　（イ）80
(3)　（ア）400　　（イ）80

実技
相続・事業承継 CH 06

資産14 解答解説

答 (2)

「小規模宅地等の課税価格の計算の特例」において、相続で取得した宅地が特定居住用宅地等に該当する場合、**330**㎡を限度として、相続税評価額を**80**％減額できます。

【著者】

滝澤ななみ（たきざわ・ななみ）

簿記、ＦＰなど多くの資格書を執筆している。主な著書は『スッキリわかる日商簿記』1〜3級（15年連続全国チェーン売上第1位[1]）、『みんなが欲しかった！簿記の教科書・問題集』日商2・3級、『みんなが欲しかった！ＦＰの教科書』2・3級（10年連続売上第1位[2]）、『みんなが欲しかった！ＦＰの問題集』2・3級、『みんなが欲しかった！宅建士の教科書』、『みんなが欲しかった！宅建士の問題集』など。

※1　紀伊國屋書店PubLine/三省堂書店/丸善ジュンク堂書店　2009年1月〜2023年12月（各社調べ、50音順）

※2　紀伊國屋書店PubLine調べ　2014年1月〜2023年12月

〈ホームページ〉『滝澤ななみのすすめ！』
URL：https://takizawananami-susume.jp

・装丁、本文デザイン：Malpu Design
・装画：matsu（マツモト　ナオコ）

一般社団法人　金融財政事情研究会　ファイナンシャル・プランニング技能検定
3級実技試験（個人資産相談業務）　平成29年10月許諾番号1710K000002

2024-2025年版（ねんばん）
みんなが欲しかった！　FPの問題集（もんだいしゅう）　3級（きゅう）

（2013年5月試験対応版　2013年4月5日　初版　第1刷発行）

2024年5月25日　初　版　第1刷発行
2024年7月10日　　　　　第2刷発行

著　者	滝　澤　な　な　み
発　行　者	多　田　敏　男
発　行　所	TAC株式会社　出版事業部
	（TAC出版）

〒101-8383
東京都千代田区神田三崎町3-2-18
電話 03（5276）9492（営業）
FAX 03（5276）9674
https://shuppan.tac-school.co.jp

印　刷	株式会社　光　　　邦
製　本	株式会社　常　川　製　本

Ⓒ Nanami Takizawa 2024　　　Printed in Japan　　　ISBN 978-4-300-11183-3
N.D.C. 338

魅惑のパーソナルファイナンスの世界を感じられる無料オンラインセミナーです！

「多くの方が不安に感じる年金問題」「相続トラブルにより増加する空き家問題」
「安全な投資で資産を増やしたいというニーズ」など、社会や個人の様々な問題の解決に、
ファイナンシャルプランナーの知識は非常に役立ちます。
長年、ファイナンシャルプランニングの現場で顧客と向き合い、
夢や目標を達成するためのアドバイスをしてきたベテランFPのTAC講師陣が、
無料のオンラインセミナーで魅力的な知識を特別にお裾分けします。
とても面白くためになる内容です！
無料のオンラインセミナーですので、気軽にご参加いただけます。
ぜひ一度視聴してみませんか？　皆様の世界が広がる実感が持てるはずです。

皆様の **人生を充実させる**のに必要なコンテンツがぎっしり詰まった**オンラインセミナー**です！

 参考 ▷ 過去に行ったテーマ例

- 達人から学ぶ「不動産投資」の極意
- 老後に役立つ個人年金保険
- 医療費をたくさん払った場合の節税対策
- 基本用語を分かりやすく解説 NISA
- 年金制度と住宅資産の活用法
- FP試験電卓活用法
- 1級・2級本試験予想セミナー
- 初心者でもできる投資信託の選び方
- 安全な投資のための商品選びのチェックポイント
- 1級・2級頻出論点セミナー

- そろそろ家を買いたい！実現させるためのポイント
- 知らないと損する！社会保険と公的年金の押さえるべきポイント
- 危機、災害に備える家計の自己防衛術を伝授します
- 一生賃貸で大丈夫？老後におけるリスクと未然の防止策
- 住宅購入時の落とし穴！購入後の想定外のトラブル
- あなたに必要な保険の見極め方
- ふるさと納税をやってみよう♪ぴったりな寄付額をチェック

ファイナンシャル・プランナー

═══ TAC FP講座案内 ═══

TACのきめ細かなサポートが合格へ導きます！

合格に重要なのは、どれだけ良い学習環境で学べるかということ。資格の学校TACではすべての受講生を合格に導くために、誰もが自分のライフスタイルに合わせて勉強ができる学習メディアやフォロー制度をご用意しています。

入門編から実務まで。FPならTACにお任せ！

同じFPでも資格のレベルはさまざま。入門編の3級から仕事に活用するのに必須の2級（AFP）、グローバルに活躍できる1級・CFP®まで、試験内容も異なるので、めざすレベルに合わせて効率的なプログラム、学習方法で学ぶことが大切です。さらにTACでは、合格後の継続教育研修も開講していますので、入門資格から実践的な最新知識まで幅広く学習することができます。

3級

金融・経済アレルギーを解消！

「自分の年金のことがよく分からない」「投資に興味はあるんだけど、どうしたらいいの？」「ニュースに出てくる経済用語の意味は実は知らない…」「保険は入っているもの…」など金融や経済のアレルギーを解消することができます。「この際、一からお金のことを勉強したい！」そんな方にオススメです。

2級・AFP

FPの知識で人の幸せを演出する！

就職や転職をはじめ、FPの知識を実践的に活かしたい場合のスタンダード資格が2級・AFPです。金融機関をはじめとした企業でコンサルティング業務を担当するなど、お客様の夢や目標を実現するためにお金の面からアドバイスを行い、具体的なライフプランを提案することもできます。「みんなが幸せに生きる手助けをしたい！」そんな夢を持った方にオススメです。

1級・CFP®

ビジネスの世界で認められるコンサルタントをめざす！

FP資格の最高峰に位置づけられるのが、1級・CFP®です。特にCFP®は、日本国内における唯一の国際FPライセンスです。コンサルタントとして独立開業する際に1級やCFP®を持っていると、お客様からの信頼度もアップします。「プロのコンサルタントとして幅広いフィールドで仕事がしたい！」そんな志を抱いている人は、ぜひ1級・CFP®を目指してください。

TAC FP講座 オススメコース

（過去問トレーニングで万全の試験対策を！）

2級過去問解説講義

WEB講座専用コースで、いつでも好きな時間に学習できます。

FP技能検定試験の本試験問題を全問解説する講座です。答えを見ただけでは理解しにくい部分も、ベテラン講師が問題に書き込みながら行う解説により、しっかりと理解できるようになります。また本講座はWeb通信講座なので、いつでも講義を視聴することができ大変便利です。定番問題の解法テクニックの習得や試験直前の総まとめとしてご利用ください。

講義時間
約90分/各回・各科目

受講料
¥800/各回・各科目
※入会金は不要です。
※受講料には消費税10%が含まれます。

教材について

当コースには、本試験問題はついておりません。過去問題及び解答は、本試験実施団体（日本FP協会・金融財政事情研究会）のHPから無料でダウンロードできますので、ご自身でご用意ください。

〇日本FP協会：
https://www.jafp.or.jp/exam/mohan/

〇金融財政事情研究会：
https://www.kinzai.or.jp/ginou/fp/test-fp

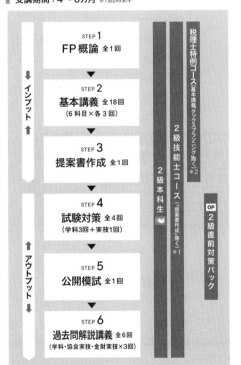

TAC出版 書籍のご案内

TAC出版では、資格の学校TAC各講座の定評ある執筆陣による資格試験の参考書をはじめ、資格取得者の開業法や仕事術、実務書、ビジネス書、一般書などを発行しています！

TAC出版の書籍

※一部書籍は、早稲田経営出版のブランドにて刊行しております。

資格・検定試験の受験対策書籍

- ✪日商簿記検定
- ✪建設業経理士
- ✪全経簿記上級
- ✪税理士
- ✪公認会計士
- ✪社会保険労務士
- ✪中小企業診断士
- ✪証券アナリスト

- ✪ファイナンシャルプランナー(FP)
- ✪証券外務員
- ✪貸金業務取扱主任者
- ✪不動産鑑定士
- ✪宅地建物取引士
- ✪賃貸不動産経営管理士
- ✪マンション管理士
- ✪管理業務主任者

- ✪司法書士
- ✪行政書士
- ✪司法試験
- ✪弁理士
- ✪公務員試験(大卒程度・高卒者)
- ✪情報処理試験
- ✪介護福祉士
- ✪ケアマネジャー
- ✪電験三種　ほか

実務書・ビジネス書

- ✪会計実務、税法、税務、経理
- ✪総務、労務、人事
- ✪ビジネススキル、マナー、就職、自己啓発
- ✪資格取得者の開業法、仕事術、営業術

一般書・エンタメ書

- ✪ファッション
- ✪エッセイ、レシピ
- ✪スポーツ
- ✪旅行ガイド (おとな旅プレミアム/旅コン)

TAC出版

(2024年2月現在)

書籍のご購入は

1 全国の書店、大学生協、ネット書店で

2 TAC各校の書籍コーナーで

資格の学校TACの校舎は全国に展開!
校舎のご確認はホームページにて

資格の学校TAC ホームページ
https://www.tac-school.co.jp

3 TAC出版書籍販売サイトで

CYBER TAC出版書籍販売サイト
BOOK STORE

TAC 出版　で 検索

24時間
ご注文
受付中

https://bookstore.tac-school.co.jp/

- 新刊情報をいち早くチェック!
- たっぷり読める立ち読み機能
- 学習お役立ちの特設ページも充実!

TAC出版書籍販売サイト「サイバーブックストア」では、TAC出版および早稲田経営出版から刊行されている、すべての最新書籍をお取り扱いしています。

また、会員登録(無料)をしていただくことで、会員様限定キャンペーンのほか、送料無料サービス、メールマガジン配信サービス、マイページのご利用など、うれしい特典がたくさん受けられます。

サイバーブックストア会員は、特典がいっぱい!(一部抜粋)

 通常、1万円(税込)未満のご注文につきましては、送料・手数料として500円(全国一律・税込)頂戴しておりますが、1冊から無料となります。

 専用の「マイページ」は、「購入履歴・配送状況の確認」のほか、「ほしいものリスト」や「マイフォルダ」など、便利な機能が満載です。

 メールマガジンでは、キャンペーンやおすすめ書籍、新刊情報のほか、「電子ブック版TACNEWS(ダイジェスト版)」をお届けします。

 書籍の発売を、販売開始当日にメールにてお知らせします。これなら買い忘れの心配もありません。

FP（ファイナンシャル・プランナー）対策書籍のご案内

TAC出版のFP（ファイナンシャル・プランニング）技能士対策書籍は金財、日本FP協会それぞれに対応したインプット用テキスト、アウトプット用テキスト、インプット＋アウトプット一体型教材、直前予想問題集の各ラインナップで、受検生の多様なニーズに応えていきます。

みんなが欲しかった！シリーズ

『みんなが欲しかった！FPの教科書』
- ●1級 学科基礎・応用対策 ●2級・AFP ●3級
- 1級：滝澤ななみ 監修・TAC FP講座 編著・A5判・2色刷
- 2・3級：滝澤ななみ 編著・A5判・4色オールカラー
- ■ イメージがわきやすい図解と、シンプルでわかりやすい解説で、短期間の学習で確実に理解できる！動画やスマホ学習に対応しているのもポイント。

『みんなが欲しかった！FPの問題集』
- ●1級 学科基礎・応用対策 ●2級・AFP ●3級
- 1級：TAC FP講座 編著・A5判・2色刷
- 2・3級：滝澤ななみ 編著・A5判・2色刷
- ■ 無駄をはぶいた解説と、重要ポイントのまとめによる「アウトプット→インプット」学習で、知識を完全に定着。

『みんなが欲しかった！FPの予想模試』
- ●3級 TAC出版編集部 編著
- 滝澤ななみ 監修・A5判・2色刷
- ■ 出題が予想される厳選模試を学科3回分、実技2回分掲載。さらに新しい出題テーマにも対応しているので、本番前の最終確認に最適。

『みんなが欲しかった！FP合格へのはじめの一歩』
- 滝澤ななみ 編著・
- A5判・4色オールカラー
- ■ FP3級に合格できて、自分のお金ライフもわかっちゃう。本気でやさしいお金の入門書。自分のお金を見える化できる別冊お金ノートつきです。

わかって合格るシリーズ

『わかって合格るFPのテキスト』
- ●3級 TAC出版編集部 編著
- A5判・4色オールカラー
- ■ 圧倒的なカバー率とわかりやすさを追求したテキストさらに人気YouTuberが監修してポイント解説をしてくれます。

『わかって合格るFPの問題集』
- ●3級 TAC出版編集部 編著
- A5判・2色刷
- ■ 過去問題を徹底的に分析し、豊富な問題数で合格をサポートさらに人気YouTuberが監修しているので、わかりやすさも抜群。

スッキリシリーズ

『スッキリわかる FP技能士』
- ●1級 学科基礎・応用対策 ●2級・AFP ●3級
- 白鳥光良 編著・A5判・2色刷
- ■ テキストと問題集をコンパクトにまとめたシリーズ。繰り返し学習を行い、過去問の理解を中心とした学習を行えば、合格ラインを超える力が身につきます。

『スッキリとける 過去＋予想問題 FP技能士』
- ●1級 学科基礎・応用対策 ●2級・AFP ●3級
- TAC FP講座 編著・A5判・2色刷
- ■ 過去問の中から繰り返し出る良問で基礎力を養成し、学科・実技問題の重要項目をマスターできる予想問題で解答力を高める問題集。

書籍の正誤に関するご確認とお問合せについて

書籍の記載内容に誤りではないかと思われる箇所がございましたら、以下の手順にてご確認とお問合せをしてくださいますよう、お願い申し上げます。

なお、正誤のお問合せ以外の書籍内容に関する解説および受験指導などは、一切行っておりません。
そのようなお問合せにつきましては、お答えいたしかねますので、あらかじめご了承ください。

1 「Cyber Book Store」にて正誤表を確認する

TAC出版書籍販売サイト「Cyber Book Store」の
トップページ内「正誤表」コーナーにて、正誤表をご確認ください。

CYBER TAC出版書籍販売サイト
BOOK STORE

URL:https://bookstore.tac-school.co.jp/

2 1の正誤表がない、あるいは正誤表に該当箇所の記載がない ⇒ 下記①、②のどちらかの方法で文書にて問合せをする

★ご注意ください★

お電話でのお問合せは、お受けいたしません。
①、②のどちらの方法でも、お問合せの際には、「お名前」とともに、
「対象の書籍名（○級・第○回対策も含む）およびその版数（第○版・○○年度版など）」
「お問合せ該当箇所の頁数と行数」
「誤りと思われる記載」
「正しいとお考えになる記載とその根拠」
を明記してください。
なお、回答までに1週間前後を要する場合もございます。あらかじめご了承ください。

① ウェブページ「Cyber Book Store」内の「お問合せフォーム」より問合せをする

【お問合せフォームアドレス】

https://bookstore.tac-school.co.jp/inquiry/

② メールにより問合せをする

【メール宛先　TAC出版】

syuppan-h@tac-school.co.jp

※土日祝日はお問合せ対応をおこなっておりません。
※正誤のお問合せ対応は、該当書籍の改訂版刊行月末日までといたします。

乱丁・落丁による交換は、該当書籍の改訂版刊行月末日までといたします。なお、書籍の在庫状況等により、お受けできない場合もございます。
また、各種本試験の実施の延期、中止を理由とした本書の返品はお受けいたしません。返金もいたしかねますので、あらかじめご了承くださいますようお願い申し上げます。

(2022年7月現在)

総合問題編

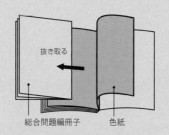

抜き取る

総合問題編冊子　　色紙

以下の「総合問題編」は、この色紙を
残したままていねいに抜き取って冊子
としてご利用ください。
抜取りの際の損傷についてのお取替え
はご遠慮願います。

総合問題編

第2部

問題

- 学科試験
- 実技試験 **1**
  【金財】個人資産相談業務
- 実技試験 **2**
  【金財】保険顧客資産相談業務
- 実技試験 **3**
  【日本 FP 協会】資産設計提案業務

解答用紙

解答解説

- 学科
- 実技 **1** 〜 **3**

総合問題 編

問　題

ファイナンシャル・プランニング技能検定
（2024年1月本試験問題）

３級学科試験

試験時間：90分

- ※ 2024年4月からCBT化され、学科・実技ともにペーパー試験は終了しています。
- ※ 解答用紙は実技問題のあとに掲載しています。
- ※ 2024年4月から試験時間が90分に変更となりました。

【第1問】 次の各文章（(1)～(30)）を読んで、正しいものまたは適切なものには①を、誤っているものまたは不適切なものには②を、解答用紙にマークしなさい。

〔30問〕

(1) 弁護士の登録を受けていないファイナンシャル・プランナーが、資産管理の相談に来た顧客の求めに応じ、有償で、当該顧客を委任者とする任意後見契約の受任者となることは、弁護士法に抵触する。

(2) 労働者災害補償保険の保険料は、労働者と事業主が折半で負担する。

(3) 国民年金の学生納付特例制度の適用を受けた期間に係る保険料のうち、追納することができる保険料は、追納に係る厚生労働大臣の承認を受けた日の属する月前10年以内の期間に係るものに限られる。

(4) 遺族基礎年金を受給することができる遺族は、国民年金の被保険者等の死亡の当時、その者によって生計を維持され、かつ、所定の要件を満たす「子のある配偶者」または「子」である。

(5) 日本学生支援機構の奨学金と日本政策金融公庫の教育一般貸付（国の教育ローン）は、重複して利用することができる。

(6) こども保険（学資保険）において、保険期間中に契約者（＝保険料負担者）である親が死亡した場合、一般に、既払込保険料相当額の死亡保険金が支払われて保険契約は消滅する。

(7) 個人年金保険（終身年金）の保険料は、性別以外の契約条件が同一であれば、被保険者が女性のほうが男性よりも高くなる。

(8) 少額短期保険業者と契約した少額短期保険の保険料は、所得税の生命保険料控除の対象とならない。

(9) 家族傷害保険（家族型）において、保険期間中に契約者（＝被保険者本人）に子が生まれた場合、その子を被保険者に加えるためには追加保険料を支払う必要がある。

(10) 自動車損害賠償責任保険（自賠責保険）では、他人の自動車や建物などの財物を

損壊し、法律上の損害賠償責任を負担することによって被る損害は補償の対象とならない。

⑾　日本銀行の金融政策の１つである公開市場操作（オペレーション）のうち、国債買入オペは、日本銀行が長期国債（利付国債）を買い入れることによって金融市場に資金を供給するオペレーションである。

⑿　株式投資信託の運用において、個別銘柄の投資指標の分析や企業業績などのリサーチによって投資対象とする銘柄を選定し、その積上げによりポートフォリオを構築する手法を、トップダウン・アプローチという。

⒀　元金2,500,000円を、年利４％（１年複利）で３年間運用した場合の元利合計額は、税金や手数料等を考慮しない場合、2,812,160円である。

⒁　為替予約を締結していない外貨定期預金において、満期時の為替レートが預入時の為替レートに比べて円高になれば、当該外貨定期預金の円換算の利回りは高くなる。

⒂　日本国内に本店のある銀行の国内支店に預け入れた外貨預金は、元本1,000万円までとその利息が預金保険制度による保護の対象となる。

⒃　所得税における一時所得に係る総収入金額が400万円で、その収入を得るために支出した金額が200万円である場合、一時所得の金額のうち総所得金額に算入される金額は、75万円である。

⒄　個人が賃貸アパートの敷地および建物を売却したことにより生じた所得は、不動産所得となる。

⒅　所得税において、納税者の合計所得金額が1,000万円を超えている場合、医療費控除の適用を受けることができない。

⒆　所得税において、その年の12月31日時点の年齢が16歳未満である扶養親族は、扶養控除の対象となる控除対象扶養親族に該当しない。

⒇　所得税において、上場株式の配当に係る配当所得について申告分離課税を選択した場合、配当控除の適用を受けることができない。

⑵1 不動産の登記記録において、所有権の移転に関する事項は、権利部（甲区）に記録される。

⑵2 宅地建物取引業法によれば、宅地または建物の売買の媒介契約のうち、専任媒介契約を締結した宅地建物取引業者は、依頼者に対し、当該契約に係る業務の処理状況を2カ月に1回以上報告しなければならない。

⑵3 建築基準法によれば、建築物が防火地域および準防火地域にわたる場合、原則として、その全部について、敷地の過半が属する地域内の建築物に関する規定が適用される。

⑵4 不動産取得税は、相続人が不動産を相続により取得した場合には課されない。

⑵5 不動産投資に係る収益性を測る指標のうち、純利回り（NOI利回り）は、対象不動産から得られる年間の総収入額を総投資額で除して算出される。

⑵6 定期贈与とは、贈与者が受贈者に対して定期的に財産を給付することを目的とする贈与をいい、贈与者または受贈者のいずれか一方が生存している限り、その効力を失うことはない。

⑵7 相続において、養子の法定相続分は、実子の法定相続分の2分の1となる。

⑵8 相続税額の計算上、被相続人が生前に購入した墓碑の購入代金で、相続開始時において未払いであったものは、債務控除の対象となる。

⑵9 相続税額の計算上、遺産に係る基礎控除額を計算する際の法定相続人の数は、相続人のうちに相続の放棄をした者がいる場合であっても、その放棄がなかったものとしたときの相続人の数とされる。

⑶0 個人が、自己が所有する土地上に建築した店舗用建物を第三者に賃貸していた場合、相続税額の計算上、当該敷地は貸家建付地として評価される。

【第2問】　次の各文章（(31)～(60)）の（　　　）内にあてはまる最も適切な文章、語句、数字またはそれらの組合せを1）～3）のなかから選び、その番号を解答用紙にマークしなさい。　〔30問〕

(31)　毎年一定金額を積み立てながら、一定の利率で複利運用した場合の一定期間経過後の元利合計額を試算する際、毎年の積立額に乗じる係数は、（　　　）である。
1)　資本回収係数
2)　年金終価係数
3)　減債基金係数

(32)　退職により健康保険の被保険者資格を喪失した者で、喪失日の前日までに継続して（①）以上被保険者であった者は、所定の申出により、最長で（②）、健康保険の任意継続被保険者となることができる。
1)　①1カ月　　②2年間
2)　①2カ月　　②1年間
3)　①2カ月　　②2年間

(33)　厚生年金保険の被保険者期間が（①）以上ある者が、老齢厚生年金の受給権を取得した当時、一定の要件を満たす（②）未満の配偶者を有する場合、当該受給権者が受給する老齢厚生年金に加給年金額が加算される。
1)　①10年　　②65歳
2)　①20年　　②65歳
3)　①20年　　②70歳

(34)　確定拠出年金の個人型年金の老齢給付金を60歳から受給するためには、通算加入者等期間が（　　　）以上なければならない。
1)　10年
2)　15年
3)　20年

(35) 下図は、住宅ローンの（ ① ）返済方式をイメージ図で表したものであり、図中のＰの部分は（ ② ）部分を、Ｑの部分は（ ③ ）部分を示している。

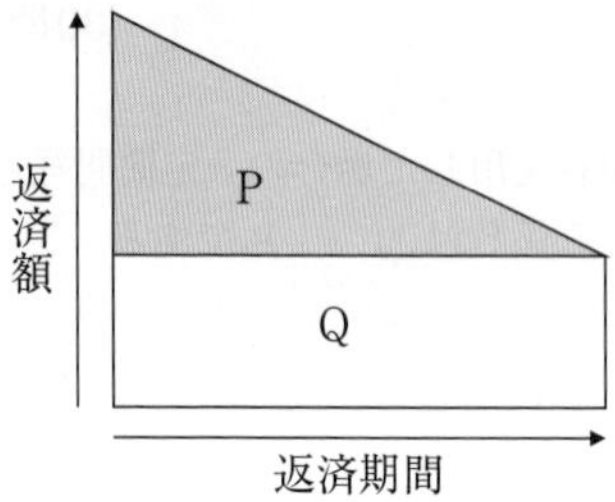

1） ①元金均等　②利息　③元金
2） ①元利均等　②元金　③利息
3） ①元利均等　②利息　③元金

(36) 生命保険の保険料は、純保険料および付加保険料で構成されており、このうち付加保険料は、（　　）に基づいて計算される。
1） 予定利率
2） 予定死亡率
3） 予定事業費率

(37) 国内で事業を行う生命保険会社が破綻した場合、生命保険契約者保護機構による補償の対象となる保険契約については、高予定利率契約を除き、（ ① ）の（ ② ）まで補償される。
1） ①既払込保険料相当額　②70％
2） ①死亡保険金額　②80％
3） ①責任準備金等　②90％

(38) 自動車を運転中にハンドル操作を誤ってガードレールに衝突し、被保険者である運転者がケガをした場合、（　　）による補償の対象となる。
1） 対人賠償保険
2） 人身傷害保険
3） 自動車損害賠償責任保険

(39) 所得税において、個人が支払う地震保険の保険料に係る地震保険料控除は、原則として、（ ① ）を限度として年間支払保険料の （ ② ）が控除額となる。

1) ① 5万円　　② 全額
2) ① 5万円　　② 2分の1相当額
3) ① 10万円　② 2分の1相当額

(40) がん保険において、がんの治療を目的とする入院により被保険者が受け取る入院給付金は、一般に、1回の入院での支払日数（　　　）。

1) に制限はない
2) は90日が限度となる
3) は180日が限度となる

(41) 景気動向指数において、完全失業率は、（　　　）に採用されている。

1) 先行系列
2) 一致系列
3) 遅行系列

(42) 追加型株式投資信託を基準価額1万200円（1万口当たり）で1万口購入した後、最初の決算時に1万口当たり700円の収益分配金が支払われ、分配落ち後の基準価額が1万円（1万口当たり）となった場合、その収益分配金のうち、普通分配金は（ ① ）であり、元本払戻金（特別分配金）は （ ② ）である。

1) ① 200円　② 500円
2) ① 500円　② 200円
3) ① 700円　② 200円

(43) 表面利率（クーポンレート）4％、残存期間5年の固定利付債券を額面100円当たり104円で購入した場合の最終利回り（年率・単利）は、（　　　）である。なお、税金等は考慮しないものとし、計算結果は表示単位の小数点以下第3位を四捨五入している。

1) 3.08%
2) 3.20%
3) 3.33%

⑷ 株式の投資指標のうち、(　　)は、株価を1株当たり当期純利益で除して算出される。
1) PBR
2) PER
3) BPS

⑷ 異なる2資産からなるポートフォリオにおいて、2資産間の相関係数が(　　)である場合、分散投資によるリスクの低減効果は最大となる。
1) ＋1
2) 　0
3) －1

⑷ 所得税において、病気で入院したことにより医療保険の被保険者が受け取った入院給付金は、(　　)とされる。
1) 非課税所得
2) 一時所得
3) 雑所得

⑷ 所得税において、為替予約を締結していない外貨定期預金を満期時に円貨で払い戻した結果生じた為替差益は、(　　)として総合課税の対象となる。
1) 利子所得
2) 一時所得
3) 雑所得

⑷ 日本国内において支払を受ける預貯金の利子は、原則として、所得税および復興特別所得税と住民税の合計で(　①　)の税率による(　②　)分離課税の対象となる。
1) ①10.21%　　②申告
2) ①20.315%　　②申告
3) ①20.315%　　②源泉

⑷ 所得税において、納税者の合計所得金額が2,400万円以下である場合、基礎控除の控除額は、(　　)である。
1) 38万円
2) 48万円
3) 63万円

⑸　年末調整の対象となる給与所得者は、所定の手続により、年末調整で所得税の（　　　）の適用を受けることができる。

1)　雑損控除
2)　寄附金控除
3)　小規模企業共済等掛金控除

⑸　宅地に係る固定資産税評価額は、原則として、（　①　）ごとの基準年度において評価替えが行われ、前年の地価公示法による公示価格等の（　②　）を目途として評定される。

1)　①3年　　②70%
2)　①3年　　②80%
3)　①5年　　②80%

⑸　都市計画法によれば、市街化調整区域は、（　　　）とされている。

1)　既に市街地を形成している区域
2)　市街化を抑制すべき区域
3)　優先的かつ計画的に市街化を図るべき区域

⑸　都市計画区域内にある幅員4m未満の道で、建築基準法第42条第2項により道路とみなされるものについては、原則として、その中心線からの水平距離で（　①　）後退した線がその道路の境界線とみなされ、当該境界線と道路の間の敷地部分は建蔽率や容積率を算定する際の敷地面積に算入（　②　）。

1)　①2m　　②することができる
2)　①2m　　②することができない
3)　①4m　　②することができない

⑸　農地法によれば、農地を農地以外のものに転用する場合、原則として、（　①　）の許可を受けなければならないが、市街化区域内にある農地を農地以外のものに転用する場合、あらかじめ当該転用に係る届出書を（　②　）に提出すれば、（　①　）の許可を受ける必要はない。

1)　①農林水産大臣　　②都道府県知事等
2)　①農林水産大臣　　②農業委員会
3)　①都道府県知事等　　②農業委員会

⑸ 所得税額の計算において、個人が土地を譲渡したことによる譲渡所得が長期譲渡所得に区分されるためには、土地を譲渡した年の1月1日における所有期間が（　　　）を超えていなければならない。

1）　5年
2）　10年
3）　20年

⑸ 贈与税の申告書は、原則として、贈与を受けた年の翌年の（ ① ）から3月15日までの間に、（ ② ）の住所地を所轄する税務署長に提出しなければならない。

1）　①2月1日　　② 受贈者
2）　①2月1日　　② 贈与者
3）　①2月16日　　② 贈与者

⑸ 贈与税の配偶者控除は、婚姻期間が（ ① ）以上である配偶者から居住用不動産または居住用不動産を取得するための金銭の贈与を受け、所定の要件を満たす場合、贈与税の課税価格から基礎控除額のほかに最高で（ ② ）を控除することができる特例である。

1）　①10年　　②2,000万円
2）　①20年　　②2,000万円
3）　①20年　　②2,500万円

⑸ 下記の〈親族関係図〉において、Aさんの相続における妻Bさんの法定相続分は、（　　　）である。なお、Aさんの父母は、Aさんの相続開始前に死亡している。

〈親族関係図〉

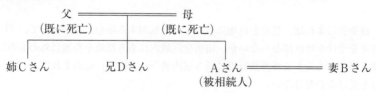

1）　2分の1
2）　3分の2
3）　4分の3

⑼　相続税額の計算上、死亡退職金の非課税金額の規定による非課税限度額は、
　「（　　　）×法定相続人の数」の算式により算出される。

1)　500万円

2)　600万円

3)　1,000万円

⑽　X4年1月10日（水）に死亡したAさんが所有していた上場株式Xを、相続人が
　相続により取得した場合の1株当たりの相続税評価額は、下記の〈資料〉によれば、
　（　　　）である。

〈資料〉上場株式Xの価格

X3年11月の毎日の最終価格の月平均額	1,480円
X3年12月の毎日の最終価格の月平均額	1,490円
X4年1月の毎日の最終価格の月平均額	1,500円
X4年1月10日（水）の最終価格	1,490円

1)　1,480円

2)　1,490円

3)　1,500円

ファイナンシャル・プランニング技能検定
（2024年1月本試験問題）

３級実技試験 **1**
【金財】個人資産相談業務

試験時間：60分

※ 「３級実技試験**1**」は、金融財政事情研究会（金財）の個人資産相談業務を受検する方用です。

　金財の保険顧客資産相談業務を受検する方は「３級実技試験**2**」、日本FP協会の資産設計提案業務を受検する方は「３級実技試験**3**」の問題を解いてください。

　解答用紙は実技問題のあとに掲載しています。

【第1問】 次の設例に基づいて、下記の各問（《問1》～《問3》）に答えなさい。

─── 《設 例》 ───

Aさん（45歳）は、X株式会社を2021年3月末日に退職し、個人事業主として独立した。独立から3年以上が経過した現在、収入は安定している。

Aさんは、最近、公的年金制度について理解したうえで、老後の収入を増やすことができる各種制度を利用したいと考えている。

そこで、Aさんは、ファイナンシャル・プランナーのMさんに相談することにした。

〈Aさんに関する資料〉
(1) 生年月日 ：1979年9月3日
(2) 公的年金の加入歴：下図のとおり（60歳までの見込みを含む）

20歳	22歳	41歳	60歳
国民年金 保険料未納期間 （31月）	厚生年金保険 被保険者期間 （228月）	国民年金 保険料納付済期間 （221月）	

※Aさんは、現在および将来においても、公的年金制度における障害等級に該当する障害の状態にないものとする。
※上記以外の条件は考慮せず、各問に従うこと。

《問1》 はじめに、Mさんは、《設例》の〈Aさんに関する資料〉に基づき、Aさんが老齢基礎年金の受給を65歳から開始した場合の年金額を試算した。Mさんが試算した老齢基礎年金の年金額の計算式として、次のうち最も適切なものはどれか。なお、老齢基礎年金の年金額は、2024年度価額に基づいて計算するものとする。

1) $816,000円 \times \dfrac{221月}{480月}$

2) $816,000円 \times \dfrac{449月}{480月}$

3) $816,000円 \times \dfrac{480月}{480月}$

《問2》 次に、Mさんは、小規模企業共済制度について説明した。Mさんが、Aさん
に対して説明した以下の文章の空欄①～③に入る語句の組合せとして、次のう
ち最も適切なものはどれか。

> 「小規模企業共済制度は、個人事業主が廃業等した場合に必要となる資金を準
> 備しておくための制度です。毎月の掛金は、1,000円から（ ① ）までの範囲内
> （500円単位）で選択でき、支払った掛金は（ ② ）の対象となります。共済金
> （死亡事由以外）の受取方法には『一括受取り』『分割受取り』『一括受取りと分
> 割受取りの併用』があり、『一括受取り』の共済金は、（ ③ ）として所得税の課
> 税対象となります」

1) ①68,000円 ②所得控除 ③一時所得
2) ①70,000円 ②所得控除 ③退職所得
3) ①70,000円 ②税額控除 ③一時所得

《問3》 最後に、Mさんは、老後の年金収入を増やすことができる各種制度について
説明した。MさんのAさんに対する説明として、次のうち最も不適切なものは
どれか。

1) 「確定拠出年金の個人型年金は、加入者自身が掛金の運用方法を選択し、資産を
形成する年金制度です。将来受け取ることができる年金額は、運用実績により増減
します」

2) 「国民年金基金は、国民年金の第1号被保険者の老齢基礎年金に上乗せする年金
を支給する任意加入の年金制度です。加入は口数制となっており、1口目は2種類
の終身年金（A型・B型）のいずれかを選択します」

3) 「国民年金の付加年金は、月額200円の付加保険料を納付することにより、老齢
基礎年金と併せて受給することができる年金です。なお、国民年金基金に加入して
いる間は、付加保険料を納付することができません」

───────── 《設 例》 ─────────

　会社員のAさん（29歳）は、将来に向けた資産形成のため、株式や債券による運用を始めたいと考えている。

　そこで、Aさんは、ファイナンシャル・プランナーのMさんに相談することにした。Mさんは、Aさんに対して、X社株式（東京証券取引所プライム市場上場銘柄）および国内の大手企業が発行しているY社債（特定公社債）を例として、説明を行うことにした。

〈X社に関する資料〉

総資産	1,000億円
自己資本（純資産）	600億円
当期純利益	60億円
年間配当金総額	15億円
発行済株式数	5,000万株
株価	1,500円

〈Y社債に関する資料〉

・発行会社　　：　国内の大手企業
・購入価格　　：　103円（額面100円当たり）
・表面利率　　：　1.2％
・利払日　　　：　年2回
・残存期間　　：　5年
・償還価格　　：　100円（額面100円当たり）
・格付　　　　：　BBB

※上記以外の条件は考慮せず、各問に従うこと。

《問4》 Mさんは、〈X社に関する資料〉から算出されるX社株式の投資指標について説明した。MさんのAさんに対する説明として、次のうち最も不適切なものはどれか。

1) 「株価の相対的な割高・割安の度合いを判断する指標として、PERやPBRがあります。X社株式のPERは12.5倍、PBRは1.25倍です」

2) 「会社の収益性や経営効率を測る指標として、ROEがあります。X社のROEは10％です。一般に、ROEが高い会社ほど、資本の効率的な活用がなされていると判断することができます」

3) 「株価に対する1株当たりの年間配当金の割合を示す指標を配当性向といいます。X社株式の配当性向は25％です」

《問5》 Mさんは、Y社債に投資する場合の留意点等について説明した。MさんのAさんに対する説明として、次のうち最も適切なものはどれか。

1) 「一般に、BBB（トリプルビー）格相当以下の格付は、投機的格付と呼ばれています。Y社債は、投資適格債に比べて信用度は劣りますが、相対的に高い利回りを期待することができます」

2) 「毎年受け取る利子は、購入価格に表面利率を乗じることで求められます。表面利率は、発行時の金利水準や発行会社の信用力などに応じて決められます」

3) 「Y社債の利子は、原則として、支払時に所得税および復興特別所得税と住民税の合計で20.315％相当額が源泉徴収等され、申告分離課税の対象となりますが、確定申告不要制度を選択することもできます」

《問6》 Y社債を〈Y社債に関する資料〉の条件で購入した場合の最終利回り（年率・単利）は、次のうちどれか。なお、計算にあたっては税金や手数料等を考慮せず、答は％表示における小数点以下第3位を四捨五入している。

1) 0.58％

2) 0.60％

3) 1.17％

【第3問】 次の設例に基づいて、下記の各問（《問7》～《問9》）に答えなさい。

―――――――――――――――《設 例》―――――――――――――――

　　会社員のAさんは、妻Bさん、長男Cさんおよび長女Dさんとの4人家族である。2024年5月に20歳になった長男Cさんの国民年金保険料は、Aさんが毎月支払っている。

〈Aさんとその家族に関する資料〉

Aさん　　　（45歳）　：　会社員

妻Bさん　　（44歳）　：　パートタイマー。2024年中に、給与収入80万円を得ている。

長男Cさん　（20歳）　：　大学生。2024年中の収入はない。

長女Dさん　（17歳）　：　高校生。2024年中の収入はない。

〈Aさんの2024年分の収入等に関する資料〉

(1)　給与収入の金額　　　：　　750万円

(2)　不動産所得の金額　　：　　 30万円

(3)　一時払養老保険（10年満期）の満期保険金

契約年月	：　2014年8月
契約者（＝保険料負担者）・被保険者	：　Aさん
死亡保険金受取人	：　妻Bさん
満期保険金受取人	：　Aさん
満期保険金額	：　350万円
正味払込保険料	：　330万円

※妻Bさん、長男Cさんおよび長女Dさんは、Aさんと同居し、生計を一にしている。

※Aさんとその家族は、いずれも障害者および特別障害者には該当しない。

※Aさんとその家族の年齢は、いずれも2024年12月31日現在のものである。

※上記以外の条件は考慮せず、各問に従うこと。

《問7》 Aさんの2024年分の所得税における総所得金額は、次のうちどれか。

1) 595万円
2) 605万円
3) 615万円

〈資料〉給与所得控除額

給与収入金額	給与所得控除額
万円超　　万円以下	
～　180	収入金額×40%－10万円（55万円に満たない場合は、55万円）
180　～　360	収入金額×30%＋8万円
360　～　660	収入金額×20%＋44万円
660　～　850	収入金額×10%＋110万円
850　～	195万円

《問8》 Aさんの2024年分の所得税における所得控除に関する次の記述のうち、最も適切なものはどれか。

1) 「Aさんが適用を受けることができる基礎控除の控除額は、38万円です」
2) 「Aさんが適用を受けることができる扶養控除の控除額は、101万円です」
3) 「Aさんが適用を受けることができる配偶者控除の控除額は、48万円です」

《問9》 Aさんの2024年分の所得税の課税に関する次の記述のうち、最も不適切なものはどれか。

1) 「Aさんが2024年中に支払った長男Cさんの国民年金保険料は、その全額を社会保険料控除として総所得金額等から控除することができます」
2) 「Aさんが受け取った一時払養老保険の満期保険金に係る差益は、源泉分離課税の対象となります」
3) 「Aさんは、不動産所得の金額が20万円を超えるため、所得税の確定申告をしなければなりません」

【第4問】 次の設例に基づいて、下記の各問（《問10》～《問12》）に答えなさい。

―――――――――《設 例》――――――――――

　Aさん（65歳）は、12年前に父親の相続により取得した自宅（建物およびその敷地である甲土地）を所有している。Aさんが居住する自宅の建物は、父親が40年前に建てたものであり、Aさんは老朽化した自宅での生活に不便さを感じている。Aさんは自宅を売却し、駅前のマンションを購入して移り住むことを検討している。

　先日、Aさんが知り合いの不動産会社の社長に相談したところ、「甲土地は最寄駅に近く、都心へのアクセスもよい。賃貸マンションの経営を含め、有効活用を検討してみてはどうか」とアドバイスを受けた。

〈甲土地の概要〉

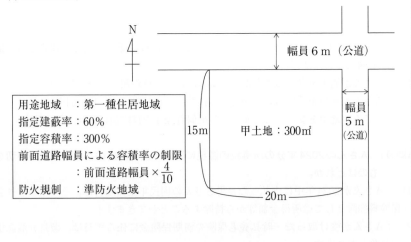

用途地域　：第一種住居地域
指定建蔽率：60%
指定容積率：300%
前面道路幅員による容積率の制限
　　　　　：前面道路幅員×$\frac{4}{10}$
防火規制　：準防火地域

・甲土地は、建蔽率の緩和について特定行政庁が指定する角地である。
・指定建蔽率および指定容積率とは、それぞれ都市計画において定められた数値である。
・特定行政庁が都道府県都市計画審議会の議を経て指定する区域ではない。

※上記以外の条件は考慮せず、各問に従うこと。

《問10》 甲土地に耐火建築物を建築する場合の①建蔽率の上限となる建築面積と②容積率の上限となる延べ面積の組合せとして、次のうち最も適切なものはどれか。

1) ①210㎡　②720㎡
2) ①210㎡　②900㎡
3) ①240㎡　②720㎡

《問11》 自宅（建物およびその敷地である甲土地）の譲渡に関する以下の文章の空欄①～③に入る語句の組合せとして、次のうち最も適切なものはどれか。

> ⅰ）「Aさんが駅前のマンションに転居し、その後、居住していない現在の自宅を譲渡する場合に、『居住用財産を譲渡した場合の3,000万円の特別控除の特例』の適用を受けるためには、Aさんが居住しなくなった日から（　①　）を経過する日の属する年の12月31日までの譲渡であること等の要件を満たす必要があります」
> ⅱ）「Aさんが『居住用財産を譲渡した場合の長期譲渡所得の課税の特例』の適用を受ける場合、課税長期譲渡所得金額が6,000万円以下の部分について軽減税率が適用されます。本特例の適用を受けるためには、譲渡した年の1月1日において譲渡した居住用財産の所有期間が（　②　）を超えていなければなりません。なお、本特例と『居住用財産を譲渡した場合の3,000万円の特別控除の特例』は併用して適用を受けることが（　③　）」

1) ①3年　②10年　③できます
2) ①5年　②10年　③できません
3) ①5年　②20年　③できます

《問12》 甲土地の有効活用に関する次の記述のうち、最も不適切なものはどれか。

1) 「Aさんが甲土地に賃貸マンションを建築した場合、相続税の課税価格の計算上、甲土地は貸宅地として評価されます」
2) 「Aさんが甲土地に賃貸マンションを建築した場合、甲土地に係る固定資産税の課税標準を、住宅1戸につき200㎡までの部分（小規模住宅用地）について課税標準となるべき価格の6分の1の額とする特例の適用を受けることができます」
3) 「Aさんが金融機関から融資を受けて、甲土地に賃貸マンションを建築した場合、Aさんの相続における相続税額の計算上、当該借入金の残高は、原則として、債務控除の対象となります」

【第5問】 次の設例に基づいて、下記の各問（《問13》～《問15》）に答えなさい。

―――――――――――――――《 設 例 》―――――――――――――――

　Aさんは、妻Bさんとの2人暮らしである。長男Cさんは、妻と高校生の長女Dさんとの3人で隣県にある賃貸マンションに住んでいる。Aさんは、長男Cさん家族の生活資金や孫Dさんの学費について面倒を見てやりたいと思っており、現金の贈与を検討している。

〈Aさんの親族関係図〉

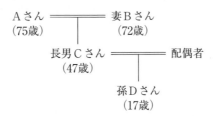

〈Aさんの主な所有財産（相続税評価額）〉

現預金	：	6,000万円
上場株式	：	1,500万円
自宅（敷地300㎡）	：	7,000万円（注）
自宅（建物）	：	300万円

（注）「小規模宅地等についての相続税の課税価格の計算の特例」適用前の金額

※上記以外の条件は考慮せず、各問に従うこと。

《問13》「直系尊属から教育資金の一括贈与を受けた場合の贈与税の非課税」（以下、「本制度」という）に関する次の記述のうち、最も適切なものはどれか。

1)　「本制度の適用を受けた場合、受贈者1人につき1,500万円までは贈与税が非課税となります。ただし、学習塾などの学校等以外の者に対して直接支払われる金銭については500万円が限度となります」

2)　「Aさんからの資金援助について、孫Dさんが本制度の適用を受けるためには、教育資金の贈与を受けた年の前年分の長男Cさんの所得税に係る合計所得金額が1,000万円以下でなければなりません」

3)　「受贈者である孫Dさんが22歳到達年度の末日に達すると、教育資金管理契約は終了します。そのときに、非課税拠出額から教育資金支出額を控除した残額があるときは、当該残額は受贈者のその年分の贈与税の課税価格に算入されます」

《問14》　仮に、長男Ｃさんが暦年課税（各種非課税制度の適用はない）により、2024年中にＡさんから現金600万円の贈与を受けた場合の贈与税額は、次のうちどれか。

1)　68万円
2)　82万円
3)　90万円

〈資料〉贈与税の速算表（一部抜粋）

基礎控除後の課税価格		特例贈与財産		一般贈与財産	
		税率	控除額	税率	控除額
万円超	万円以下				
～	200	10%	―	10%	―
200 ～	300	15%	10万円	15%	10万円
300 ～	400	15%	10万円	20%	25万円
400 ～	600	20%	30万円	30%	65万円
600 ～	1,000	30%	90万円	40%	125万円

《問15》　現時点（2024年９月28日）において、Ａさんの相続が開始した場合に関する次の記述のうち、最も不適切なものはどれか。

1)　「妻Ｂさんが『配偶者に対する相続税額の軽減』の適用を受けた場合、妻Ｂさんが相続により取得した財産の額が、配偶者の法定相続分相当額と１億6,000万円とのいずれか多い金額を超えない限り、妻Ｂさんが納付すべき相続税額は算出されません」

2)　「妻Ｂさんが自宅の敷地と建物を相続し、『小規模宅地等についての相続税の課税価格の計算の特例』の適用を受けた場合、自宅の敷地（相続税評価額7,000万円）について、相続税の課税価格に算入すべき価額は、1,400万円となります」

3)　「相続税の申告書は、原則として、相続の開始があったことを知った日の翌日から４カ月以内に被相続人であるＡさんの死亡時の住所地を所轄する税務署長に提出しなければなりません」

ファイナンシャル・プランニング技能検定
（2024年1月本試験問題）

3級実技試験　**2**
【金財】保険顧客資産相談業務

試験時間：60分

※　「3級実技試験**2**」は、金融財政事情研究会（金財）の保険顧客資産相談業務を受検する方用です。

　　金財の個人資産相談業務を受検する方は「3級実技試験**1**」、日本FP協会の資産設計提案業務を受検する方は「3級実技試験**3**」の問題を解いてください。

　　解答用紙は実技問題のあとに掲載しています。

【第1問】 次の設例に基づいて、下記の各問（《問1》～《問3》）に答えなさい。

《設 例》

Ａさん（41歳）は、飲食店を営んでいる個人事業主である。Ａさんは、大学卒業後に入社した食品メーカーを退職した後、現在の飲食店を開業した。店の業績は、堅調に推移している。

最近、Ａさんは、老後の収入を増やすことができる各種制度を活用したいと考えている。

そこで、Ａさんは、ファイナンシャル・プランナーのＭさんに相談することにした。

〈Ａさんに関する資料〉
(1) 生年月日 ： 1983年7月19日
(2) 公的年金加入歴 ： 下図のとおり（60歳までの見込みを含む）
大学卒業後から10年間（120月）、厚生年金保険に加入。
その後は国民年金の保険料を納付している。

20歳	22歳	32歳	60歳
国民年金 保険料未納期間 33月	厚生年金保険 被保険者期間 120月	国民年金 保険料納付済期間 327月	

※Ａさんは、現在および将来においても、公的年金制度における障害等級に該当する障害の状態にないものとする。
※上記以外の条件は考慮せず、各問に従うこと。

《問1》 はじめに、Ｍさんは、〈Ａさんに関する資料〉に基づき、Ａさんが老齢基礎年金の受給を65歳から開始した場合の年金額（2024年度価額）を試算した。Ｍさんが試算した老齢基礎年金の年金額の計算式として、次のうち最も適切なものはどれか。

1) $816{,}000 円 \times \dfrac{327月}{480月}$

2) $816{,}000 円 \times \dfrac{447月}{480月}$

3) $816{,}000 円 \times \dfrac{447月 + 33月 \times \dfrac{1}{3}}{480月}$

《問２》 次に、Ｍさんは、老後の収入を増やすための各種制度について説明した。ＭさんのＡさんに対する説明として、次のうち最も適切なものはどれか。

1) 「Ａさんが国民年金の付加保険料を納付して、65歳から老齢基礎年金を受け取る場合、『400円×付加保険料納付済期間の月数』の算式で計算した額を付加年金として受け取ることができます」

2) 「国民年金基金は、老齢基礎年金に上乗せする年金を支給する任意加入の年金制度です。国民年金基金の老齢年金は、終身年金ではなく、５年もしくは10年の確定年金となります」

3) 「国民年金の第１号被保険者は、国民年金基金に加入することができますが、国民年金基金に加入した場合は、国民年金の付加保険料を納付することができません」

《問３》 最後に、Ｍさんは、確定拠出年金の個人型年金（以下、「個人型年金」という）について説明した。Ｍさんが、Ａさんに対して説明した以下の文章の空欄①〜③に入る語句または数値の組合せとして、次のうち最も適切なものはどれか。

> 「Ａさんが個人型年金に加入した場合、拠出することができる掛金の限度額は、年額（ ① ）円となります。拠出した掛金は、所得控除の対象となり、運用益は課税されません。個人型年金の老齢給付金は、60歳到達時点で通算加入者等期間が（ ② ）年以上ある場合、60歳から受け取ることができます。
> 　個人型年金は、Ａさんの指図に基づく運用実績により、将来の年金受取額が増減する点に留意する必要があります。また、個人型年金の実施機関である（ ③ ）に対して、加入時に2,829円、掛金拠出時に収納１回当たり105円の手数料を支払うほか、運営管理機関等が定める手数料を負担する必要があります」

1) ①816,000 ②10 ③国民年金基金連合会
2) ①276,000 ② 5 ③国民年金基金連合会
3) ①276,000 ②10 ③企業年金連合会

―――――――――《設 例》―――――――――

会社員のAさん（54歳）は、会社員の妻Bさん（53歳）との2人暮らしである。Aさん夫妻には子が1人いるが、既に結婚して独立している。

Aさんは、先日、生命保険会社の営業担当者から終身介護保険の提案を受けたことを機に、要介護状態になった場合の保障を充実させたいと思うようになった。

そこで、Aさんは、ファイナンシャル・プランナーのMさんに相談することにした。

〈Aさんが提案を受けた生命保険に関する資料〉

保険の種類 ： 無配当終身介護保険

月払保険料 ： 6,700円（全額が介護医療保険料控除の対象）

保険料払込期間 ： 終身払込（注1）

契約者（＝保険料負担者）・被保険者・受取人 ： Aさん

指定代理請求人 ： 妻Bさん

主契約の内容	保障金額	保険期間
終身介護年金（注2）	年額60万円	終身

特約の内容	保障金額	保険期間
介護一時金特約（注2・3）	一時金100万円	終身
指定代理請求特約	－	－

（注1）保険料払込期間は、契約時に有期払込を選択することができる。

（注2）公的介護保険制度の要介護3以上と認定された場合、または保険会社所定の要介護状態になった場合に支払われる（死亡保険金の支払はない）。

（注3）介護一時金が支払われた場合、介護一時金特約は消滅する。

※上記以外の条件は考慮せず、各問に従うこと。

《問4》 はじめに、Mさんは、公的介護保険について説明した。MさんのAさんに対する説明として、次のうち最も不適切なものはどれか。

1) 「公的介護保険の保険給付を受けるためには、市町村（特別区を含む）から、要介護認定または要支援認定を受ける必要があります」

2) 「公的介護保険の第2号被保険者は、要介護状態または要支援状態となった原因が特定疾病によって生じたものでなければ、公的介護保険の保険給付は受けられません」

3) 「公的介護保険の第2号被保険者が、公的介護保険の保険給付を受けた場合、原則として、実際にかかった費用の3割を自己負担する必要があります」

《問5》 次に、Mさんは、Aさんが提案を受けた生命保険の保障内容等について説明した。MさんのAさんに対する説明として、次のうち最も不適切なものはどれか。

1) 「保険料払込期間を終身払込から有期払込にした場合、毎月の保険料負担は減少し、保険料の払込総額も少なくなります。保険料払込期間は有期払込を選択することを検討してはいかがでしょうか」

2) 「介護保障を準備するうえでは、目的に応じて保障内容を組み立てることが大切です。例えば、自宅の増改築費用は一時金タイプで準備し、毎月の介護費用は年金タイプで準備することなどが考えられます」

3) 「保険会社所定の認知症の状態に該当した場合や、身体障害者福祉法に連動して保険金・給付金が支払われる保険商品もあります。複数（他社）の保険商品の保障内容や保険料水準を確認することをお勧めします」

《問6》 最後に、Mさんは、Aさんが提案を受けた生命保険の課税関係について説明した。MさんのAさんに対する説明として、次のうち最も不適切なものはどれか。

1) 「当該生命保険の保険料は介護医療保険料控除の対象となります。適用限度額は、所得税で40,000円、住民税で28,000円となります」

2) 「Aさんが終身介護年金を受け取る場合、当該年金は非課税所得として扱われます」

3) 「指定代理請求特約により、妻BさんがAさんに代わって受け取る介護一時金特約の一時金は、一時所得として総合課税の対象となります」

【第3問】 次の設例に基づいて、下記の各問（《問7》～《問9》）に答えなさい。

《設 例》

　Aさん（48歳）は、X株式会社（以下、「X社」という）の創業社長である。X社は、現在、役員退職金の準備を目的として、下記の〈資料1〉の生命保険に加入している。

　Aさんは先日、生命保険会社の営業担当者であるファイナンシャル・プランナーのMさんから、下記の〈資料2〉の生命保険の提案を受けた。

〈資料1〉 X社が現在加入している生命保険に関する資料

保険の種類	：	5年ごと利差配当付長期平準定期保険（特約付加なし）
契約年月日	：	2016年6月1日
契約者（＝保険料負担者）	：	X社
被保険者	：	Aさん
死亡保険金受取人	：	X社
死亡・高度障害保険金額	：	1億円
保険期間・保険料払込期間	：	98歳満了
年払保険料	：	230万円
65歳時の解約返戻金額	：	4,950万円
65歳時の払込保険料累計額	：	5,750万円

※解約返戻金額の80％の範囲内で、契約者貸付制度を利用することができる。
※保険料の払込みを中止し、払済終身保険に変更することができる。

〈資料2〉 Aさんが提案を受けた生命保険に関する資料

保険の種類：無配当特定疾病保障定期保険（無解約返戻金型・特約付加なし）		
契約者（＝保険料負担者）	：	X社
被保険者	：	Aさん
死亡保険金受取人	：	X社
死亡・高度障害・特定疾病保険金額	：	5,000万円
保険期間	：	10年（自動更新タイプ）
年払保険料	：	50万円

※死亡・所定の高度障害状態に該当した場合に加え、がん（悪性新生物）と診断確定された場合、または急性心筋梗塞・脳卒中で所定の状態に該当した場合に保険金が契約者に支払われる。

※上記以外の条件は考慮せず、各問に従うこと。

《問7》 仮に、将来Ｘ社がＡさんに役員退職金4,000万円を支給した場合、Ａさんが受け取る役員退職金に係る退職所得の金額として、次のうち最も適切なものはどれか。なお、Ａさんの役員在任期間（勤続年数）を25年とし、これ以外に退職手当等の収入はなく、障害者になったことが退職の直接の原因ではないものとする。

1) 1,425万円
2) 1,500万円
3) 2,850万円

《問8》 Ｍさんは、〈資料１〉および〈資料２〉の定期保険について説明した。Ｍさんの Ａさんに対する説明として、次のうち最も適切なものはどれか。

1) 「〈資料１〉の定期保険の単純返戻率（解約返戻金額÷払込保険料累計額）は、保険始期から上昇し、保険期間満了直前にピークを迎えます」
2) 「〈資料１〉の定期保険をＡさんが65歳のときに解約した場合、解約時点における払込保険料累計額と解約返戻金額との差額を雑損失として経理処理します」
3) 「〈資料２〉の定期保険は、〈資料１〉の定期保険のようなキャッシュバリューは期待できませんが、Ｘ社が受け取る特定疾病保険金は、Ａさんががん等の治療で不在の間、事業を継続させるための資金として活用することができます」

《問9》 〈資料２〉の定期保険の第１回保険料払込時の経理処理（仕訳）として、次のうち最も適切なものはどれか。

1)

借 方		貸 方	
定 期 保 険 料	50万円	現 金 ・ 預 金	50万円

2)

借 方		貸 方	
定 期 保 険 料	20万円	現 金 ・ 預 金	50万円
前 払 保 険 料	30万円		

3)

借 方		貸 方	
保険料積立金	50万円	現 金 ・ 預 金	50万円

【第4問】 次の設例に基づいて、下記の各問（《問10》～《問12》）に答えなさい。

《設 例》

会社員のAさんは、妻Bさんおよび長男Cさんとの3人家族である。Aさんは、2024年中に一時払変額個人年金保険（10年確定年金）の解約返戻金を受け取っている。

〈Aさんとその家族に関する資料〉

Aさん　　　（52歳）　：　会社員

妻Bさん　　（49歳）　：　パートタイマー。2024年中に給与収入90万円を得ている。

長男Cさん（20歳）　：　大学生。2024年中の収入はない。長男Cさんが負担すべき国民年金の保険料はAさんが支払っている。

〈Aさんの2024年分の収入等に関する資料〉

⑴　給与所得の金額　　：　520万円

⑵　一時払変額個人年金保険（10年確定年金）の解約返戻金

契約年月　　　　　　　　　　　：　2015年7月

契約者（＝保険料負担者）・被保険者　：　Aさん

死亡保険金受取人　　　　　　　：　妻Bさん

解約返戻金額　　　　　　　　　：　600万円

正味払込保険料　　　　　　　　：　500万円

※妻Bさんおよび長男Cさんは、Aさんと同居し、生計を一にしている。

※Aさんとその家族は、いずれも障害者および特別障害者には該当しない。

※Aさんとその家族の年齢は、いずれも2024年12月31日現在のものである。

※上記以外の条件は考慮せず、各問に従うこと。

《問10》 Aさんの2024年分の所得税における総所得金額は、次のうちどれか。

1) 545万円
2) 570万円
3) 620万円

《問11》 Aさんの2024年分の所得税における所得控除に関する以下の文章の空欄①～③に入る数値の組合せとして、次のうち最も適切なものはどれか。

> ⅰ）「妻Bさんの合計所得金額は（ ① ）万円以下となりますので、Aさんは配偶者控除の適用を受けることができます。Aさんが適用を受けることができる配偶者控除の額は、（ ② ）万円です」
> ⅱ）「Aさんが適用を受けることができる扶養控除の額は、（ ③ ）万円です」

1) ① 38　②26　③63
2) ① 48　②38　③63
3) ①103　②38　③48

《問12》 Aさんの所得税の課税に関する次の記述のうち、最も不適切なものはどれか。

1) 「Aさんが2024年中に支払った長男Cさんの国民年金の保険料は、その全額を社会保険料控除として総所得金額から控除することができます」
2) 「Aさんは、総所得金額に算入される一時所得の金額が20万円を超えるため、所得税の確定申告をしなければなりません」
3) 「所得税の確定申告書は、原則として、翌年の2月16日から3月31日までの間に納税者の住所地を所轄する税務署長に提出する必要があります」

【第5問】 次の設例に基づいて、下記の各問（《問13》～《問15》）に答えなさい。

―――――――――――――― 《設 例》 ――――――――――――――

　個人で不動産賃貸業を営んでいるAさん（67歳）の推定相続人は、妻Bさん、長男Cさんおよび二男Dさんの3人である。

　Aさんは、妻Bさんには相応の現預金を、長男Cさんには自宅および自宅に隣接する賃貸アパートを相続させたいと考えており、遺言書の作成を検討している。

〈Aさんの推定相続人〉
　妻Bさん　　（66歳）　：　Aさんと自宅で同居している。
　長男Cさん　（42歳）　：　会社員。妻と子がおり、Aさん夫妻と同居している。
　二男Dさん　（39歳）　：　会社員。妻と子の3人で戸建て住宅（持家）に住んでいる。

〈Aさんの主な所有財産（相続税評価額、下記の生命保険を除く）〉
　現預金　　　　　　　　　　：　4,000万円
　自宅（敷地330㎡）　　　　：　7,000万円（注）
　自宅（建物）　　　　　　　：　1,000万円
　賃貸アパート（敷地300㎡）：　5,000万円（注）
　賃貸アパート（建物）　　　：　3,000万円
　（注）「小規模宅地等についての相続税の課税価格の計算の特例」適用前の金額

〈Aさんが現在加入している生命保険に関する資料〉
　保険の種類　　　　　　　　　　　　：　一時払終身保険
　契約者（＝保険料負担者）・被保険者　：　Aさん
　死亡保険金受取人　　　　　　　　　：　妻Bさん
　死亡保険金額　　　　　　　　　　　：　1,500万円

※上記以外の条件は考慮せず、各問に従うこと。

《問13》 Ａさんの相続が現時点（2024年9月28日）で開始し、Ａさんの相続に係る課税遺産総額（課税価格の合計額－遺産に係る基礎控除額）が9,600万円であった場合の相続税の総額は、次のうちどれか。

1) 1,320万円
2) 1,380万円
3) 2,180万円

〈資料〉相続税の速算表（一部抜粋）

法定相続分に応ずる取得金額		税率	控除額
万円超	万円以下		
～	1,000	10%	―
1,000 ～	3,000	15%	50万円
3,000 ～	5,000	20%	200万円
5,000 ～	10,000	30%	700万円

《問14》 遺言等に関する次の記述のうち、最も適切なものはどれか。

1) 「自筆証書遺言は、所定の手続により、法務局（遺言書保管所）に保管することができます。法務局（遺言書保管所）に保管された自筆証書遺言は、相続開始後、相続人が遅滞なく、家庭裁判所に提出して、その検認の請求をしなければなりません」

2) 「公正証書遺言は、証人2人以上の立会いのもと、遺言者が遺言の趣旨を公証人に口授し、公証人がこれを筆記して作成するものです」

3) 「遺言により、相続財産の大半を妻Ｂさんおよび長男Ｃさんが相続した場合、二男Ｄさんの遺留分を侵害するおそれがあります。仮に、遺留分を算定するための財産の価額が2億円である場合、二男Ｄさんの遺留分の金額は5,000万円となります」

《問15》　Aさんの相続に関する次の記述のうち、最も不適切なものはどれか。

1) 「妻Bさんが受け取る一時払終身保険の死亡保険金（1,500万円）は、みなし相続財産として相続税の課税対象となりますが、死亡保険金の非課税金額の規定の適用を受けることで、相続税の課税価格には算入されません」

2) 「長男Cさんが、二男Dさんに対する代償交付金を準備する方法として、契約者（＝保険料負担者）および死亡保険金受取人を長男Cさん、被保険者をAさんとする終身保険に加入し、長男Cさんが負担する保険料相当額の現金をAさんが贈与することも検討事項の1つです」

3) 「特定居住用宅地等（自宅の敷地）と貸付事業用宅地等（賃貸アパートの敷地）について、『小規模宅地等についての相続税の課税価格の計算の特例』の適用を受けようとする場合、適用対象面積の調整はせず、それぞれの宅地等の適用対象の限度面積まで適用を受けることができます」

ファイナンシャル・プランニング技能検定
（2024年1月本試験問題）

３級実技試験　**3**
【日本FP協会】資産設計提案業務

試験時間：60分

※　「３級実技試験**3**」は、日本FP協会の資産設計提案業務を受検する方用です。

　　金融財政事情研究会（金財）の個人資産相談業務を受検する方は「３級実技試験**1**」、金財の保険顧客資産相談業務を受検する方は「３級実技試験**2**」の問題を解いてください。

　　解答用紙は実技問題のあとに掲載しています。

【第1問】 下記の（問1）、（問2）について解答しなさい。

問1

　ファイナンシャル・プランニング業務を行うに当たっては、関連業法を順守することが重要である。ファイナンシャル・プランナー（以下「FP」という）の行為に関する次の記述のうち、最も不適切なものはどれか。

1．税理士の登録を受けていないFPが、無料相談会において、相談者が持参した資料に基づき、相談者が納付すべき所得税の具体的な税額を計算した。
2．生命保険募集人、保険仲立人または金融サービス仲介業の登録を受けていないFPが、変額年金保険の一般的な商品内容について有償で説明した。
3．投資助言・代理業の登録を受けていないFPが、顧客が保有する投資信託の運用報告書に基づき、その記載内容について説明した。

問2

　下記は、近藤家のキャッシュフロー表（一部抜粋）である。このキャッシュフロー表の空欄（ア）～（ウ）にあてはまる数値として、誤っているものはどれか。なお、計算に当たっては、キャッシュフロー表中に記載の整数を使用し、計算過程においては端数処理をせず計算し、計算結果については万円未満を四捨五入すること。

〈近藤家のキャッシュフロー表〉 （単位：万円）

経過年数			基準年	1年	2年	3年	4年
西暦（年）			2024	2025	2026	2027	2028
家族・年齢	近藤　隼人	本人	49歳	50歳	51歳	52歳	53歳
	由美香	妻	47歳	48歳	49歳	50歳	51歳
	純也	長男	12歳	13歳	14歳	15歳	16歳
	理子	長女	8歳	9歳	10歳	11歳	12歳
ライフイベント		変動率		純也中学校入学	海外旅行		純也高校入学
収入	給与収入（本人）	1％	628	634			
	給与収入（妻）	1％	572				
	収入合計	－	1,200				
支出	基本生活費	1％	593			（　ア　）	
	住宅関連費	－	184	184	184	184	184
	教育費		130	140	130	130	140
	保険料	－	40	40	40	40	40
	一時的支出	－					
	その他支出	－	50	50	50	50	50
	支出合計	－		1,013			
年間収支				（　イ　）	135		
金融資産残高		1％		896	（　ウ　）		

※年齢および金融資産残高は各年12月31日現在のものとし、2024年を基準年とする。
※給与収入は可処分所得で記載している。
※記載されている数値は正しいものとする。
※問題作成の都合上、一部を空欄にしてある。

1．（ア）　611
2．（イ）　199
3．（ウ）1,041

【第２問】 下記の（問３）～（問５）について解答しなさい。

問３

　下記〈資料〉に基づくWX株式会社の投資指標に関する次の記述のうち、最も適切なものはどれか。なお、記載のない事項は一切考慮しないものとし、計算結果については表示単位の小数点以下第３位を四捨五入すること。

〈資料：WX株式会社に関するデータ〉

株価	2,000 円
１株当たり純利益（今期予想）	300 円
１株当たり純資産	2,200 円
１株当たり年間配当金（今期予想）	30 円

１．株価純資産倍率（PBR）は、1.1倍である。

２．配当性向は、10％である。

３．配当利回りは、1.36％である。

問4

　下記〈資料〉は、香川さん、細井さんおよび大津さんがWA銀行（預金保険制度の対象となる銀行）で保有している金融商品の時価の一覧表である。WA銀行が破綻した場合、この時価に基づいて預金保険制度によって保護される金額に関する次の記述のうち、最も適切なものはどれか。

〈資料〉

	香川さん	細井さん	大津さん
普通預金	100万円	180万円	700万円
定期預金	500万円	300万円	350万円
外貨預金	300万円	－	－
株式投資信託	－	300万円	－

※香川さん、細井さんおよび大津さんはいずれも、WA銀行からの借入れはない。
※普通預金は決済用預金ではない。
※預金の利息については考慮しないものとする。

1．香川さんの金融商品のうち、保護される金額の合計は600万円である。
2．細井さんの金融商品のうち、保護される金額の合計は780万円である。
3．大津さんの金融商品のうち、保護される金額の合計は1,050万円である。

問5

景気動向指数に関する下表の空欄（ア）〜（ウ）にあてはまる語句として、最も適切なものはどれか。

	採用指標名（抜粋）
先行系列	・新規求人数（除く学卒） ・新設住宅着工床面積 ・（　ア　）
一致系列	・鉱工業用生産財出荷指数 ・耐久消費財出荷指数 ・（　イ　）
遅行系列	・常用雇用指数（調査産業計、前年同月比） ・完全失業率（逆サイクル※） ・（　ウ　）

※「逆サイクル」とは、指数の上昇・下降が景気の動きと反対になる指標であることを指す。

1．（ア）有効求人倍率（除く学卒）
2．（イ）東証株価指数
3．（ウ）消費者物価指数（生鮮食品を除く総合、前年同月比）

【第3問】 下記の（問6）～（問8）について解答しなさい。

問6

　建築基準法に従い、下記〈資料〉の土地に建築物を建築する場合の延べ面積（床面積の合計）の最高限度として、正しいものはどれか。なお、記載のない事項については一切考慮しないものとする。

〈資料〉

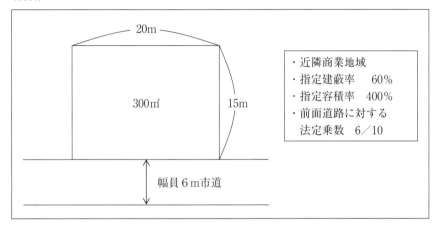

1．　180㎡
2．　1,080㎡
3．　1,200㎡

問題　総合問題編　実技 **3**　【日本FP協会】資産設計提案業務

問7

　土地登記記録に関する下表の空欄（ア）〜（ウ）に関する次の記述のうち、最も適切なものはどれか。

〈土地登記記録の構成〉

土地登記記録	表題部		（　ア　）
	権利部	甲区	（　イ　）
		乙区	（　ウ　）

1. 当該土地が初めて造成されたときに、所有権保存登記がされるのは、表題部（ア）である。
2. 当該土地の地目や面積等が登記されるのは、権利部甲区（イ）である。
3. 金融機関から融資を受け、土地を担保として抵当権が設定される場合、抵当権設定登記がされるのは、権利部乙区（ウ）である。

問8

　都市計画法に基づく都市計画区域に関する下表の空欄（ア）〜（ウ）にあてはまる数値または語句の組み合わせとして、最も適切なものはどれか。

市街化区域	すでに市街地を形成している区域およびおおむね（　ア　）年以内に優先的かつ計画的に市街化を図るべき区域
市街化調整区域	市街化を（　イ　）すべき区域
非線引き区域	（　ウ　）の定められていない都市計画区域

1.（ア）5　　（イ）抑制　　（ウ）用途地域
2.（ア）10　（イ）抑制　　（ウ）区域区分
3.（ア）10　（イ）調整　　（ウ）区域区分

【第４問】 下記の（問９）〜（問11）について解答しなさい。

問９

山根正人さんが加入している終身医療保険（下記〈資料〉参照）の保障内容に関する次の記述の空欄（ア）にあてはまる金額として、正しいものはどれか。なお、保険契約は有効に継続しているものとする。また、正人さんはこれまでに〈資料〉の保険から保険金および給付金を一度も受け取っていないものとする。

〈資料〉

保険種類	終身医療保険（無配当）	保険証券記号番号	△△△－××××

保険契約者	山根　正人　様	保険契約者印 〔山根〕	◆契約日（保険期間の始期） 2019 年 7 月 1 日 ◆主契約の保険期間 終身 ◆主契約の保険料払込期間 終身
被保険者	山根　正人　様 契約年齢　50 歳　男性		
受取人	〔給付金受取人〕被保険者　　様 〔死亡保険金受取人〕山根　桜　　様 ＊保険契約者との続柄：妻		

■ご契約内容

給付金・保険金の内容	給付金額・保険金額	保険期間
入院給付金	日額　10,000 円 ＊病気やケガで 2 日以上の入院をした場合、入院開始日を含めて 1 日目から支払います。 ＊同一事由の 1 回の入院給付金支払い限度は60日、通算して1,000日となります。	終身
手術給付金	給付金額　入院給付金日額×10・20・40倍 ＊所定の手術を受けた場合、手術の種類に応じて、手術給付金（入院給付金日額の 10 倍・20 倍・40 倍）を支払います。	
死亡・高度障害保険金	保険金　1,000,000 円 ＊死亡または所定の高度障害状態となった場合に支払います。	

■保険料の内容

払込保険料合計	×,×××円／月
払込方法（回数）：年12回 払込期月 ：毎月	

■その他付加されている特約・特則等

保険料口座振替特約
＊以下余白

正人さんは、2024年10月に交通事故により約款所定の手術（給付倍率10倍）を1回受け、その後継続して12日間入院した。また、同年12月には急性心筋梗塞で継続して7日間入院し、その後死亡した。この場合に支払われる保険金および給付金は、合計（　ア　）である。

1．1,170,000円
2．1,190,000円
3．1,290,000円

問10

　西里光一さんが2024年中に支払った生命保険の保険料は下記〈資料〉のとおりである。この場合の光一さんの2024年分の所得税の計算における生命保険料控除の金額として、正しいものはどれか。なお、〈資料〉の保険について、これまでに契約内容の変更はないものとする。また、2024年分の生命保険料控除額が最も多くなるように計算すること。

〈資料〉

[終身保険（無配当、新生命保険料）]
　契約日：2016年1月1日
　保険契約者：西里　光一
　被保険者：西里　光一
　死亡保険金受取人：西里　由美子（妻）
　2024年の年間支払保険料：78,600円

[医療保険（無配当、介護医療保険料）]
　契約日：2019年3月1日
　保険契約者：西里　光一
　被保険者：西里　光一
　死亡保険金受取人：西里　由美子（妻）
　2024年の年間支払保険料：48,300円

〈所得税の生命保険料控除額の速算表〉
[2012年1月1日以後に締結した保険契約（新契約）等に係る控除額]

年間の支払保険料の合計	控除額
20,000円 以下	支払保険料の全額
20,000円 超　40,000円 以下	支払保険料×1／2＋10,000円
40,000円 超　80,000円 以下	支払保険料×1／4＋20,000円
80,000円 超	40,000円

（注）支払保険料とは、その年に支払った金額から、その年に受けた剰余金や割戻金を差し引いた残りの金額をいう。

1．39,650円
2．40,000円
3．71,725円

問11

　伊丹さんは地震保険の加入を検討しており、FPの筒井さんに質問をした。地震保険に関する筒井さんの次の説明のうち、最も不適切なものはどれか。

1．「地震保険の保険料は、保険会社による違いはありません。」
2．「地震保険の損害認定の区分は、『全損』『半損』『一部損』の３区分に分けられています。」
3．「地震保険の保険金額は、火災保険の保険金額の30％～50％の範囲内で設定されますが、居住用建物については5,000万円が上限となります。」

【第5問】 下記の（問12）～（問14）について解答しなさい。

問12

　所得税の青色申告特別控除に関する次の記述の空欄（ア）～（ウ）にあてはまる語句の組み合わせとして、最も適切なものはどれか。

> ・不動産所得または事業所得を生ずべき事業を営んでいる青色申告者で、これらの所得に係る取引を正規の簿記の原則（一般的には複式簿記）により記帳し、その記帳に基づいて作成した貸借対照表および（　ア　）を確定申告書に添付して法定申告期限内に提出している場合には、原則として、これらの所得を通じて最高（　イ　）を控除することができる。
>
> ・この（　イ　）の青色申告特別控除を受けることができる人が、所定の帳簿の電子帳簿保存または国税電子申告・納税システム（e-Tax）により電子申告を行っている場合には、最高（　ウ　）の青色申告特別控除が受けられる。

1．（ア）損益計算書　　（イ）10万円　　（ウ）55万円
2．（ア）損益計算書　　（イ）55万円　　（ウ）65万円
3．（ア）収支内訳書　　（イ）55万円　　（ウ）65万円

問13

　給与所得者の横川忠さん（50歳）は、生計を一にしている妻の由紀さん（48歳）に係る配偶者控除または配偶者特別控除について、FPで税理士でもある小田さんに質問をした。忠さんと由紀さんの2024年分の所得等の状況が下記〈資料〉のとおりである場合、小田さんが行った次の説明の空欄（ア）〜（ウ）にあてはまる語句の組み合わせとして、最も適切なものはどれか。なお、記載のない事項については一切考慮しないものとする。

〈資料〉

| 横川　忠さん | 合計所得金額（給与所得のみ） | 600万円 |
| 横川　由紀さん | 合計所得金額（給与所得のみ） | 43万円 |

[小田さんの説明]
「納税者の配偶者の合計所得金額が（　ア　）以下の場合、配偶者控除が適用され、（　ア　）超133万円以下の場合は配偶者特別控除が適用されます。なお、納税者の合計所得金額が（　イ　）超の場合、配偶者の所得金額にかかわらず、配偶者控除および配偶者特別控除の適用を受けることができません。従って、忠さんの所得税の計算上、（　ウ　）の適用を受けることができます。」

1．（ア）38万円　　（イ）1,000万円　　（ウ）配偶者特別控除
2．（ア）48万円　　（イ）　900万円　　（ウ）配偶者特別控除
3．（ア）48万円　　（イ）1,000万円　　（ウ）配偶者控除

問14

野村さんは、15年前に購入し、現在居住している自宅の土地および建物を売却する予定である。売却に係る状況が下記〈資料〉のとおりである場合、所得税における課税長期譲渡所得の金額として、正しいものはどれか。なお、記載のない事項については一切考慮しないものとする。

〈資料〉

> 譲渡価額（合計）：6,000万円
> 取得費（合計）：1,500万円
> 譲渡費用（合計）：500万円
> ※居住用財産を譲渡した場合の3,000万円特別控除の特例の適用を受けるものとする。
> ※所得控除は考慮しないものとする。

1．1,000万円
2．1,500万円
3．4,000万円

【第6問】 下記の（問15）、（問16）について解答しなさい。

問15

　2024年10月5日に相続が開始された工藤達夫さん（被相続人）の〈親族関係図〉が下記のとおりである場合、民法上の相続人および法定相続分の組み合わせとして、最も適切なものはどれか。なお、記載のない条件については一切考慮しないものとする。

1．恵子　2／3　　紀夫　1／3
2．恵子　3／4　　紀夫　1／4
3．恵子　3／4　　紀夫　1／8　　隆太　1／8

問16

　神田綾子さんは、夫から居住用不動産の贈与を受けた。綾子さんは、この居住用不動産の贈与について、贈与税の配偶者控除の適用を受けることを検討しており、FPで税理士でもある米田さんに相談をした。この相談に対する米田さんの回答の空欄（ア）、（イ）にあてはまる語句または数値の組み合わせとして、最も適切なものはどれか。

[米田さんの回答]
「配偶者から居住用不動産の贈与を受けた場合、その（　ア　）において、配偶者との婚姻期間が20年以上あること等の所定の要件を満たせば、贈与税の配偶者控除の適用を受けることができます。なお、贈与税の配偶者控除の額は、最高（　イ　）万円です。」

1．（ア）贈与があった年の1月1日　　（イ）1,000
2．（ア）贈与があった年の1月1日　　（イ）2,000
3．（ア）贈与があった日　　　　　　（イ）2,000

【第7問】 下記の（問17）～（問20）について解答しなさい。

〈設 例〉

有馬智孝さんは株式会社 TS に勤務する会社員である。智孝さんは今後の生活設計について、FP で税理士でもある最上さんに相談をした。なお、下記のデータはいずれも 2025 年 1 月 1 日現在のものである。

［家族構成（同居家族）］

氏名	続柄	生年月日	年齢	備考
有馬　智孝	本人	1969 年 10 月 17 日	55 歳	会社員
弘子	妻	1974 年 5 月 4 日	50 歳	会社員
敬太	長男	2004 年 9 月 10 日	20 歳	大学生

［保有財産（時価）］　　　　　（単位：万円）

金融資産	
普通預金	370
定期預金	800
財形年金貯蓄	280
投資信託	450
上場株式	320
生命保険（解約返戻金相当額）	125
不動産（自宅マンション）	3,900

［負債残高］

住宅ローン（自宅マンション）：240 万円（債務者は智孝さん、団体信用生命保険付き）

［その他］

上記以外については、各設問において特に指定のない限り一切考慮しないものとする。

問17

　FPの最上さんは、有馬家のバランスシートを作成した。下表の空欄（ア）にあてはまる金額として、正しいものはどれか。なお、〈設例〉に記載のあるデータに基づいて解答するものとする。

〈有馬家のバランスシート〉 （単位：万円）

［資産］	×××	［負債］	×××
		負債合計	×××
		［純資産］	（ ア ）
資産合計	×××	負債・純資産合計	×××

1．2,345（万円）
2．6,005（万円）
3．6,245（万円）

問18

　智孝さんは、60歳で定年を迎えた後、公的年金の支給が始まる65歳までの5年間の生活資金に退職一時金の一部を充てようと考えている。退職一時金のうち500万円を年利1.0％で複利運用しながら5年間で均等に取り崩すこととした場合、年間で取り崩すことができる最大金額として、正しいものはどれか。なお、下記〈資料〉の3つの係数の中から最も適切な係数を選択して計算し、円単位で解答すること。また、税金や記載のない事項については一切考慮しないものとする。

〈資料：係数早見表（年利1.0％）〉

	終価係数	資本回収係数	減債基金係数
5年	1.051	0.20604	0.19604

※記載されている数値は正しいものとする。

1．　980,200円
2．1,030,200円
3．1,051,000円

問 19

　智孝さんは、定年退職後の公的医療保険について、健康保険の任意継続被保険者になることを検討している。全国健康保険協会管掌健康保険（協会けんぽ）の任意継続被保険者に関する次の記述の空欄（ア）～（ウ）にあてはまる語句の組み合わせとして、最も適切なものはどれか。

> 被保険者の資格喪失日から（　ア　）以内に申出をすることにより、最長で（　イ　）、任意継続被保険者となることができる。なお、任意継続被保険者となるためには、資格喪失日の前日まで継続して2ヵ月以上被保険者であったことが必要である。また、任意継続被保険者は、一定の親族を被扶養者とすること（　ウ　）。

1．（ア）14日　　（イ）2年間　　（ウ）はできない
2．（ア）20日　　（イ）2年間　　（ウ）ができる
3．（ア）20日　　（イ）4年間　　（ウ）はできない

問 20

　智孝さんは、通常65歳から支給される老齢基礎年金を繰り上げて受給できることを知り、FPの最上さんに質問をした。智孝さんの老齢基礎年金および老齢厚生年金の繰上げ受給に関する次の記述のうち、最も不適切なものはどれか。なお、老齢基礎年金および老齢厚生年金の受給要件は満たしているものとする。

1．老齢基礎年金を繰上げ受給した場合の年金額は、繰上げ年数1年当たり4％の割合で減額される。
2．老齢基礎年金を繰上げ受給した場合の年金額の減額は、一生涯続く。
3．老齢基礎年金を繰上げ受給する場合は、老齢厚生年金も同時に繰上げ受給しなければならない。

3級学科試験　解答用紙

問題番号	解 答 番 号		問題番号	解 答 番 号		
第1問			第2問			
（1）	①	②	(31)	①	②	③
（2）	①	②	(32)	①	②	③
（3）	①	②	(33)	①	②	③
（4）	①	②	(34)	①	②	③
（5）	①	②	(35)	①	②	③
（6）	①	②	(36)	①	②	③
（7）	①	②	(37)	①	②	③
（8）	①	②	(38)	①	②	③
（9）	①	②	(39)	①	②	③
（10）	①	②	(40)	①	②	③
（11）	①	②	(41)	①	②	③
（12）	①	②	(42)	①	②	③
（13）	①	②	(43)	①	②	③
（14）	①	②	(44)	①	②	③
（15）	①	②	(45)	①	②	③
（16）	①	②	(46)	①	②	③
（17）	①	②	(47)	①	②	③
（18）	①	②	(48)	①	②	③
（19）	①	②	(49)	①	②	③
（20）	①	②	(50)	①	②	③
（21）	①	②	(51)	①	②	③
（22）	①	②	(52)	①	②	③
（23）	①	②	(53)	①	②	③
（24）	①	②	(54)	①	②	③
（25）	①	②	(55)	①	②	③
（26）	①	②	(56)	①	②	③
（27）	①	②	(57)	①	②	③
（28）	①	②	(58)	①	②	③
（29）	①	②	(59)	①	②	③
（30）	①	②	(60)	①	②	③

※必要に応じ、コピーしてお使いください。なお、本試験はCBT方式のため、実際にはこのような解答用紙はありません。

3級実技試験 ❶
【金財】個人資産相談業務　解答用紙

問題番号	解　答　番　号		
第 1 問			
問　1	①	②	③
問　2	①	②	③
問　3	①	②	③
第 2 問			
問　4	①	②	③
問　5	①	②	③
問　6	①	②	③
第 3 問			
問　7	①	②	③
問　8	①	②	③
問　9	①	②	③
第 4 問			
問　10	①	②	③
問　11	①	②	③
問　12	①	②	③
第 5 問			
問　13	①	②	③
問　14	①	②	③
問　15	①	②	③

※必要に応じ、コピーしてお使いください。なお、本試
　験はCBT方式のため、実際にはこのような解答用紙
　はありません。

3級実技試験 **2**
【金財】保険顧客資産相談業務　解答用紙

問題番号	解　答　番　号		
第 1 問			
問　1	①	②	③
問　2	①	②	③
問　3	①	②	③
第 2 問			
問　4	①	②	③
問　5	①	②	③
問　6	①	②	③
第 3 問			
問　7	①	②	③
問　8	①	②	③
問　9	①	②	③
第 4 問			
問　10	①	②	③
問　11	①	②	③
問　12	①	②	③
第 5 問			
問　13	①	②	③
問　14	①	②	③
問　15	①	②	③

※必要に応じ、コピーしてお使いください。なお、本試
験はCBT方式のため、実際にはこのような解答用紙
はありません。

総合問題編
3級実技試験　❸
【日本FP協会】資産設計提案業務　解答用紙

問題番号	解　答　番　号		
第 1 問			
問　1	①	②	③
問　2	①	②	③
第 2 問			
問　3	①	②	③
問　4	①	②	③
問　5	①	②	③
第 3 問			
問　6	①	②	③
問　7	①	②	③
問　8	①	②	③
第 4 問			
問　9	①	②	③
問　10	①	②	③
問　11	①	②	③

問題番号	解　答　番　号		
第 5 問			
問　12	①	②	③
問　13	①	②	③
問　14	①	②	③
第 6 問			
問　15	①	②	③
問　16	①	②	③
第 7 問			
問　17	①	②	③
問　18	①	②	③
問　19	①	②	③
問　20	①	②	③

※必要に応じ、コピーしてお使いください。なお、本試験はCBT方式のため、実際にはこのような解答用紙はありません。

総合問題編

解 答

解答解説

【第1問】

1 答 **2（×）**

任意後見契約の受任者となるために必要な資格要件はありません。

2 答 **2（×）**

労働者災害補償保険の保険料は、**全額事業主**が負担します。労働者の負担はありません。

3 答 **1（○）**

学生納付特例制度の適用を受けた期間はあとから追納をすることができます。追納することができる期間は、追納にかかる厚生労働大臣の承認を受けた日の属する月前**10年**以内の期間にかかるものに限られます。

4 答 **1（○）**

5 答 **1（○）**

日本学生支援機構の奨学金と国の教育ローンは併用できます。

6 答 **2（×）**

こども保険（学資保険）では、保険期間中に契約者（＝保険料負担者）である親が死亡した場合、それ以降の保険料は免除され、一般に、進学祝い金や満期保険金は当初の契約どおり支払われます。

7 答 **1（○）**

8 答 **1（○）**

少額短期保険業者と契約した少額短期保険の保険料は、生命保険料控除の対象となりません。

9 答 2（×）

　　家族傷害保険（家族型）において、保険期間中に契約者（＝被保険者本人）に子が生まれた場合、特別な手続きをすることなく、その子は被保険者となります。追加保険料の支払いは不要です。

---

10 答 1（○）

　　自賠責保険では、対人賠償事故のみが補償の対象となります。対物賠償事故は補償の対象となりません。

---

11 答 1（○）

　　国債買入オペは、日本銀行が長期国債（利付国債）を買い入れて、資金を支払うことにより、金融市場に出回る資金量を増加させるオペレーションです。

---

12 答 2（×）

　　個別銘柄の投資指標の分析や企業業績などのリサーチによって投資対象とする銘柄を選定し、その積上げによりポートフォリオを構築する手法は、**ボトムアップ・アプローチ**です。

---

13 答 1（○）

　　3年後の元利合計：$2,500,000 円 \times (1 + 0.04)^3 = 2,812,160 円$

---

14 答 2（×）

　　利回りは「**1年あたりの収益÷当初の元本**」で計算します。

　　外貨預金において、満期時の為替レートが預入時に比べて円高になる（たとえば1ドルが100円から90円になる）と為替差損が生じるため、1年あたりの収益が小さくなります。そのため、円換算の利回りは**低く**なります。

---

15 答 2（×）

　　外貨預金は、預金保険制度の保護の対象外です。

---

16 答 1（○）

　　一時所得の金額は、総収入金額からその収入を得るために直接支出した金額を控除し、その残額から特別控除額（最高50万円）を控除した金額ですが、その2分の1を総所得金額に算入します。

一時所得：400万円－200万円－50万円＝150万円

総所得金額に算入される一時所得：150万円×$\frac{1}{2}$＝75万円

17 答 2（×）

個人が賃貸アパートの敷地および建物を売却したことにより生じた所得は、**譲渡**所得となります。

18 答 2（×）

納税者が、納税者本人または生計を一にする配偶者その他親族の医療費を支払った場合、合計所得金額にかかわらず医療費控除の対象となります。

19 答 1（○）

20 答 1（○）

上場株式の配当について配当控除の適用を受けるためには、配当所得について総合課税を選択する必要があります。申告分離課税や申告不要制度を選択した場合には配当控除の適用を受けることはできません。

21 答 1（○）

22 答 2（×）

専任媒介契約を締結した宅建業者は、依頼者に対し、業務の処理の状況を、**2週間**に1回以上報告しなければなりません。

23 答 2（×）

建築物が防火地域と準防火地域にわたる場合、その敷地の**全部**について、**防火**地域（規制が厳しいほう）の規制が適用されます。

24 答 1（○）

25 答 2（×）

純利回り（NOI利回り）は、対象不動産から得られる年間の「総収入額」ではなく、

「**純収入額**」を総投資額で除して算出される利回りです。

---

26 答 2（×）

定期贈与とは、贈与者が受贈者に対して定期的に財産を給付することを目的とする贈与をいいますが、贈与者または受贈者の**いずれか**の死亡で効力が失われます。

---

27 答 2（×）

養子の法定相続分は、実子の法定相続分と**同等**です。

---

28 答 2（×）

被相続人が生前に購入した墓碑の購入代金で未払いのものは、債務控除の対象となりません。

---

29 答 1（○）

---

30 答 1（○）

第2問

31 答 （2）

毎年一定金額を積み立てた場合の、一定期間後の元利合計を求める場合に用いる係数は、**年金終価**係数です。

---

32 答 （3）

資格喪失日の前日までに継続して**2カ月**以上被保険者であった者は、資格喪失日から**20日**以内に申出をすることにより、最長**2年**間任意継続被保険者となることができます。

---

33 答 （2）

---

34 答 （1）

解答解説

35 答 (1)

元金均等返済方式は、毎回の返済額において**元金**が一定となる返済方法です。返済期間が経過するにつれローン残高が減少していくと、**利息**の部分も減少していくため、毎回の返済額が減少していきます。

36 答 (3)

生命保険の保険料のうち、付加保険料は、**予定事業費率**にもとづいて計算されます。

37 答 (3)

生命保険契約者保護機構は、生命保険会社が破綻した場合、破綻時点における**責任準備金等**の**90**％(高予定利率契約を除く)まで補償します。

38 答 (2)

人身傷害保険は、運転者が自損事故を起こした場合にも補償されますが、対人賠償保険と自動車損害賠償責任保険(自賠責保険)は、運転者自身が起こした自損事故は補償の対象となりません。

39 答 (1)

所得税において、個人が支払う地震保険の保険料は、**5**万円を限度として年間支払保険料の**全額**が地震保険料控除の対象となります。

40 答 (1)

がん保険の入院給付金は、支払日数に制限がありません。

41 答 (3)

景気動向指数において、完全失業率は、**遅行**系列に採用されています。

42 答 (2)

収益分配金支払前の個別元本が1万200円、収益分配金支払後の基準価額が1万円なので、収益分配金700円のうち200円(1万200円−1万円)が元本払戻金(特別分配金)、500円(700円−200円)が普通分配金となります。

43 答 (1)

最終利回りは、すでに発行されている債券を時価で購入(購入価格104円)し、償還まで所有した場合(償還価格＝額面100円)の利回りです。

分子： $4 + \dfrac{100\,円 - 104\,円}{5\,年} = 3.2\,円$

分母：104円

最終利回り： $\dfrac{3.2\,円}{104\,円} \times 100 ≒ 3.08\%$

---

44 答 (2)

株価を1株あたり当期純利益で割って算出される指標は**PER**(株価収益率)です。

---

45 答 (3)

2資産間の相関係数が−1である場合、両資産が逆の値動きをするので、分散投資によるリスクの低減効果は最大となります。

---

46 答 (1)

被保険者が受け取った入院給付金は、**非課税**所得とされます。

---

47 答 (3)

為替予約を締結していない外貨定期預金の満期による為替差益は、**雑**所得として総合課税の対象となります。

---

48 答 (3)

預貯金の利子は、**20.315**％(所得税15％、復興特別所得税0.315％、住民税5％)の**源泉分離課税**の対象となります。

---

49 答 (2)

納税者の合計所得金額が2,400万円以下である場合、基礎控除の控除額は、**48**万円です。

50 答 (3)

　雑損控除、医療費控除、寄附金控除の適用を受けるには確定申告をする必要がありますが、小規模企業共済等掛金控除は年末調整で適用を受けることができます。

51 答 (1)

　固定資産税評価額は、固定資産の所在する市町村の長が、固定資産評価基準にもとづき決定し、原則として、**3**年ごとの基準年度において評価替えが行われ、前年の公示価格等の**70**%を目途として評定されます。

52 答 (2)

　市街化調整区域は、市街化を抑制すべき区域です。

53 答 (2)

　幅員が4m未満の2項道路では、道路の中心線から**2**m下がった線が、その道路の境界線とみなされ(セットバック)、セットバック部分は建蔽率や容積率を算定するさいの敷地面積に算入しません。

54 答 (3)

　市街化区域内の農地を農地以外のものに転用する場合には、あらかじめ**農業委員会**に届け出をすれば、**都道府県知事**(または指定市町村長)の許可は不要となります(市街化区域内の特例)。

55 答 (1)

　土地や建物の譲渡所得は、譲渡した年の1月1日において、所有期間が**5**年以下の場合は短期譲渡所得、**5**年を超える場合は長期譲渡所得に区分されます。

56 答 (1)

　贈与税の申告書は、原則として、贈与を受けた年の翌年の**2**月1日から**3**月**15**日までの間に、**受贈者**の住所地を所轄する税務署長に提出しなければなりません。

57 答 (2)

　贈与税の配偶者控除は、婚姻期間が**20**年以上である配偶者から居住用不動産

または居住用不動産を取得するための金銭の贈与を受け、所定の要件を満たす場合、贈与税の課税価格から基礎控除額のほかに最高で**2,000**万円を控除することができるという特例です。

---

58 答 (3)

相続人が配偶者と兄弟姉妹の場合の法定相続分は、配偶者**4**分の**3**、兄弟姉妹**4**分の**1**です。

---

59 答 (1)

死亡退職金の非課税限度額は、「**500万円×法定相続人の数**」で算出します。

---

60 答 (1)

上場株式の相続税評価額は、以下のうちもっとも**低い**価額となります。
❶課税時期(1月10日)の最終価格：1,490円
❷課税時期の属する月(1月)の毎日の最終価格の平均額：1,500円
❸課税時期の属する月の前月(12月)の毎日の最終価格の平均額：1,490円
❹課税時期の属する月の前々月(11月)の毎日の最終価格の平均額：1,480円

１個人 解答解説

【第1問】

１ 答 **2** (配点：3点)

　　20歳から22歳までの間の国民年金保険料未納期間(31月)は、保険料納付済期間には含めません。

　　保険料納付済期間：228月＋221月＝449月

---

2 答 **2** (配点：3点)

①…小規模企業共済制度の掛金は、1,000円から**70,000**円までの範囲内とされています。

②…小規模企業共済制度の掛金は、その全額が**小規模企業共済等掛金控除**として**所得控除**の対象となります。

③…小規模企業共済制度の一括受取りの共済金は、**退職所得**として所得税の課税対象となります。

---

3 答 **3** (配点：4点)

3…付加保険料は月額**400**円です。なお、付加年金の額は「**200円×付加保険料納付期間の月数**」で計算します。

【第2問】

4 答 **3** (配点：4点)

1…PERは「**株価÷１株あたり当期純利益**」で求めます。また、PBRは「**株価÷１株あたり純資産**」で求めます。PERやPBRが高いほど株価は割高、低いほど株価は割安と判断されます。

$$1株あたり当期純利益：\frac{60億円}{5,000万株} = 120円$$

$$PER：\frac{1,500円}{120円} = 12.5倍$$

$$1株あたり純資産：\frac{600億円}{5,000万株} = 1,200円$$

$$PBR：\frac{1,500円}{1,200円} = 1.25倍$$

2…ROEは自己資本に対する当期純利益の割合で、ROEが高い会社ほど、資産の効率的な活用がされている(儲け上手)と判断することができます。

$$ROE：\frac{60億円}{600億円} \times 100 = 10\%$$

3…配当性向は、**当期純利益**に対する年間配当金の割合で、株主への利益還元の度合いを示す指標です。

$$配当性向：\frac{15億円}{60億円} \times 100 = 25\%$$

5 答 **3** (配点：3点)

1…一般に、投機的格付とよばれるのは**BB**(ダブルビー)格相当以下の格付です。Ｙ社債の格付けはBBB格です。BBB格以上の債券は投資適格債とよばれます。

2…毎年受け取る利子は、「購入価格」ではなく、「**額面金額**」に表面利率を乗じることで求められます。

3…特定公社債等の利子は申告分離課税の対象となり、利子の支払時に**20.315**％(所得税15％、復興特別所得税0.315％、住民税5％)が源泉徴収されます。なお、申告不要とすることができます。

6 答 **1** (配点：3点)

$$最終利回り：\frac{1.2 + \dfrac{100円 - 103円}{5年}}{103円} \times 100 ≒ 0.58\%$$

【第3問】

7 答 **1** (配点：4点)

Ａさんの総所得金額は、給与所得、不動産所得、一時所得(一時払養老保険の満期保険金)で計算します。

給与所得控除額：750万円×10％＋110万円＝185万円
給与所得：750万円－185万円＝565万円
一時所得：$\underset{満期保険金額}{350万円} - \underset{正味払込保険料}{330万円} - \underset{\substack{特別控除額\\(最高50万円)}}{20万円} = 0円$

総所得金額：565万円＋$\underset{不動産所得}{30万円}$＝595万円

8 答 **2** (配点：3点)

1…Ａさんの合計所得金額は2,400万円以下なので、基礎控除額は**48**万円です。

2…長男Ｃさんは20歳(19歳以上23歳未満)なので、特定扶養親族として**63**万円の扶養控除の適用を受けることができます。また、長女Ｄさんは17歳(16歳

以上19歳未満)なので、**38万円**の扶養控除の適用を受けることができます。したがって、Aさんが適用を受けることができる扶養控除の額は101万円(63万円＋38万円)です。

3…Aさんの合計所得金額が1,000万円以下で、妻Bさんの給与収入が80万円(給与収入で103万円以下)であるため、配偶者控除の適用を受けることができます。また、納税者の合計所得金額が900万円以下の場合の配偶者控除額は**38万円**なので、合計所得金額が595万円のAさんが受けることができる配偶者控除額は**38万円**です。

---

9 **答** **2** (配点：3点)

2…契約者＝受取人で、保険期間が5年以下の一時払養老保険等の満期保険金(または保険期間が5年超の一時払養老保険等を5年以内に解約した場合の解約返戻金)は、金融類似商品として源泉分離課税の対象となります(CHAPTER02参照)が、本問の一時払養老保険は10年満期なので、金融類似商品に該当せず、一時所得として総合課税の対象となります。

3…年末調整の対象となっている給与所得者でも、給与所得、退職所得以外の所得が20万円を超える場合、確定申告をしなければなりません。Aさんは20万円超の不動産所得があるため、確定申告をする必要があります。

【第4問】

10 **答** **3** (配点：4点)

①…建蔽率の上限となる建築面積は、甲土地の面積に指定建蔽率を掛けて計算します。また、準防火地域内に耐火建築物を建てることから建蔽率が10%緩和されます。そして、特定行政庁が指定する角地であるため、さらに10%緩和され、甲土地の建蔽率は80%(60%＋10%＋10%)となります。

　建蔽率の上限となる建築面積：300㎡×80%＝240㎡

②…前面道路の幅員が12m未満の場合、指定容積率(300%)と前面道路の幅員に乗数を掛けた率のうち、いずれか**小さい**ほうが容積率の上限となります。なお、2つ以上の道路に接している場合には、幅の広いほうが前面道路となります。

❶指定容積率：300%

❷$6m \times \dfrac{4}{10} = 240\%$

❸❶＞❷より容積率の上限は240%

❹容積率の上限となる延べ面積：300㎡×240%＝720㎡

Ⅱ 答 **1** (配点：3点)

①…「居住用財産を譲渡した場合の3,000万円の特別控除」の適用を受けるためには、居住しなくなった日から**3年**経過後の12月31日までに譲渡しなければなりません。

②…「居住用財産を譲渡した場合の長期譲渡所得の課税の特例」の適用を受けるためには、譲渡した年の1月1日において所有期間が**10年**を超えていなければなりません。

③…「居住用財産を譲渡した場合の3,000万円の特別控除」と「居住用財産を譲渡した場合の長期譲渡所得の課税の特例」は重複して適用を受けることができます。

- -

12 答 **1** (配点：3点)

1…自分の土地にマンションや店舗用建物などを建てて他人に貸している場合の土地は、**貸家建付地**として評価されます。

【第5問】

13 答 **1** (配点：3点)

2…「直系尊属から教育資金の一括贈与を受けた場合の贈与税の非課税」を適用できる受贈者は30歳未満の子や孫などで、**受贈者**(本問では孫Dさん)の前年の合計所得金額が1,000万円以下でなければなりません。

3…教育資金管理契約の終了は、受贈者である子や孫が**30歳**になったときで、そのときに非課税拠出額から教育資金支出額を控除した残額がある場合、当該残額は受贈者のその年の贈与税の課税価格に算入されます。

- -

14 答 **1** (配点：3点)

父からの贈与なので、特例贈与財産の税率・控除額で贈与税を計算します。
　　基礎控除後の課税価格：600万円－110万円＝490万円
　　贈与税：490万円×20％－30万円＝68万円

- -

15 答 **3** (配点：4点)

2…特定居住用宅地等の限度面積は**330**㎡で、減額割合は**80%**です。したがって、妻Bさんが自宅の敷地(300㎡)について「小規模宅地等についての相続税の課税価格の計算の特例」の適用を受けた場合、相続税の課税価格に算入すべき価額は以下のように求めます。
　　減額される金額：7,000万円×80％＝5,600万円

相続税の課税価格に算入すべき価額：7,000万円－5,600万円

＝1,400万円

3…相続税の申告書は、原則として相続の開始があったことを知った日の翌日から10カ月以内に被相続人の死亡時の住所地を所轄する税務署長に提出しなければなりません。

② 保険 解答解説

【第1問】

1 答 **2** （配点：3点）

　　20歳から22歳までの間の国民年金保険料未納期間(33月)は、保険料納付済期間には含めません。
　　保険料納付済期間：120月＋327月＝447月

---

2 答 **3** （配点：4点）

　1…付加年金の額は「**200円×付加保険料納付済期間の月数**」で計算します。なお、納付する付加保険料は月額**400**円です。
　2…国民年金基金の老齢年金には、終身で支給されるタイプの終身年金、受給期間が定まっている確定年金があります。

---

3 答 **1** （配点：3点）

　③…個人型年金の実施機関は**国民年金基金連合会**です。

【第2問】

4 答 **3** （配点：4点）

　3…公的介護保険の第2号被保険者が保険給付を受けた場合の自己負担額は**1**割です。

---

5 答 **1** （配点：3点）

　1…保険料払込期間を終身払込から有期払込に変更した場合、保険料払込期間が短くなるので、毎月の保険料負担額は**増加**します。

---

6 答 **3** （配点：3点）

　1…医療や介護にかかる保険料は介護医療保険料控除の対象となります。なお、適用限度額は、所得税で40,000円、住民税で28,000円です。
　3…指定代理請求特約とは、被保険者本人に特別な事情がある場合、契約者があらかじめ指定した代理人が被保険者に代わって、保険金等を請求できるという特約です。指定代理請求特約によって、指定代理人が被保険者に代わって受け取った介護一時金は、被保険者本人が受け取った場合と同様に、**非課税**

となります。

【第3問】

7 答 **1** （配点：3点）

　　勤続年数が20年を超える場合の退職所得控除額は、**「800万円＋70万円×（勤続年数−20年）」** で求めます。

　　また、退職所得は **「（収入金額−退職所得控除額）×$\frac{1}{2}$」** で求めます。

　　以上より、退職所得控除額および退職所得の金額は次のとおりです。
　　　退職所得控除額：800万円＋70万円×（25年−20年）＝1,150万円

　　　退職所得：（4,000万円−1,150万円）×$\frac{1}{2}$＝1,425万円

---

8 答 **3** （配点：3点）

1…長期平準定期保険の単純返戻率は、ピークに向かって徐々に増えていきますが、そのあと保険期間の満期にむけて減っていき、最終的にはゼロになります。

2…2019年7月7日までに契約した長期平準定期保険の保険料は、保険期間の当初6割の期間分については2分の1を損金に算入し、残りを資産計上します。

　　したがって、X社が解約時までに支払った保険料の累計額5,750万円のうち2,875万円（5,750万円÷2）が「前払保険料」として資産計上されているため、解約時には、資産計上されている前払保険料2,875万円を取り崩します。なお、受け取る解約返戻金4,950万円のほうが多いので、その差額2,075万円は「雑収入」として益金に計上します。

借　　方		貸　　方	
現金・預金	4,950万円	前払保険料	2,875万円
		雑　収　入	2,075万円

---

9 答 **1** （配点：4点）

　　2019年7月以降の契約で、最高解約返戻率が50％未満の定期保険の保険料は、払込保険料の**全額**を**「定期保険料」**として損金算入します。

第4問

10 答 **1** （配点：4点）

一時払変額個人年金保険の解約返戻金は、一時所得として課税されます。

一時所得：600万円 － <u>500万円</u> － <u>50万円</u> ＝ 50万円
　　　　　　　　　　　正味払込保険料　特別控除額

したがって、Aさんの所得は、給与所得(520万円)と一時所得(50万円)となります。なお、一時所得はその2分の1を他の所得と合算します。

総所得金額：520万円＋50万円×$\dfrac{1}{2}$＝545万円

---

11 答 **2** （配点：3点）

①…妻Bさんの合計所得金額は35万円(90万円－55万円)で、**48万円以下**となるため、Aさんは配偶者控除の適用を受けることができます。

②…Aさんの合計所得金額は545万円(900万円以下)なので、配偶者控除額は**38万円**です。

③…長男Cさんは20歳(19歳以上23歳未満)なので、特定扶養親族として、**63万円**の扶養控除の適用を受けることができます。

---

12 答 **3** （配点3点）

2…年末調整の対象となっている給与所得者でも、給与所得、退職所得以外の所得が20万円を超える場合、確定申告をしなければなりません。なお、給与所得と退職所得以外の所得が一時所得のみの場合は、一時所得に2分の1を掛けた金額(総所得金額に算入される金額)が20万円を超えているときに確定申告が必要となります。

　本問では一時所得が50万円(問10より)で、総所得金額に算入される金額が20万円を超える(50万円×$\dfrac{1}{2}$＝25万円)ので、Aさんは所得税の確定申告をしなければなりません。

3…所得税の確定申告期限は、原則として、翌年の**2月16日**から**3月15日**までです。

第5問

13 答 **2** （配点：4点）

相続税の総額は、相続人が法定相続分にしたがって相続財産を取得したものとして計算します。なお、相続人が配偶者と子の場合の法定相続分は配偶者**2分の1**、子**2分の1**です。

❶ 妻Bさんの法定相続分：9,600万円 × $\frac{1}{2}$ ＝ 4,800万円

❷ ❶にかかる相続税：4,800万円 × 20％ − 200万円 ＝ 760万円

❸ 長男Cさん、二男Dさんの法定相続分：9,600万円 × $\frac{1}{2}$ × $\frac{1}{2}$
＝ 2,400万円

❹ ❸にかかる相続税：2,400万円 × 15％ − 50万円 ＝ 310万円

❺ 相続税の総額：760万円 ＋ 310万円 × 2人 ＝ 1,380万円

---

14 答 2 (配点：3点)

1…自筆証書遺言は家庭裁判所による検認が必要ですが、法務局（遺言書保管所）に保管されたものについては、検認は不要です。

3…遺留分は、直系尊属のみが遺留分権利者である場合を除いて、被相続人の財産の2分の1です。これに法定相続分を掛けて各人の遺留分を計算します。

二男Dさんの法定相続分：$\frac{1}{2}$ × $\frac{1}{2}$ ＝ $\frac{1}{4}$

二男Dさんの遺留分：$\frac{1}{2}$ × $\frac{1}{4}$ ＝ $\frac{1}{8}$

二男Dさんの遺留分の金額：2億円 × $\frac{1}{8}$ ＝ 2,500万円

---

15 答 3 (配点：3点)

1…死亡保険金の非課税限度額は、「**500万円×法定相続人の数**」で計算します。

死亡保険金の非課税限度額：500万円 × 3人 ＝ 1,500万円

相続税の課税価格に算入される金額：1,500万円 − 1,500万円 ＝ 0円

3…貸付事業用宅地等とそれ以外の宅地（特定居住用宅地等など）について、「小規模宅地等についての相続税の課税価格の計算の特例」の適用を受けようとする場合、一定の計算式によって限度面積が調整されます。

※配点は各5点。合格基準は100点満点で60点以上

3 資産 解答解説

【第1問】

1 答 1

1…税理士登録を受けていないFPは、個別具体的な税務相談を行うことはできません。そのため、相談者が納付すべき所得税額の具体的な税額計算をすることはできません。

2…生命保険募集人、保険仲立人または金融サービス仲介業の登録を受けていないFPでも、一般的な商品内容の説明を有償で行うことはできます。

3…投資助言・代理業の登録を受けていないFPでも、運用報告書の記載内容についての説明を行うことはできます。

---

2 答 3

(ア)…3年後の基本生活費：593万円×(1＋0.01)^{3年}≒611万円

(イ)…2025年の妻の給与収入：572万円×(1＋0.01)≒578万円
2025年の収入合計：634万円＋578万円＝1,212万円
2025年の年間収支：1,212万円－1,013万円＝199万円

(ウ)…2026年の金融資産残高：896万円×(1＋0.01)＋135万円≒1,040万円

【第2問】

3 答 2

1…PBR：$\dfrac{2,000円（株価）}{2,200円（1株あたり純資産）}$≒0.91倍

2…配当性向：$\dfrac{30円（1株あたり年間配当金）}{300円（1株あたり純利益）}$×100＝10％

3…配当利回り：$\dfrac{30円（1株あたり年間配当金）}{2,000円（株価）}$×100＝1.5％

---

4 答 1

預金保険制度によって、決済用預金以外の預金等については、1金融機関ごとに預金者1人あたり元本**1,000万円**までとその利息が保護されます。なお、外貨預金や株式投資信託などは、預金保険制度の保護の対象となりません。

1…香川さんの金融商品のうち、保護される金額の合計は600万円(100万円＋500万円)です。

2…細井さんの金融商品のうち、保護される金額の合計は480万円(180万円＋300万円)です。

3…大津さんの金融商品のうち、保護される金額の合計は1,000万円(700万円＋350万円＝1,050万円＞1,000万円→1,000万円)です。

---

5 答 3

(ア)…景気動向指数の先行系列には、新規求人数(除く学卒)、新設住宅着工床面積、**東証株価指数**などがあります。有効求人倍率(除く学卒)は一致系列に該当します。

(イ)…景気動向指数の一致系列には、鉱工業用生産財出荷指数、耐久消費財出荷指数、**有効求人倍率**(除く学卒)などがあります。東証株価指数(TOPIX)は先行系列に該当します。

(ウ)…景気動向指数の遅行系列には、常用雇用指数、完全失業率、**消費者物価指数**(生産食品を除く総合)などがあります。

【第3問】

6 答 2

前面道路の幅員が12m未満の場合、指定容積率(400%)と前面道路の幅員に法定乗数を掛けた率のうち、いずれか**小さい**ほうが容積率の上限となります。

❶指定容積率：400%

❷$6m \times \dfrac{6}{10} = 360\%$

❸❶＞❷より容積率の上限は360%

❹延べ面積の上限：300㎡×360%＝1,080㎡

---

7 答 3

1…所有権に関する事項(所有権の保存や移転・仮登記・差押えなど)は、**権利部甲**区に記録されます。

2…不動産の所在地、地目、面積などに関する事項は、**表題部**に記録されます。

---

8 答 2

表を埋めると、次のとおりです。

市街化区域	すでに市街地を形成している区域およびおおむね(ア **10**)年以内に優先的かつ計画的に市街化を図るべき区域
市街化調整区域	市街化を(イ **抑制**)すべき区域
非線引き区域	(ウ **区域区分**)の定められていない都市計画区域

【第４問】

9 答 ③

手術給付金	：10,000円×10倍＝	100,000円
入院給付金(交通事故)	：10,000円×12日＝	120,000円
入院給付金(急性心筋梗塞)	：10,000円× 7日＝	70,000円
死亡・高度障害保険金	：	1,000,000円
合　計	：	1,290,000円

- -

10 答 ③

　　終身保険の保険料は一般の生命保険料控除、医療保険の保険料は介護医療保険料控除の対象となり、控除額は次のようにして計算します。

一般の生命保険料控除額(終身保険)：$78{,}600円 \times \dfrac{1}{4} + 20{,}000円$

$= 39{,}650円$

介護医療保険料控除額(医療保険)　：$48{,}300円 \times \dfrac{1}{4} + 20{,}000円$

$= 32{,}075円$

合　計：　71,725円

- -

11 答 ②

1 … 地震保険では、所在地や建物の構造が同一であれば、保険会社が異なっても、保険料は**同一**となります。
2 … 地震保険の損害認定の区分は、「全損」「大半損」「小半損」「一部損」の**４区分**に分けられています。
3 … 地震保険の保険金額は、火災保険の保険金額の**30％～50％**の範囲内で設定されますが、居住用建物については**5,000万円**が上限となります。

第５問

12 答 ②

(ｱ)(ｲ)…不動産所得または事業所得を生ずべき事業を営んでいる青色申告者で、これらの所得にかかる取引を正規の簿記の原則により記帳し、その記帳にもとづいて作成した貸借対照表および**損益計算書**を確定申告書に添付して法定申告期限内に提出している場合には、原則として、最高**55万円**を控除することができます。
(ｳ)……さらに、電子帳簿保存またはe-Taxにより電子申告を行っている場合には、最高**65万円**の青色申告特別控除が受けられます。

13 答 **3**

(ア)…納税者の配偶者の合計所得金額が**48**万円以下の場合、配偶者控除が適用され、**48**万円超**133**万円以下の場合は配偶者特別控除が適用されます。

(イ)…納税者の合計所得金額が**1,000**万円超の場合は、配偶者の所得金額にかかわらず、配偶者控除および配偶者特別控除の適用を受けることができません。

(ウ)…忠さん(納税者)の合計所得金額が600万円(1,000万円以下)で、由紀さん(配偶者)の合計所得金額が43万円(48万円以下)なので、忠さんは、**配偶者控除**の適用を受けることができます。

---

14 答 **1**

　譲渡所得は譲渡価額から取得費と譲渡費用を差し引いて計算します。なお、本問は現在居住している自宅の土地および建物の売却なので、3,000万円の特別控除を差し引いて課税長期譲渡所得の金額を計算します。

$$課税長期譲渡所得：6,000万円－(1,500万円＋500万円)－3,000万円$$
$$＝1,000万円$$

第6問

15 答 **3**

　本問の相続人は、妻の恵子さんと兄(または弟)の紀夫さん、姉(または妹)の久美さんの代襲相続人である隆太さんの3人です。

　相続人が配偶者と兄弟姉妹の場合、法定相続分は配偶者4分の3、兄弟姉妹4分の1となります。

恵子さん：$\dfrac{3}{4}$

紀夫さん：$\dfrac{1}{4} \times \dfrac{1}{2} = \dfrac{1}{8}$

隆太さん：$\dfrac{1}{4} \times \dfrac{1}{2} = \dfrac{1}{8}$

---

16 答 **3**

(ア)…配偶者から居住用不動産の贈与を受けた場合、その**贈与があった日**において、配偶者との婚姻期間が**20**年以上あること等の所定の要件を満たせば、贈与税の配偶者控除の適用を受けることができます。

(イ)…贈与税の配偶者控除の額は、最高**2,000**万円です。

【第7問】

17 答 2

資　産：370万円＋800万円＋280万円＋450万円＋320万円＋125万円
　　　　　　　　　　　　　　　　　　　　　　　　　＋3,900万円＝6,245万円

負　債：240万円
純資産：6,245万円－240万円＝6,005万円

----

18 答 2

現在の一定額を複利運用しながら、一定期間にわたって取り崩す場合の、毎年の取崩額を計算するには、**資本回収係数**を用います。
　　毎年の取崩額：5,000,000円×0.20604＝1,030,200円

----

19 答 2

資格喪失日の前日までに継続して**2カ月**以上被保険者であった者は、資格喪失日から**20日**以内に申出をすることにより、最長**2年間**、任意継続被保険者となることができます。
　また、任意継続被保険者は一定の親族を被扶養者とすることが**できます**。

----

20 答 1

1…老齢基礎年金を繰上げ受給した場合の減額率は、繰上げ1月あたり**0.4**%です。1年間繰上げ受給をすると、12カ月繰り上げることになるため、減額率は次のようになります。
　　　繰上げした場合の減額率：0.4%×12カ月＝4.8%
2…老齢基礎年金を繰上げ受給した場合の年金額の減額は、一生涯続きます。
3…老齢基礎年金を繰上げ受給する場合は、老齢厚生年金も同時に繰上げ受給しなければなりません。

memo

memo